KB272264

들뢰즈와 철학자들

들뢰즈와 철학자들

들뢰즈와 철학자들

초판 1쇄 발행 2026년 4월 20일

—

지은이 철학아카데미

펴낸이 이병은

책임편집 이희도   **책임디자인** 박혜옥

기획 김명희·박준성   **마케팅** 최성수

—

펴낸곳 세창출판사

신고번호 제1990-000013호   주소 03736 서울특별시 서대문구 경기대로 58 경기빌딩 602호

전화 02-723-8660   팩스 02-720-4579   **이메일** edit@sechangpub.co.kr

홈페이지 http://www.sechangpub.co.kr   **블로그** blog.naver.com/scpc1992

페이스북 fb.me/Sechangofficial   **인스타그램** @sechang_official

—

ISBN 979-11-6684-498-0   93160

세창출판사

들뢰즈와 철학자들

세창출판사

아직도 들뢰즈인가? 하는 물음이 있을 법하다. 2000년 3월 철학아카데미가 설립되었고, 들뢰즈, 푸코, 데리다 등 걸출한 철학자들의 사상에 관한 강의를 여러모로 개설했다. 1990년대에 포스트모더니즘이 한국에 상륙해 문학과 예술을 아우르면서 비평적 사유를 달구기 시작했다. 이 세 철학자의 사상이 포스트구조주의로 알려지면서 포스트모더니즘 비평론의 철학적인 기반으로 여겨졌고, 철학 바깥에서부터 이들이 펼친 사유의 정체에 대한 목마름이 있었다. 이와 관련한 강의가 절실했다. 하지만 당시 대학들의 철학과에서는 이러한 프랑스 철학자들에 관한 강의를 개설한 곳이 없었다. 철학아카데미에 소장 학자들이 모여 이들에 관한 강의를 여러모로 개설했고, 새로운 사유에 대한 당면한 요구에 부응했다. 그 이후 그동안 프랑스로 유학을 떠난 젊은 학자들이 속속 돌아왔고, 이들 중 몇몇과 국내에서 학위를 받은 연구자들이 대학의 철학과에 자리를 잡음으로써 대학에서도 프랑스 현대 철학에 관한 강좌가 개설되기 시작했다. 그 와중에 한국프랑스철학회가 설립되었고, 특히 들뢰즈, 푸코, 데리다 등의 연구를 중심으로 현대 프랑스 철학 '붐'이 일었다. 라캉 연구자들이 여기에 한몫을 하기도 했다.

그사이 벌써 사반세기가 넘는 세월이 흘렀다. 세계적인 새로운 문제들이 다각적으로 속출했고 그에 따라 철학-인문학의 관심도 많이 달라졌다. 세계 환경의 위기로 인해 신유물론 내지는 신실재론이 등장했고, 특히 2016년 구글의 알파고가 이세돌 기사를 이김으로써 AI가 담론의 이슈를 독점하다시피 했다. 이에 따라 신경학을 중심으로 한 인지 과학이 세력을 크게 형성했다. 마침내 2022년 말 OpenAI에서 ChatGPT가 출시되어 모든 지식 활동의 지형을 탈인간화의 방향으로 급격하게 바꾸었다. 향후 철학적 사유가 근본적인 전환을 할 수밖에 없을 것이다.

이럴 즈음 철학아카데미 기획팀에서는 그동안 크게 위세를 떨친 들뢰즈, 푸코, 데리다 등을 중심으로 한 철학 사상이 어느덧 지난 20세기의 '고전'으로 밀려난 게 아닐까, 하고 생각할 수밖에 없었다. 그러면서 그동안 이들 중 전방위적으로 가장 크게 영향을 미친 들뢰즈의 사상을 일정하게 정돈할 때가 되었다는 쪽으로 생각을 모았고, 2023년 하반기에 들뢰즈 관련 전문 연구자들에게 의뢰해 '들뢰즈와 철학자들'이라는 릴레이 특강을 진행했다. 그리고 이어서 2024년 초에 '질 들뢰즈의 예술과 문학'이라는 릴레이 특강을 진행했다.

이번에 출간하는 『들뢰즈와 철학자들』은 앞의 기획에 따른 결과물이다. 뒤의 기획에 따른 책도 출간을 준비 중이다. 강의도 해 주시고 귀한 옥고를 재정리해 제출해 주신 선생님들께 진심으로 고맙다는 말을 전한다. 이분들이 섬세하게 전개한 논의를 요약한다는 건 불가능하다. 하지만 분명히 무리한 처사일 터일 텐데도 독자들에게 약간의 편의를 제공하는 게 서문을 쓰는 기획자의 의무이기도 하기에 내용의 요약을 감행하기로 한다.

강선형 선생님은 「들뢰즈의 칸트 사용법」에서 들뢰즈가 칸트의 '텅 빈 형식'으로서의 시간과 도덕법칙을 중심으로 이제까지 알고 있던 칸트와는 전혀 다른 칸트의 면목을 어떻게 밝혀내는지를 세세하게 밝혀 주었다.

정낙림 선생님은 「들뢰즈와 니체」에서 들뢰즈가 니체의 '반헤겔주의'를 특히 '차이와 반복'을 통해 어떻게 자기 나름의 사상으로 개변해서 정착시키는지, 그리고 그 과정에서 재현에 기반한 부정 중심의 서양 전통 이데올로기를 어떻게 비판하는지, 긍정의 사유를 바탕으로 창조적인 삶의 가능성을 어떻게 뒷받침하는지를 밝혀 보인다.

이솔 선생님은 「사르트르와 들뢰즈에서 자아의 문제」에서 들뢰즈가 사르트르가 얽매인 의식의 장 이전 또는 그 바탕으로 치고 들어가 잠재적인 내재성의 장에서 무수한 주체/자아가 결합해 작동한다는 점을 어떻게 드러내는지를 밝히고자 한다. 그 과정에서 들뢰즈가 헤겔의 추상적인 부정성을 인정하지 않는 스피노자와 베르그손을 경유하여 사르트르가 제시한 무無인 의식이 발휘하는 부정성을 비판함으로써 사르트르가 애써 주장한 대자적인 자유마저 근원적이지 않음을 드러낸다는 사실을 밝힌다.

김재인 선생님은 「들뢰즈와 과타리의 '자본주의와 분열증 연구'」에서 들뢰즈와 과타리가 인간들이 파시즘적인 예속을 욕망하는 이유를 풀고자 했음을 적시했다. 그리고 난해하기로 소문난 『안티 오이디푸스』와『천 개의 고원』에서 정신분석의 구도를 넘어서면서 무의식의 존재론, 분열증적인 재배치를 생산하는 욕망, 초코드화의 극단인 분열증과 자본주의, 자본주의가 왜 분열증을 감금하는지, 전쟁 기계와 매끈한 공간의 결합인 유목 등을 어떻게 규정하고 규명하는지를 아주 알기 쉽게 밝히고 설명한다.

박정태 선생님은 「들뢰즈 vs 바디우: 모矛 vs 순盾?」에서 "도대체 무엇 때문에 들뢰즈와 바디우는 이토록 서로 반대되는 길을 가는가?" 하는 의문을 풀고자 흥미진진하게 논의를 전개한다. 그 핵심으로 이들을 형이상학자로 간주하고 들뢰즈는 잠재적인 하나가 현실의 다수자들로 나타난다는 존재의 일의성을 주장하고, 바디우는 어떻게든 하나가 아예 없이 현실의 순수한 다수가 벌이는 이합집산의 수학적 패러다임을 주장한다는 점을 밝힌다. 또 이를 바탕으로 두 인물의 철학에서 일자, 진리, 시간, 운동, 사건, 우연성과 필연성, 주체 등의 개념이 어떻게 달리 전개되는가를 밝힌다.

박준영 선생님은 「들뢰즈의 존재론과 신유물론의 '물질' 개념」에서 20세기 말에 이른바 '물질적 전회'를 통해 등장하여 기본적으로 '물질'을 자기-조직화 과정을 통해 창발하고 창발되는 것으로 보는 일군의 신유물론자들을 분석한다. 그리고 이들이 들뢰즈의 존재론에서 제시되는 미분화, 잠재성, 특이성, 강도적 차이, 횡단성, 표현성 등을 어떻게 전유해 활용함으로써 본질주의나 사회구성주의, 제반 이원론을 파기하고 극복하는가를 밝힌다. 그런 뒤 아울러, 신유물론이 자연학과 형이상학이 결합한 포스트-메타피직스로서 언제나 당대의 과학과 연루해 교전함으로써 '물질'을 비롯한 여러 개념을 새롭게 갱신해 나가는 것임을 밝힌다.

마지막으로 진태원 선생님은 「들뢰즈와 스피노자: 표현, 양태, 아펙투스」에서 들뢰즈가 수행한 스피노자의 존재론에 대한 해석이 스피노자 연구에서 대단히 중요한 영향을 미치고 있지만, 스피노자의 글들을 자세히 읽으면서 비교해 보면 스피노자 철학에 관한 들뢰즈의 해석을 무비판적으로 받아들일 수 있는 것이 아님을 역설한다. 그리고 그 논거들을 일일이 제시하고 있다. 학자로서 나름의 뚜렷한 관점을 나타내 보인다. 그 세세한 내용에 관해서는 직접 글을 읽어 보기를 바란다.

이렇게 어쭙잖게 함부로 내용을 요약하고 보니 독자들에게도 그렇거니와 심혈을 기울여 섬세한 논의를 펼친 필자 선생님들께 송구한 마음이 앞선다. 전혀 마음에 들지 않은 대목이 있더라도 기획자가 그런 정도의 수준이거니 하고서 양해해 주시기를 바란다.

아무튼 이 책에서 들뢰즈와 견주어 탐색한 여러 탁월한 철학자들은 바디우와 신유물론자들을 제외하고는 대체로 들뢰즈 본인이 그들의 사상을 직접 심오하면서도 독창적으로 재해석한 인물들이다. 한 철학자가 펼친 사상을 제대로 검토하기 위해서는 비단 그가 직접 다룬 인물들의 사상뿐만 아니라 그 외의 인물들이 제시한 사상과 견주어 비판적으로 접근해야 마땅하다. 그런 바탕 위에서 당면한 시대적 문제들을 붙들고서 각자 나름으로 해결책을 모색할 때 비로소 우리에게서도 각자 나름의 철학과 사상이 건립되고 상호 비판의 학문 담론 환경이 마련될 것이다. 이번에 기획해서 발간하는 이 책이 일정하게 그러한 계기를 제공한다면, 철학아카데미로서는 더없는 보람이 될 것이다.

다시 한번 기꺼이 특강에 참여하고 책을 꾸리는 데 힘써 주신 필자 선생님들께 고맙다는 말씀을 드린다. 그리고 함께 수고한 철학아카데미 운영위원 선생님들께도 고맙다는 말을 전한다. 끝으로 이 책을 발간하는 데 전심전력으로 노력해 주신 세창출판사 편집진에게 특별히 고맙다는 말씀을 드린다.

철학아카데미 운영위원회를 대표하여

조광제 씀

차례

들뢰즈의 칸트 사용법

강선형

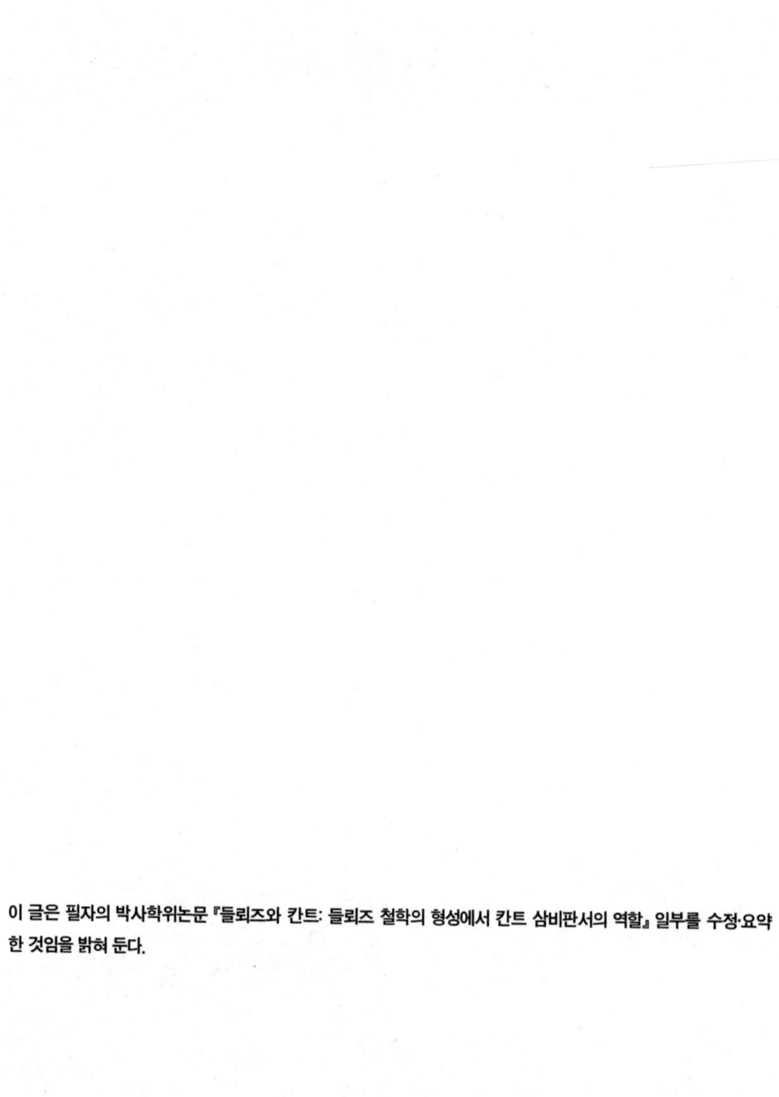

이 글은 필자의 박사학위논문 『들뢰즈와 칸트: 들뢰즈 철학의 형성에서 칸트 삼비판서의 역할』 일부를 수정·요약한 것임을 밝혀 둔다.

1. 위대한 철학자, 칸트

들뢰즈는 철학에 대해 개념을 창조하는 학문이라고 정의합니다. 당연한 이야기처럼 들리지만 이는 사실 매우 도발적인 정의입니다. 참과 진리를 담지하고 있는 개념과 같은 것은 있지 않고, 우리는 오직 그것을 창조할 뿐이라고 말하는 것이기 때문입니다. 마치 예술가들이 그렇게 하듯이 말입니다. 들뢰즈는 『철학이란 무엇인가』에서 이렇게 말합니다.

철학자들은 개념이라는 것을 형식화할 수 있고(추상화 혹은 일반화) 사용할 수 있는(판단) 능력들을 통해 설명될 수 있는 주어진 표상이나 인식으로 여기기를 선호했다. 그러나 개념은 주어지는 것이 아니다. 그것은 창조되는 것이며, 창조되도록 있는 것이다.[1]

1　G. Deleuze, F. Guattari, *Qu'estce que la philosophie?*, Paris: Minuit, 1991, p.16.

이제까지 철학자들은 개별적이고 구체적인 것들로부터 추상된 것을 사유하거나, 그러한 것을 사유할 수 있는 우리 안에 있는 능력을 탐구해 왔지만, 철학적 개념은 그러한 방식으로 우리에게 탐구될 수 있도록 '주어져 있는' 것이 아닙니다. 그것은 오직 창조될 수 있을 뿐입니다.

이러한 의미에서 들뢰즈에게 중요한 철학자들은 모두 개념을 창조한 철학자들입니다. 예컨대 니체나 스피노자와 같은 철학자들은 그에게 아버지와 어머니, 그리고 법과 같은 초월성으로만 설명되어 온 무의식의 세계를 내재성으로 설명할 수 있는 길을 열어 준 철학자들입니다. 그들이 무의식의 영역을 직접적으로 사유했던 것은 아니지만, 그들은 그들만의 새로운 개념으로 아무도 논하려고 하지 않았던 문제들을 제기한 철학자들이고, 그렇게 함으로써 일방향적인 사유의 길에서 벗어날 수 있도록 우리의 사유를 해방시켰던 철학자들입니다.

칸트 역시 이러한 의미에서 개념을 창조하여 우리의 사유를 해방시킨 위대한 철학자입니다. 들뢰즈는 칸트에 관하여 그 이전까지 철학에서 그렇게까지 밀어붙여진 적이 없는 것들을 끝까지 밀어붙였던 철학자이자, 그로부터 '개념의 경이로운 전복'을 이뤄 낸 철학자라고 말합니다. 들뢰즈에게 칸트는 가혹한 비판의 대상이 되기도 하지만, 그가 비판서를 통해 세운 '이성의 법정'이 더 이상 신이 필요하지 않은 심판의 체계를 창조했다는 점에서, 끝까지 나아갔던, 그리고 전복시켰던 철학자로 남습니다.

칸트에 관한 나의 책, 그것은 다르지. 나는 그 책을 좋아하네. 나는 어떤 적에 대해 쓰듯이, 그가 어떻게 움직이는지, 이성의 법정, 능력들의 제한된 사용, 우리에게 입법자로서의 지위를 부여하는 만큼 위선적인 것이 되는 복종과 같은 그의 요소들이 무엇인지 보여주려고 했네.[2]

들뢰즈는 이렇게 '적에 대해서 쓰듯이' 자신의 『칸트의 비판철학』을 썼다고 말합니다. 그러나 칸트는 들뢰즈에게 적으로 남아 있지만은 않습니다. 들뢰즈는 『칸트의 비판철학』 외에도 「칸트 미학에서의 발생의 이념」과 「칸트 철학을 간추린 네 개의 시구」라는 두 편의 논문, 그리고 4번의 강의를 남겼는데, 이러한 연구들에서뿐만 아니라 『차이와 반복』부터 『철학이란 무엇인가』까지 들뢰즈 철학 전체에서 칸트가 언제나 개념을 창조한 철학자로서 다시 호명되는 것을 확인할 수 있습니다.

더 나아가 들뢰즈가 자신의 차이différence 개념을 칸트적 이념Idee으로 설명하고, 반복répétition 개념을 칸트의 감성 형식으로서 시간으로 설명한다는 점 등으로 볼 때, 들뢰즈에게 칸트는 니체와 스피노자와 더불어 매우 중요한 철학자라는 것을 알 수 있습니다. 물론 칸트의 개념들이 그 모습 그대로 들뢰즈의 철학 안에서 유지되고 있는 것은 아니지만 말입니다.

2   G. Deleuze, *Pourparlers: 1972-1990*, Paris: Minuit, 1990, pp.14-15.

오늘날 우리가 여전히 플라톤주의자, 데카르트주의자, 칸트주의
자로 남을 수 있다면, 그것은 그들의 개념들이 우리의 문제들 안
에서 다시 활성화될 수 있으며, 창조해야 할 개념들에 영감을 불
러일으켜 줄 수 있다고 생각할 권리가 우리에게 있기 때문이다.[3]

들뢰즈는 이렇게 '우리의 문제들'을 위해 칸트적 개념들을 변신시
킵니다. 개념은 늘 창조되어야 하는 것이며, 그러므로 우리에게는 그
렇게 할 권리가 있는 것입니다. 단지 칸트주의자가 되는 것이 아니라
칸트와 함께 우리의 문제로 나아가는 것입니다.

위대한 철학자처럼 철학을 한다는 것은, 그의 과업을 끌어와 그가
만든 개념과 연관된 것을 만들고, 그가 제기한 문제들과 연관되었
거나 혹은 더욱 발전된 문제들을 제기하는 것이지.[4]

이것이 들뢰즈가 칸트와 함께 새로운 문제 제기로 나아가는 방식
입니다.

그리고 이러한 관점에서 들뢰즈는 『칸트의 비판철학』과 「칸트 미
학에서의 발생의 이념」, 그리고 여러 편의 강의에서 칸트 철학을 발
생의 관점으로 읽어 냅니다. 발생의 관점으로 읽어 낸다는 것은 『순

3   G. Deleuze, F. Guattari, *Qu'estce que la philosophie?*, p.32.
4   G. Deleuze, C. Parnet, *L'abécédaire de Gilles Deleuze*, 1996; 〈질 들뢰즈의 A to Z〉,
     대윤미디어, 2014.

수이성비판』에서의 인식판단과『실천이성비판』에서의 도덕판단을 가능하게 하는 능력들의 일치가 어떻게 일어나게 되는가를 설명한다는 것입니다. 들뢰즈는 이를 칸트 철학 내에서 찾아내는데,『판단력비판』의 취미판단과 목적론적 판단, 그리고 보다 근본적으로는 숭고판단에서입니다. 칸트 스스로는 '부록'에 지나지 않는다고 했던 숭고판단에서의 능력들 사이의 관계가 모든 판단을 가능하게 하는 근본적인 관계라고 말한다는 데서, 우리는 들뢰즈가 칸트를 '따라' 가는 것이 아니라 칸트와 '함께' 나아간다는 것을 알 수 있습니다.

들뢰즈가 칸트와 함께 어떻게 나아가는지 우리는「칸트 철학을 간추린 네 개의 시구」를 길잡이 삼아 살펴보고자 합니다. 이 글은『칸트의 비판철학』영문판 서문으로 발표되었다가, 이후 수정되어『비평과 임상』에 수록된 글입니다. 여기서 들뢰즈는 칸트 철학을 네 개의 시구로 표현하고 있습니다.

먼저 첫 번째 시구는 햄릿의 '시간이 경첩에서 빠져나간다the time is out of joint'입니다. 이 시구로 들뢰즈는 운동과 종속으로부터 해방된 시간을 표현합니다. 칸트가 시간과 공간을 시공간상의 사물들이 채우고 있는 것으로서가 아니라 감성 형식으로 사유함으로써, 시간이 '운동의 수'라는 고전적인 정의로부터 벗어나게 되었다는 것입니다. 앞서 이야기한 것처럼 들뢰즈는 자신의 반복 개념을 이 칸트적 시간과 함께 사유합니다.

그리고 이러한 칸트의 시간론에 대한 들뢰즈의 해석은 또 다른 시구와 연결됩니다. '인식되지 않는 법에 의해 통치되는 것은 얼마나 큰 형벌인가! … 왜냐하면 법의 특성은 그처럼 그것의 내용이 비밀에 부쳐질 것을 요구하기 때문이다.' 이 시구는 카프카의 것입니다. 들뢰즈는 칸트가 선과 법의 전도된 관계를 보여 준 철학자라고 말하면서, 이를 『순수이성비판』보다 더 위대한 코페르니쿠스적 혁명이라고 말합니다.

『순수이성비판』의 칸트의 코페르니쿠스적 혁명은 인식 대상을 주체 주위를 맴돌게 하는 데 있다. 그러나 선을 법 주위를 맴돌게 하는 『실천이성비판』의 코페르니쿠스적 혁명이 훨씬 더 중요하다.[5]

그런데 이 전복된 관계는 아주 중요한 혁명이지만, 선이라는 내용이 없는 도덕법칙의 텅 빈 형식성이 가지게 되는 무조건성을 가리키기도 합니다. '그 내용이 인식되지 않는 법에 의해 통치받게 되는 형벌'이 일어나는 것입니다. 이를 위해서는 다시 '시간이 경첩으로부터 빠져나가는 것'이 중요합니다. '내용이 비밀에 부쳐져' 법에 대한 인식이 무한히 지연되는 일로부터 빠져나오는 일은 오직 시간을 해방시키는 일로부터만 가능한 것입니다.

세 번째 시구는 랭보의 시구, '나는 타자이다Je est un autre'입니다. 들뢰즈는 데카르트 이래로 간극 없이 이어져 왔던 '나는 생각한다, 그

---

5   G. Deleuze, *Présentation de Sacher-Masoch, Le froid et le cruel*, Paris: Minuit, 1967, pp.72-73.

러므로 존재한다'에 대해 의심했던 사람이 칸트라는 점에 주목합니다. 그러나 칸트는 생각함으로부터 존재함을 곧바로 도출할 수 있다고 생각했던 데카르트를 비판하지만, 결국 '나는 생각한다'와 '나는 존재한다' 사이의 간극을 자기촉발auto-affection이라는 방식으로 메울 수 있다고 말합니다. 반면 들뢰즈는 칸트가 제기했던 문제와 함께 양자 사이의 회복할 수 없는 분열을 이야기하고자 합니다. 랭보의 시구처럼 나moi는 나je에게 늘 타자입니다. 모든 표상을 나의 표상으로 통일하는 칸트의 초월적 통각은 동일한 나로 환원될 수 없는 타자로서의 경험적 자아들을 마주하게 됩니다.

이러한 분열은 칸트 그 자신에게서도 표현된 바 있습니다. 바로 『판단력비판』의 숭고론입니다. 칸트는 늘 분열과 간극을 메우고 통일하는 방향으로 나아가지만, 들뢰즈는 그의 숭고론으로부터 분열이 가장 근본적인 층위에 있음을 발견합니다. 이것이 앞서 말한 『판단력비판』으로 칸트의 삼비판서를 읽어 내는 들뢰즈의 독특한 독해 방식입니다. 그리고 또한 이것이 네 개의 시구 가운데 마지막 시구입니다. "모든 감각의 무질서dérèglement에 의해 미지의 세계에 도달하는 것 … 모든 감각의 오래되고 광대하며 논리적인 무질서." 이 시구 역시 랭보의 것입니다. 숭고론이 보여 주는 것은 이성의 요구에 따라 상상력이 그 자신의 한계를 넘어서고 이성은 감성의 한계를 넘어서게 된다는 것입니다. 들뢰즈는 이로부터 능력들이 그 자신을 넘어 초재적transcendant 실행으로 나아간다는 것을 읽어 냅니다. 감각들은 더 이상 지성에 의해 종합되기만을 기다리고 있는 것이 아니라 파편적이고 고유한 그 자신들만의 질서, '논리적인 무질서'를 가지고 있는 것입니다. 이제 들뢰즈가 이 네 개의 시구로 그려 낸 밑그림을 따라 칸트와 함께 나아가 봅시다.

2. 칸트의 이념과 들뢰즈의 차이

칸트는 『순수이성비판』에서 감성과 지성, 이성 등의 능력들을 구분합니다. 감성이 시·공간의 형식에 따라 표상들을 받아들이는 능력이라면, 그 표상들을 하나의 대상으로 인식하는 능력이 지성입니다. 이성은 감성과 직접 관계를 맺는 것이 아니라 이러한 지성과 관계를 맺는데, 지성과 달리 이성의 탐구의 목적은 자기 인식의 확대에 있습니다. 그래서 이성은 그 자신의 목표를 위해 착오에 빠질 위험을 감수하면서까지 감성 세계를 넘어가고자 합니다.

모든 가능한 경험의 영역을 벗어나서, 경험 중에서는 도대체가 그에 상응하는 대상이 주어질 수 없는 개념들에 의거해 우리의 판단의 범위를 경험의 모든 한계 너머에까지 확장하려는 모습을 가지고 있다는 것 말이다.[6]

6　임마누엘 칸트, 『순수이성비판』, 백종현 옮김, 아카넷, 2006, B6.

칸트의 표현에 따르면 이는 이성의 피할 수 없는 '운명'입니다. 그래서 이성은 자연적 본성으로부터 경험의 한계를 넘어가는 문제들을 자신의 과제로 마주하게 됩니다. 칸트는 전통적인 특수 형이상학의 과제들, 즉 경험적 인식으로는 해결되지 않는 신, 자유, 영혼의 불사성과 같은 과제들이 바로 이러한 이성의 본성으로부터 주어지는 것이라고 봅니다. 이성이라는 능력을 지닌 존재자들은 자연스럽게 경험할 수 없음에도 형이상학의 과제들을 스스로 떠맡게 되는 것입니다.

그러므로 칸트는 이러한 것들이 이성의 본성에 대한 탐구를 기반으로 이루어지지 않으면 안 된다고 강조합니다. 그러한 탐구가 기반이 되지 않는다면 형이상학의 문제들은 그저 허구적인 문제들로 남아 있을 수밖에 없습니다. 왜냐하면 경험에 의해 반박될 수 없다는 것은 경험에 의해 증명될 수도 없다는 것을 의미하기 때문입니다. 그러므로 진정한 학문으로서의 형이상학이 가능하기 위해서는 이성의 능력에 그 능력의 대상들에 대한 판단이 맡겨져도 되는 것인지 순수 이성의 원천과 한계를 평가하는 예비학이 필요합니다. 그리고 이 예비학이 바로 칸트의 초월철학입니다.

칸트는 '이념'이라는 말로 이러한 이성의 개념들을 지칭합니다. 이념은 '문제성 있는problematisch' 이념일 수밖에 없는데, '문제성 있다'는 것은 경험의 가능성을 넘어서는 이념이 경험 안에서는 그와 일치하는 대상을 찾을 수 없다는 것을 의미합니다. 그래서 오직 개연적problematisch일 뿐인 개념이 이성의 개념인 것입니다.

'이념에 대응하는 객관에 관한 아무런 지식도—그에 관한 문제성 있는 개념이라면 모를까—우리는 가질 수 없다'고 말했다면, 오해받을 위험이 덜 하게 더 잘 말한 것이겠다.[7]

그런데 들뢰즈는 이러한 문제성 있는 이념 자체가 문제성 있는 것으로서, 더 정확히 표현하면 문제제기적인problèmatique 것으로서 객관적 실재성을 가질 수 있을 것이라고 봅니다. 이념은 문제로서 실재하고 있는 것이며, 현실적인 것에 대한 인식에 말 그대로 '문제를 제기하는' 개념으로 이해될 수 있는 것입니다.

이런 식의 들뢰즈의 칸트적 이념에 대한 새로운 접근은 칸트가 이미 보여 주었던 것입니다. 칸트는 자신의 이념 개념을 설명하면서 그것이 플라톤의 이데아로부터 온 개념이지만 전혀 다른 의미를 지닌다고 말합니다. 그럼에도 이념이라는 말을 사용하지 않을 수 없다고 말하는데, "이미 통용된 의미에서 이 개념에 딱 맞는 낱말이 단 하나 있다면, 그것을 남용하지 말고, 또 한낱 변화를 주기 위해 그것을 동의어적으로 다른 낱말들 대신에 사용하지 말고, 그것의 특유한 의미를 조심스럽게 보존하는 것이 추천할 만한 일"이기 때문입니다.[8] 칸트는 "그렇지 않으면, 그 표현이 특별히 주의를 받지 못하고, 다른 매우 어긋나는 표현의 더미 속에 소실되어 그 표현만이 보존할 수 있었

---

7 같은 책, A339/B396-397.
8 같은 책, A313/B369.

을 사상마저 상실되어 버릴 것"이라고 덧붙이기도 합니다.[9] 이는 들뢰즈가 칸트에게 하듯이 플라톤의 이데아를 교정하면서 보존하고자 하는 것입니다. 칸트는 플라톤의 이데아가 자연적인 모든 것의 근원이 되는 객관적 실재성이라는 점을 비판하지만, 여전히 그러한 용어를 사용하여 자신의 이념 개념을 세웁니다. 그리고 들뢰즈는 다시 문제제기적인 것으로서 실재성을 지니는 이념에 대해 말하게 됩니다.

들뢰즈도 칸트처럼 이념이 플라톤이 말하는 현실적인 사물들의 본질essence을 이루고 있는 것이 아니라고 봅니다. 그러나 칸트처럼 문제성 있는 이념의 사용 범위를 한정하는 방식으로 나아가는 것이 아니라 이념이 그 자체로 비본질적inessentiel이라고 말합니다. 플라톤이 이데아를 탐구하는 방식은 우리에게 본질적인 것이란 무엇인지 잘 알려 줍니다. 플라톤은 이데아를 탐구하기 위해 늘 '이것은 무엇인가?'라고 묻습니다. '정의란 무엇인가?', '아름다움이란 무엇인가?' 등의 질문을 통해 그에 대한 여러 답을 검토해 나갑니다.

들뢰즈는 이러한 플라톤의 탐구 방식에 대해 이렇게 말합니다.

이때 그의 목적은 다른 것에 있지 않다. 이데아의 대상인 어떤 초재적transcendant 문제의 미규정적인 지평을 열기 위해 경험적 수준의 대답들을 침묵에 빠트리는 데 있을 뿐이다.[10]

9   같은 곳.
10   G. Deleuze, *Différence et Répétition*, Paris: PUF, 1968, p.243.

가령 정의란 무엇인가 물었을 때, 소크라테스는 제자들의 답들을 모두 동굴 안에서 그림자만을 보고 말하는 경험적 수준의 대답들로 논박하고 동굴 밖 진리로서 이데아를 제시합니다. 이데아의 미규정적인 지평을 열어 놓는다는 점에서 이는 긍정적인 측면을 지닙니다. 그러나 들뢰즈는 『니체와 철학』에서 다음과 같이 말하기도 합니다.

사람들이 당신에게 '아름다움이 무엇인가?'를 질문할 때, 아름다운 것을 인용하는 것은 분명 어리석은 짓이다. 그러나 '아름다움이란 무엇인가?'라는 질문이 그 자체로 어리석지 않다는 것이 그보다 덜 확실하다.[11]

아름다움에 대해 물었을 때 구체적인 아름다운 사물들로 답하는 것은 아름다움 그 자체에 대해서는 답하지 못한다는 점에서 어리석습니다. 그러나 아름다움의 이데아에 대한 탐구 방식 또한 이데아의 구체적인 현실화를 보여 주지 못하고 아포리아에 빠지게 됩니다. 아름다움 그 자체에 대한 탐구 방식은 "이따금 대화들 속에서 섬광이 빛을 발하다가 곧 꺼져 버리는" 것입니다.[12]

들뢰즈가 보기에 이데아에 대한 탐구가 불가능한 것은 그 질문에 감추어진 것을 드러내지 못하기 때문입니다. 감추어진 것은 바로 '그

11 G. Deleuze, *Nietzsche et la philosophie*, Paris: PUF, 1962, p.86.
12 *Ibid.*

질문을 하는 자가 누구인가'라는 것입니다. 실제로 "본질이란 단지 사물의 의미와 가치일 뿐"입니다.[13] 그것은 사물 그 자체가 지닌 본성이 아니라 누군가가 부여한 의미와 가치인 것입니다. 그래서 이데아를 탐구하는 질문, '이것은 무엇인가?'라는 질문은 사실 그것이 '내게 있어서', '어떤 관점에서' 무엇인가를 묻는 것입니다. '아름다움이란 무엇인가?'라는 질문은 우리가 사물을 '얼마만큼', '어떤 경우에', '어떻게' 아름답게 보는지에 관한 것입니다. 그러므로 들뢰즈가 "이념의 영역, 그것은 비본질적인 것이다"라고 말할 때, 이는 이렇게 누군가 혹은 우리에 의해 임의적으로 부여된 본질이라는 가치로부터 벗어나서 사유해야 한다는 것을 표현하고 있다는 것을 알 수 있습니다.[14]

이러한 관점에서 볼 때 비본질적이라는 것은 그것이 중요하지 않다는 것을 의미하지 않습니다. 비본질적인 것은 그 자체로 긍정되는 시뮬라크르들simulacres을 가리킵니다. 비본질적인 것, 시뮬라크르들을 그 자체로 긍정하는 일은 들뢰즈에게 중요한 의미를 지닙니다.

플라톤주의의 전복은 시뮬라크르들을 승격시키는 것, 도상들이나 복사물들 사이에서 그들의 권리를 긍정하는 것이다.[15]

플라톤의 철학의 목표는 본질과 외관, 원본과 복사본, 모델과 시

---

13 *Ibid.*, p.87.
14 G. Deleuze, *Différence et Répétition*, p.243.
15 G. Deleuze, *Logique du sens*, Paris: Minuit, 1969, p.302.

뮬라크르를 구분하는 데 있습니다. 플라톤이 정의만이 정의롭고, 아름다움만이 아름답다고 말할 때 그것은 원본적인 것을 우위에 놓는 것입니다. 원본적인 것은 동일자le Même이며 이것을 기준으로 복사본과 시뮬라크르 사이의 위계 역시 결정됩니다. 복사본은 동일자를 분유하는 유사한 것이며, 그 충실한 유사성에 따라 시뮬라크르에 대해 우위를 가집니다. 그러나 시뮬라크르의 존재는 이 원본적인 것과 복사본을 모두 무너뜨립니다. 들뢰즈는 이를 플라톤 철학 내에서 보여주고자 합니다. 플라톤은 동일한 것과 유사한 것 사이의 위계에서 벗어나 있는 시뮬라크르의 존재를 그것들과 동등한 것으로 인정할 수밖에 없었다는 것입니다.

플라톤의 『소피스트』에서 제기되는 문제는 '있지 않은 것의 있음'에 관한 것입니다. 플라톤은 파르메니데스가 있지 않은 것, 즉 비존재에 대해서는 사유할 수 없다고 한 것에 대해, 있지 않은 것은 있지 않은 것으로서 진정으로 '있다'고 말해야 한다고 비판합니다. 파르메니데스는 비존재를 '있지 않다'는 의미에서 전적인 무와 동일시하기 때문에 그에 대해서는 사유할 수 없다고 말한 것입니다. 반면 플라톤은 비존재에 대해서도 사유할 수 있어야 하며, 그것은 존재처럼 규정될 수 있는 것이 아니지만 존재와 '다름'으로서는 규정될 수 있다고 봅니다. 그래서 그는 존재, 정지, 운동과 함께 동일성과 다름을 동등한 유類로 놓습니다. 즉, 플라톤 철학 내에서 동일성과 차이가 동등한 지위에 놓이는 것입니다. 결국 '있지 않은 것의 있음'은 무의 존재를 주장할 수 있다는 것을 의미하는 것이 아니라, 존재와 차이 나는 것에 대해 존재와 차이 나는 것으로서만 규정될 수 있는 것으로서 있다는 것을 의미합니다. 그래서 들뢰즈는 이렇게 말합니다.

플라톤은 한 순간의 섬광 속에서 시뮬라크르가 단순히 하나의 거짓된 복사물이 아니라는 것을, 오히려 바로 복사물의 관념, 그리고 모델의 관념에 문제를 제기하는 것이라는 것을 발견한다. 소피스트에 대한 최종적인 정의는 소크라테스 그 자신도 더 이상 그들과 구별할 수 없게 되는 지점으로 우리를 이끈다.[16]

차이로 규정되는 존재가 동일자의 존재와 동등한 지위에 놓인다는 것은 원본적인 것과 복사본의 위계 자체가 파괴된다는 것을 의미합니다. 시뮬라크르가 더 이상 격하된 복사본이 아니라면 동일자와 얼마나 '더' 혹은 '덜' 유사한가는 더 이상 위계질서의 기준이 될 수 없습니다. 이렇게 동일성의 질서가 파괴되고 차이가 그 지위를 회복하게 되면 플라톤의 이념은 더 이상 사물들의 본질과 외관을 구분하는 기준이 될 수 없습니다. 플라톤의 세계에서처럼 동일자로부터 분유된 유사성이 사물의 본질을 이루는 것이 될 수 없는 것입니다. 칸트는 플라톤의 이데아가 자연의 모든 것이 유래하는 근원이 된다는 것을 비판함으로써, 이데아라는 본질과 그 외관이라는 구분을 폐기합니다. 그래서 들뢰즈는 "본질과 외관의 이분법에 대한 이중적인 이의

16 *Ibid*., p.295.

신청은 헤겔로, 더 나아가서는 칸트로 소급된다"라고 말하기도 합니다.[17] 그러나 들뢰즈는 이로부터 더 나아가 이념 자체가 비본질적인 것, 즉 차이라는 것을 보입니다. 위계질서가 파괴된 바로 그 이념의 자리에 시뮬라크르, 즉 비본질적인 차이가 비본질적인 것으로서 있게 되는 것입니다.

들뢰즈는 바로 이러한 자리에 있는 비본질적인 차이를 칸트적 이념과 동일시합니다. 그는 칸트적 이념을 문제제기적인 것으로 이해하고, 이념은 문제로서 실재한다고 말합니다. 칸트의 문제성 있는 개념으로서 이념은 단지 개연적이기만 한 개념이 아니라 그 문제성 있음의 속성을 가지고서 현상들과 관계 맺기 때문입니다. 그가 보기에 문제로서의 이념은 그 자체가 문제제기적이며, 따라서 언제나 문제를 제기하는 것으로서 실재하고 있다고 말해져야 합니다. 그래서 그가 "차이는 부정이 아니라 차이로서의 비존재non-être이다. 차이는 반대ἐναντίον가 아니라 다름ἕτερον이다. 그렇기 때문에 비존재는 차라리 (비)-존재라 적어야 하고, 그보다는 '?-존재'라고 써야 한다"라고 말할 때, 그러한 존재는 존재하지 않는 것이 아니라 문제로서 존재한다는 것을 의미하는 것입니다.[18]

이러한 문제를 제기하는 개념으로서의 이념, 그리고 그러한 이념을 자신의 개념으로 삼는 이성은 칸트가 『순수이성비판』에서 '합법적

---

17 *Ibid.*, p.292.
18 G. Deleuze, *Différence et Répétition*, 1968, p.89.

사용'이라고 부른 방식으로 사용된 것입니다. 물론 칸트는 오직 지성의 입법 아래에서 인식을 확대시키는 데 머무는 것을 합법적 사용 또는 규제적 사용이라고 부를 것이지만, 들뢰즈는 이성이 그 자체로 미규정적인 가치와 동시에 객관적 가치를 가진다고 말합니다. 왜냐하면 범주에 의해 정해진 규정적 개념을 넘어서서 해solution가 정해지지 않은 문제를 제기할 수 있는 것은 이성의 이념뿐이기 때문입니다. 정해진 해에 따라서만 문제를 제기한다는 것은 칸트의 유명한 문장에서 잘 드러납니다.

우리는 곧 사물로부터 우리 자신이 그것들 안에 집어넣은 것만을 선험적으로 인식한다.(KpV, B XVIII) [19]

칸트라면 이를 넘어서는 이념의 활동을 월권적 사용 또는 변증적 사용이라고 불렀겠지만, 들뢰즈는 문제로서의 이념 자체만을 고려했을 때 문제들에는 미리 정해진 참과 거짓이 있을 수 없다는 점에서 미규정적인 이념이 유일하게 문제를 제기할 수 있는 능력으로서 합법적으로 사용된다고 말합니다. 이것이 들뢰즈가 칸트를 변신시키는 방법입니다. 그리고 이는 앞서 말한 마지막 시구와 관련된 능력들의 초재적transcendant 실행을 이성의 측면에서 드러내 줍니다.

---

19 임마누엘 칸트, 『실천이성비판』, 백종현 옮김, 아카넷, 2009, B XVIII.

3. 칸트의 초월적 통각과 들뢰즈의 자아

칸트 철학에서 초월적 통각이란 "'나는 생각한다'는 것은 나의 모든 표상에 수반할 수밖에 없다"라는 표현에서 잘 드러납니다.[20] 모든 표상을 '나'의 표상으로 만드는 하나의 자기의식이 바로 통각입니다.

(순수 통각인) 항존 불변의 '나'는 우리의 모든 표상─그것들이 의식될 수 있는 한에서─의 상관자이기 때문이다.[21]

이러한 초월적 통각은 구체적인 우리의 내적 지각으로서의 경험적 통각과는 구별되어야 합니다. 경험적 통각은 언제나 변화하고, 그러한 변화 속에 있는 내적 지각은 수적인 동일성으로 표상될 수 없는 것입니다.

내적 지각에서 우리의 상태의 규정들에 따른 자기에 대한 의식은 한낱 경험적이고, 항상 전변적이다. 내적 현상들의 이 흐름 속에서는 지속적이고 항존적인 자기는 있을 수 없고, 그것은 보통 내감, 또는 경험적 통각이라 불린다.[22]

---

20 임마누엘 칸트,『순수이성비판』, B131.
21 같은 책, A123.

그런데 이렇게 칸트가 초월적 통각과 내감 또는 경험적 통각을 구분할 때, 자기 자신에 대한 의식의 분열의 문제는 필연적으로 제기될 수밖에 없는 것이 됩니다. 물론 칸트는 두 자아를 구분하면서도 그것이 이중의 인격성을 의미하지 않는다고 강조합니다. 왜냐하면 두 자아는 경험적인 차원에서 분열되어 있는 것이 아니라, 초월적인 차원에서만 구분되는 것이기 때문입니다. 칸트는 이 문제를 다음과 같이 표현합니다.

우리는 우리를 오직 우리가 내적으로 촉발Affektion하는 대로만 직관하기 때문에, 내감은 우리 자신조차도 우리 자신 자체가 아니라 우리가 우리에게 현상하는 대로만 의식에 떠올리며, 이것은 우리 자신이 우리 자신에 대해서 수동적인 태도를 취할 수밖에 없다는 것이어서, 모순적인 일로 보인다는 것이다.[23]

칸트는 우리 자신이 우리 자신에게 수동적인 태도를 취할 수밖에 없다는 이른바 '내감의 역설'의 문제가 주관의 자기 촉발이라는 방식으로 해결될 수 있다고 봅니다. 그에 따르면 자발적인 통각과 수동적인 내감의 관계는 '촉발되는' 내감을 '촉발하는' 것이 통각이라는 방식으로 이야기될 수 있는 것입니다. 그러나 들뢰즈는 이에 대해 다음과

22   같은 책, A107.
23   같은 책, B153.

같이 말합니다.

> '나는 생각한다'의 자아Moi는 그의 본질 안에 직관의 수용성을 내포하고 있으며, 그와의 관계에서 이미 나Je는 타자이다.[24]

칸트의 촉발하는 자아와 촉발되는 자아는 결국 우리의 존재에 차이를 기입하는 '분열된 자아를 위한 코기토'를 보여 줄 수밖에 없는 것입니다. 칸트에서는 "새로운 동일성의 형식, 능동적인 종합적 동일성에 의해 균열은 곧바로 메워"지지만, 들뢰즈가 보기에 칸트가 보여 주는 것은 궁극적으로 통각의 나와 내감의 나가 동일한 나가 될 수 없다는 것입니다.[25] 경험의 차원이 아니라 초월적 차원에서 말입니다. 이것이 들뢰즈가 「칸트 철학을 간추린 네 개의 시구」에서 랭보의 '나는 타자이다'를 인용한 이유입니다.

또한 들뢰즈가 칸트의 삼비판서 중 『판단력비판』을 가장 중요하고 종합적인 저서로 놓고 사유하는 이유 가운데 하나 역시 이러한 수동적 자아의 해방의 길이 드러나기 때문입니다. 칸트가 숭고론에서 발견한 것은 감성이 자신의 한계를 넘어서 실행될 수 있다는 것이었습니다. 절대적 전체성을 요구하는 능력인 이성은 그에 상응하는 직관을 세운다는 것은 불가능함에도 불구하고, 상상력에게 우리의 감성

---

24 G. Deleuze, *Différence et Répétition*, 1968, p.82.
25 *Ibid.*, p.117.

의 한계를 넘어서 절대적 전체성을 현시할 것을 요구합니다. 상상력
은 이러한 이성의 요구에 따를 수 없지만, 바로 이것이 숭고의 감정을
일깨웁니다.

우리의 이성에는 실재적 이념으로서의 절대적 전체성에 대한 요
구가 놓여 있기 때문에, 감성세계의 사물들의 크기를 평가하는 우
리의 능력이 이 이념에 대해 저처럼 알맞지 않다는 것 자체가 우
리 안에 하나의 초감성적 능력의 감정을 일깨우는 것이다.[26]

이렇게 자신의 한계를 넘어서 실행될 수 있다는 것을 보여 준다
는 점에서『판단력비판』은 칸트 철학에서 중요한 지위를 차지합니다.
『순수이성비판』의 감성론에서 감성은 오직 수용성을 통해 정의되고,
그에 따라 촉발되고 종합되기를 기다리고 있을 뿐인 그러한 능력으
로서만 남아 있습니다. 그런데『판단력비판』에서 감성은『순수이성비
판』에서의 직관과 달리 지성의 규정으로부터 벗어나 있습니다. 그것
은 더 이상 범주적 규정 아래에 포섭되기 위한 것이 아니라 규정되지
않은 개념과 관계하고 그 자신의 한계를 넘어서 초감성적인 것이 됩
니다.

그리고 이는 들뢰즈의 관점에서는 이념으로서의 차이를 감각하기
에 이를 수 있다는 것을 의미합니다. 칸트에서 이성의 개념인 이념은

26 임마누엘 칸트,『판단력비판』, 백종현 옮김, 아카넷, 2009b, B85.

결코 감성에 주어질 수 있는 것이 아님에도 불구하고 말입니다. 수용성으로만 정의되는 감성의 이러한 해방은 촉발되는 자아 역시 해방될 수 있다는 것을 보여 줍니다. 이러한 모든 지배적인 능력들로부터의 해방이 또 하나의 랭보의 시구였던 '모든 감각의 오래되고 광대하며 논리적인 무질서'가 표현하고 있는 것입니다. 능력들이 그 자신을 넘어 초재적으로 실행됨으로써 우리는 진정한 차이의 사유로 우리 자신을 개방할 수 있습니다. 그래서 『판단력비판』에 대해 들뢰즈는 이렇게 말합니다.

> 칸트의 『판단력비판』은 노년의 작품으로, 그의 후학들에게 끊임없이 그것을 뒤쫓는 일을 그만둘 수 없게 하는 사슬이 풀려 버린 작품이다. 거기에서 정신의 모든 능력은 그것들의 한계들을 뛰어넘는다. 그것들은 칸트가 그의 전성기의 책들에서 그토록 철저하게 세워 놓았던 한계들과 동일한 것이었다.[27]

이러한 의미에서 칸트의 『판단력비판』은 앞선 두 비판서와 합치되지 않는, 비일관적이고 연구 불가능한 저서가 아니라 두 비판서를 뛰어넘으면서 놀라운 통찰을 보여 주는 저서라고 해야 할 것입니다.

---

[27] G. Deleuze, F. Guattari, *Qu'estce que la philosophie?*, 1991, p.8.

4. 칸트의 코페르니쿠스적 혁명

앞서 카프카의 시구와 함께 언급한 바 있듯이 들뢰즈는 칸트가 『순수이성비판』에서 보여 주었던 코페르니쿠스적 혁명도 뛰어난 것이었지만, 보다 중요한 혁명은 『실천이성비판』에서 일어났다고 말합니다. 바로 선과 법의 관계를 전복시키는 혁명입니다. 『실천이성비판』에서 칸트는 주관의 의지에 대해서만 타당한 '준칙'과 모든 이성적 존재자의 의지에 타당한 '법칙'을 구분합니다. 가령 칸트는 '어떤 모욕에 대해서도 보복 없이 참고 지내지 않는다'라는 것은 준칙은 될 수 있어도 법칙은 될 수 없다고 말하는데, 모든 이성적 존재자를 위한 규칙이 될 수는 없기 때문입니다.[28] 반면 '결코 거짓말로 약속해서는 안 된다'라는 것은 모든 이성적 존재자가 그에 부합해야만 하는 하나의 법칙입니다.

나는 내가 거짓말하려고 할 수는 있지만, 거짓말하는 것을 보편적 법칙으로 삼으려고 할 수는 없음을 이내 알아차리게 된다. 거짓말하는 것을 보편적 법칙으로 삼을 경우, 애당초 그 어떤 약속도 전혀 있을 수 없을 것이기 때문이다. 내 미래 행위와 관련하여 나의 의지를 다른 사람에게 맹세해도 그들이 이러한 맹세를 믿지 않아

28　임마누엘 칸트, 『실천이성비판』, A36.

헛수고가 될 것이다. 또한 그들이 이 맹세를 경솔하게 믿는다 해도 나에게 똑같은 값으로 되돌려줄 것이다. 그러므로 이런 내 준칙은 보편적 법칙이 되자마자 자멸하지 않을 수 없다.[29]

만일 모든 사람이 거짓을 말하기로 약속한다면, 그것은 그 자체로 보편성을 잃게 됩니다. 모든 사람이 거짓말을 한다는 것과 그것을 믿는 사람이 있다는 것은 모순이기 때문입니다. 그러므로 모든 사람은 진실하지 않을 수 없습니다. 칸트에서는 이러한 방식으로 보편성을 획득하는 것만이 법칙이 될 수 있습니다.

그런데 쾌의 감정이 이에 관여하게 되면, 그로부터는 필연적인 법칙이 도출될 수 없습니다. 쾌의 감정은 욕구 능력의 '객관'과 관계할 때 발생하는 감정이기 때문에 경험적인 것이므로, 모든 이성적 존재자에게 보편적으로 타당할 수 없으며 무조건적인 필연성을 얻을 수도 없는 것입니다. 칸트는 대상의 현존에 의존해 있을 수밖에 없는 쾌가 우리 의지의 규정에 관계할 때 생기는 일을 다음과 같이 비유합니다.

지출을 위해 돈이 많이 필요한 사람에게는, 만약 그것이 동일한 값으로 받아들여지기만 하면, 그 돈의 질료 곧 금이 산에서 파낸

---

29 임마누엘 칸트, 「도덕형이상학 정초」, 『도덕형이상학 정초/실천이성비판』, 김석수, 김종국 옮김, 한길사, 2019, 44-45쪽.

것이든 모래밭에서 골라낸 것이든 마찬가지이듯이, 그에게 단지 삶의 쾌적함이 문제가 된다면, 어느 누구도 지성의 표상들이냐 감관의 표상들이냐는 묻지 않으며, 그는 오직 그것들이 가능한 한 오랫동안 얼마나 많이, 얼마나 큰 즐거움을 가져다줄 것인가만을 묻는다.[30]

쾌의 감정이 개입하게 되면 쾌의 감정을 위한 수단은 모두 선한 것이 되어 버리고 맙니다. 그리고 앞서 이야기한 것처럼 그 수단이 얼마나 오랫동안 많고 큰 즐거움을 가져다주는가에 따라 그것의 선한 정도가 판정될 것입니다. 그래서 의지의 규정 근거에서 객관을 모두 제거하고 나면 형식만이 남습니다.

너의 의지의 준칙이 항상 동시에 보편적 법칙 수립의 원리로서 타당할 수 있도록, 그렇게 행위하라.[31]

이러한 내용 없는 텅 빈 형식만이 실천 법칙이 될 수 있는 것입니다. 칸트는 오직 '네 준칙이 보편적 법칙이 되기를 원할 수 있는가' 자문하고 보편적 법칙이 될 수 없다면 준칙을 버려야 한다고 강조합니다. 그러므로 칸트에게서 보편적인 실천 법칙이란 내용을 가진 우리

---

30 임마누엘 칸트, 『실천이성비판』, A43.
31 같은 책, A54.

자신의 준칙들이 법칙이 될 수 있는지를 판단할 수 있게 해 주는 하나의 형식입니다. 앞서 이야기한 예 가운데 '어떤 모욕에 대해서도 보복 없이 참고 지내지 않는다'라는 것은 모욕에 대한 주관적인 관점이 개입할 수밖에 없는 규칙이므로, '네 준칙이 보편적 법칙이 되기를 원할 수 있는가' 물었을 때 모든 사람의 관점이 동일할 것이라는 기대를 할 수 없습니다. 반면 오직 '결코 거짓말로 약속해서는 안 된다'와 같은 그 자체로 보편성이 도출될 수 있는 규칙은 법칙이 될 수 있습니다. 이러한 방식으로 준칙과 법칙 사이를 판단하게 해 주는 것이 바로 실천법칙의 텅 빈 형식입니다.

이렇게 내용 없는 텅 빈 형식으로서 도덕법칙만이 우리 의지의 규정 근거가 될 수 있으므로, 선과 악이라는 실천이성의 대상들은 도덕법칙에 선행할 수 없습니다. 이로부터 칸트가 '실천 이성 비판에서의 방법의 역설'이라고 부르는 것이 언명됩니다.

선악의 개념은 도덕법칙에 앞서서가 아니라, … 도덕법칙에 따라서 그리고 도덕법칙에 의해서 규정될 수밖에 없다.[32]

들뢰즈는 이렇게 선과 법의 관계가 전도되는 것을 코페르니쿠스적 혁명이라고 강조합니다. 그러나 들뢰즈가 이러한 칸트의 텅 빈 법칙 개념을 긍정하는 것은 아닌데, 이는 카프카와의 대조를 통해 잘 드

---

32 같은 책, A110.

러납니다.

5. 칸트와 카프카

카프카의 소설은 어떠한 내용적 선도 없는 텅 빈 형식으로서 법의 위험성을 가장 잘 보여 줍니다. 가령 카프카의 소설 「유형지에서」에는 법을 형상화한 기계가 등장합니다. 판결을 받는 사람의 몸에 그가 지켜야 할 법의 내용을 새겨 넣는 기계는 형벌 이전에 판결의 내용을 알게 되는 것이 아니라 형벌의 진행과 동시에 그가 어떤 판결을 받았는지 알게 하도록 되어 있습니다.

"그는 자신의 판결 내용을 알고 있습니까?" "아닙니다." 장교는 이렇게 말하고 자신이 하던 설명을 계속하려고 했지만 답사 연구자가 그의 말을 가로막았다. "자신의 판결 내용을 알지 못한다고요?" "그렇습니다." 장교는 같은 대답을 되풀이하고는 답사 연구자가 그런 질문을 한 좀 더 자세한 이유를 듣고 싶다는 듯 잠시 입을 다물고 있다가 이렇게 말했다. "알려 줘 봐야 아무 소용이 없을 겁니다. 직접 자신의 몸으로 체험할 테니까요."[33]

33 프란츠 카프카, 「유형지에서」, 『변신』, 홍성광 옮김, 열린책들, 2007, 167쪽.

이러한 카프카의 소설이 알려 주는 것은 내용이 알려지지 않고 이루어지는 법의 형식적 무조건성이 판결을 받는 당사자를 자신의 죄의 내용을 인식할 수 없는 죄인으로 만든다는 점입니다. 「유형지에서」에서는 자신의 상급자에게 복종하지 않은 자에게 '복종하라'라는 선고가, 이후 장교에게는 '공정하라'라는 선고가 몸에 새겨집니다. 들뢰즈는 칸트의 도덕법칙도 이러한 방식으로 법과 형벌이 구분되지 않도록 한다는 점을 지적합니다.

법은 우리의 마음과 우리의 살에 새겨진 자국과 뒤섞인다. 그러나 그렇기 때문에 법은 우리에게 우리의 죄에 대한 궁극적인 인식조차 주지 못한다. 왜냐하면 그것은 법의 바늘이 우리 위에 새기는 것이기 때문이다. 법의 바늘이 새기는 것은 의무에 의해서(par) 행하라는 것이다.(그리고 그것은 단지 의무에 비추어서 행하라는 것을 의미하지 않는다.) [34]

칸트의 도덕법칙은 우리의 경향성을 배제하기를 요구하는 객관적인 원칙이므로, 그에 대한 존경과 의무는 불가피한 강제와 실천적 강요를 함축합니다. 그러므로 그것은 단지 의무에 비추어서 행하라는 것이 아니라 의무의 강제에 따라서 행해야만 한다는 것을 의미합니다. 그러한 강제와 강요가 우리의 이론적이거나 사변적인 인식을 배

[34] G. Deleuze, *Critique et clinique,* Paris: Minuit, 1993, p.46.

제한 채로 이루어진다는 것은 바로 칸트의 도덕법칙 역시 카프카의 「유형지에서」의 기계가 가리키는 법의 형식적 무조건성과 같다는 것을 의미하는 것입니다.

카프카의 또 다른 소설 「만리장성의 축조」에도 그러한 내용이 알려지지 않은 채로 우리를 지배하는 법에 대한 우화가 등장합니다. 임종을 맞이한 황제가 칙사를 통해 칙명을 보내는데, 그 칙명은 결코 어느 곳에도 당도할 수 없습니다. 그것은 우리에게 인식될 수 있는 것으로 주어지지 않는 법을 의미합니다. 칙명은 결코 그 내용을 펼쳐볼 수 있도록 주어지지 않지만 그럼에도 우리는 그것을 기다릴 수밖에 없습니다.

칙사는 곧 길을 떠났다. … 그러나 결코 그 방들을 벗어나지 못할 것이고, 그가 설령 궁궐을 벗어나는 데 성공한다 하더라도 아무런 득도 없을 것이다. 계단을 내려가기 위해서 그는 스스로와 싸워야 할 것이고, 설령 그것이 성공한다 하더라도 아무런 득이 없을 것이다. 궁궐의 정원은 통과할 수 있을지 모른다. 그러나 그 정원을 지나면 두 번째로 에워싸는 궁궐, 또다시 계단과 정원, 또다시 궁궐, 그렇게 수천 날이 계속될 것이다. 그래서 마침내 그가 가장 외각의 문에서 밀치듯 뛰어나오게 되면—그러나 그런 일은 결코, 결코 일어나지 않을 것이다—비로소 세계의 중심, 침전물들로 높이 싸인 왕도王都가 그의 눈앞에 펼쳐질 것이다. 어느 누구도 이곳을 뚫고 나가지는 못한다. 비록 죽은 자의 칙명을 지닌 자라 할지라

도—그러나 밤이 오면. '당신'은 창가에 앉아 그 칙명이 오기를 꿈
꾸고 있다.[35]

카프카는 사람들이 어느 황제가 통치하고 있는지도 모르면서, 왕
조의 이름마저도 모르면서 그 칙명이 도달하기를 희망한다고 씁니
다. 우리는 어떤 법이 어떤 내용을 명령하는지 모르면서도 지배당하
고 있는 것입니다. 그래서 들뢰즈는 다음과 같이 말합니다.

법에 대해 전제되는 초월성의 관점에서 보면, 법은 죄의식과 의식
될 수 없음, 그리고 선고 혹은 언표와 어떤 필연적인 관계를 맺고
있을 것이다. 죄의식은 실제로 초월성과 조응하는 선험적인 것이
어야 한다. 죄의식은 죄를 지은 자이건 무고한 자이건, 모두에게
혹은 저마다에게 선험적이다. 법은 대상을 가지지 않지만 순수한
형식이며, 인식의 영역이 아니라 오로지 절대적인 실천적 필연성
의 영역일 것이다. … 결국 법은 인식의 대상이 아니기 때문에 오
직 언표되면서 규정될 뿐이고, 처벌의 행위 안에서만 언표될 뿐이
다."[36]

칸트의 도덕법칙이 그러한 것처럼 법이 초월적인 지위를 가지게

35 프란츠 카프카, 「만리장성의 축조」, 『변신』, 이주동 옮김, 솔, 2017, 518-519쪽.
36 G. Deleuze, *Kafka: Pour une littérature mineure*, Paris: Éd. de Minuit, 1975,
    pp.81-82.

되면 죄의 행위보다 죄의식이 앞서게 되며, 아무런 내용을 가지지 않으므로 처벌의 당사자에게 이해될 수 없고, 언표됨으로써만 규정되기 때문에 진리인지 아닌지 인식할 수 있는 기회가 먼저 주어질 수 없는 것입니다. 칸트의 텅 빈 형식으로서의 법의 무조건성은 바로 이렇게 내용이 알려지지 않은 채로 강제됩니다.[37]

그런데 법이란 정말로 무조건적일 수 있는 것일까요? 카프카의 소설 「만리장성의 축조」에는 법 자체가 무조건적일 수 없다는 것이 묘사됩니다. 그것은 만리장성이라는 기나긴 성벽의 축조 방식과 관련되어 있습니다.

만리장성은 그 최북단에서 마무리지어졌다. 남동쪽과 남서쪽에서 지어지기 시작해서 여기서 합쳐진 것이다. 이러한 부분 축조 체제는 두 개의 큰 작업 부대인 동쪽 부대와 서쪽 부대의 내부에서도 소규모로 지켜졌다. 그것은 대개 스무 명의 인부들로 한 그룹이 구성되고, 그 그룹이 약 오백 미터 정도 길이의 성벽의 일부를 쌓아 올리면, 인접 그룹은 같은 길이의 성벽을 맞쌓아오는 식으로 이루어졌다. 그러나 합쳐진 다음에는 대략 이 합쳐진 천 미터 끝에서 다시 공사를 진척시키는 것이 아니라, 오히려 작업대들을 다른 지방으로 또 다시 장성 축조를 위하여 보냈다. 물론 이런 방식

---

37 이러한 들뢰즈의 문제의식과 아감벤의 문제의식의 공통점에 대해서는, 필자의 「들뢰즈와 아감벤의 법 개념」, 『철학연구』, 제68집, 2023 참조.

으로 하다 보니 커다란 틈이 여러 군데 생겨났다. 그것들은 점차 서서히 메워졌는데, 어떤 것들은 심지어 장성 축조가 이미 완성된 것으로 공표된 다음에야 메워지기도 했다. 아니 도무지 막아지지 않은 틈마저 있다고 한다.[38]

이러한 만리장성의 부분 축조 방식은 일관성이 없기 때문에 북방 민족의 침입을 방어하기 위한 효율적인 방안이 될 수 없습니다. 또한 만리장성을 축조하는 과정 자체도 위험에 처하게 되는데, 넓은 땅에 부분적으로 세워진 성벽의 일부는 언제든지 유목민족들에 의해 파괴될 수 있습니다. 그러나 카프카는 만리장성이 세심하게 축조되었어야 했으며, 다양한 시대와 민족들의 건축술을 이용해야 했고, 쌓는 사람들의 지속적인 책임감 역시 필요했다는 이유들을 이야기하면서 "축조는 아마 이루어진 것과 달리는 수행될 수 없었을 것이다"라고 말합니다.[39]

들뢰즈는 카프카가 묘사한 바로 이러한 만리장성의 부분 축조 방식이 전체화할 수 없고 전체화되지 않는 부분들을 지배하는 법의 방식을 보여 준다고 강조합니다.[40] 카프카가 발견한 것은 법에는 언제나 도무지 막아지지 않는 실재적인 틈이 있으며, 그들이 막고자 했던

---

38 프란츠 카프카, 「만리장성의 축조」, 『변신』, 507쪽.
39 같은 책, 508쪽.
40 G. Deleuze, *L'Anti-OEdipe: Capitalisme et schizophrénie*, Paris: Minuit, 1972, p.251.

유목민족들은 "변경에서부터 수도에 이르기까지 통과하는 모든 곳을 휩쓸고 지나간다"는 것입니다. [41]

6. 시간의 해방과 법(칙)으로부터의 해방

들뢰즈는 「칸트 철학을 간추린 네 개의 시구」에서 칸트의 『실천이성비판』에서의 혁명에 대해 말하면서 법의 문제를 시간의 문제와 연결합니다. 이제 우리에게는 네 시구 가운데 카프카의 시구와 연결되는 '시간이 경첩에서 빠져나간다'만이 남아 있습니다. 법과 시간의 문제 역시 카프카의 소설『소송』에 등장하는 장면을 경유하여 이루어집니다. 카프카의 소설에서 판사들의 초상화를 그려주는 일명 티토렐리라는 화가는 주인공 K에게 세 가지 석방의 가능성을 설명합니다. 실제적 무죄 판결, 외견상의 무죄 판결, 그리고 판결 지연이 그것들입니다. 화가는 실제적 무죄 판결에 대해서 법률에는 당연히 죄가 없는 자는 무죄 판결을 받는다고 쓰어 있지만, '그가 경험하기로는' 실제적 무죄 판결은 단 한 번도 없었다고 말합니다. [42] 과거로부터 전설처럼 내려오는 실제적 무죄 판결의 판례들은 단지 믿을 수 있을 뿐, 입증할

---

41 G. Deleuze, *Kafka: Pour une littérature mineure*, p.132.
42 프란츠 카프카, 『소송』, 홍성광 옮김, 펭귄클래식코리아, 2009, 198-199쪽.

수 없습니다. 이는 앞서 이야기했던 우리에게 인식되지 않고 우리를 강제하는 텅 빈 법의 무조건성과 맞닿아 있는 설명입니다. 화가의 말에 따르면 어떤 개인도 이러한 실제적 무죄 판결이 내려지도록 영향을 미칠 수 없으므로, 그가 K에게 도움을 줄 수 있는 것은 남은 두 가지뿐입니다.

먼저 외견상의 무죄 판결은 그가 K에 대한 무죄 확인서를 들고 판사들을 만나고 다니면서 K에 대한 무죄를 보증하는 것입니다. 그러면 K에 대한 소송을 담당하는 판사가 다른 판사들이 확인서에 한 서명들을 보고 무죄 판결을 내리는 것입니다. 하지만 이러한 무죄 판결은 '일시적으로' 자유를 줄 뿐입니다.

실제적 무죄 판결의 경우에는 소송 서류가 서류철로 완전히 정리된 후 소송 절차에서 감쪽같이 사라집니다. 기소장뿐만 아니라 소송 기록, 심지어는 무죄 판결문까지 모든 것이 폐기되는 겁니다. 외견상의 무죄 판결의 경우는 이와 달라요, 서류상으로 볼 때 무죄 확인서, 무죄 판결문, 무죄 판결 사유서가 불어나는 것 말고는 그 이상의 아무런 변화도 생기지 않습니다. 그런데 그것 외에도 서류는 계속 수속 중이고, 법원 사무처들이 끊임없이 교섭하며 요구하는 대로 상급 법원으로 이송되었다가 다시 하급 법원으로 반송되면서 위아래로 왔다 갔다 합니다. 그리고 그 간격이 커졌다 작아졌다 하며, 지체되는 기간 역시 길어지기도 짧아지기도 합니다. 외부에서 보면, 모든 것이 진작 잊혀지고 서류는 어딘가로 사라져 무죄 판결이 완전히 확정된 듯한 인상을 줄 때가 가끔 있습니다. 그러나 사정을 잘 아는 사람이라면 그렇게 생각하지 않을 거예요. 서류가 분실되는 일은 없으며, 법원에서 잊어버리는 법도 없어요.[43]

외견상의 무죄 판결을 받은 사람은 이렇게 계속 상급 법원과 하급 법원 사이를 지속적으로 오가는 서류만을 가지고 언제든지 새롭게 체포되고 다시 언제든지 소송이 시작될 수 있는 상황에 놓입니다.

석방의 세 번째 가능성인 판결 지연도 역시 마찬가지입니다. 판결 지연은 화가와 K가 지속적으로 법원에 접촉하여 담당 판사와 친분을 유지하면서 소송을 가장 낮은 단계에 있도록 계속 붙잡아 두는 것입니다. 유죄 판결을 받지 않는다는 점에서 자유로운 신분을 유지하는 방식이지만, 지속적으로 심문을 받고 판사에게 접촉을 하면서 노력을 기울여야 합니다.

화가가 제안하는 두 가지 방식은 모두 판결을 지연시키는 방식입니다. 그리고 칸트의 도덕법칙이 이념들과 화해하는 방식 역시 이러한 화가의 제안과 다르지 않습니다.

무죄 판결은 '사변적 이성의 무능력을 치유하는' 희망이 될 수 있을 뿐이며, 그 순간은 주어지지 않고, 법과 더불어 언제나 더욱 엄격한

---

[43] 같은 책, 205-220쪽.

일치 속에서 무한으로 나아가는 연장prolongation의 관점만 있다.[44]

칸트는 영혼의 불사성에 대해 그것이 도덕법칙을 향한 무한한 전진을 위해 필연적으로 요청되어야 하는 이념이라고 말했습니다. 사변적 이성으로는 인식될 수 없는 도덕법칙과 일치될 수 있기를 기대하는 것, 그리고 그로부터 영혼이 불사한다는 것을 이끌어 내는 것은 오직 희망일 뿐입니다.

바로 그래서 이 무한한 유예는 우리를 천국으로 인도하기보다는 이미 현세의 지옥에 가둬 놓는다. 그러한 유예는 우리에게 불사성을 예고해 준다기보다는 '더딘 죽음'을 만들어 내고, 끊임없이 법의 판단을 지연시킨다.[45]

신의 이념도 마찬가지입니다. 그것은 희망 사항이므로 믿을 수 있을 뿐이며, 도덕법칙이 그 자신이 내리는 무죄 판결을 계속해서 미루는 방식으로만 그러한 믿음은 유지될 수 있는 것입니다. 이러한 점에서 들뢰즈는 시간을 해방시키는 일이 가장 중요하다고 말하게 됩니다.

44 G. Deleuze, *Critique et clinique*, p.47.
45 *Ibid.*

시간이 그 자신의 경첩에서 빠져나올 때, 우리는 더딘 죽음의 끝없는 길, 지연된 판단 또는 무한한 부채의 끝없는 길을 따라가기 위한 죄와 속죄의 아주 오래된 순환을 끊어 내야만 한다.[46]

법이 시간을 무한히 지연시키는 방식으로 우리를 복종시키므로, 시간이 경첩으로부터 빠져나온다는 것은 우리 자신을 죄와 속죄의 순환으로부터 해방시킨다는 것을 의미하게 됩니다. 경첩은 문이 그것을 중심으로 회전하는 축을 가리킵니다. 세계라는 문이 하나의 축을 중심으로 회전한다면, 그로부터 동서남북이라는 방위는 특권적 좌표를 차지하게 됩니다. 그러한 경첩으로부터 빠져나간다는 것은 시간을 해방시키는 일이 됩니다. 들뢰즈는 놀랍게도 이러한 시간의 해방의 문제를 칸트의 시간론과 연관시킵니다.

고전적인 철학은 이 아주 일반적인 원리에 대해 결코 문제 삼지 않았습니다. 그것은 '시간은 운동의 수이다'라는 유명한 정의입니다. 이루 말할 수 없는 새로움이 칸트와 더불어 생겨납니다. 처음으로 시간이 풀려나 자유로워지고, 우주적이거나 심리적인 시간이 되는 것을 그만둡니다. 어떤 형식적인 시간, 펼쳐진 순수한 형식으로 생성된다면, 그것이 세계이건 영혼이건 상관없습니다. 그리고 그것은 현대적인 사유를 위해 더할 나위 없이 중요한 현상이

---

46 *Ibid.*

될 것입니다. 이것이 최초의 위대한 시간론에서의 칸트적 전회가 될 것입니다.[47]

들뢰즈는 '시간이 경첩에서 빠져나간다'라는 것에 대해 "시간이 그 자신이 아닌 다른 어떤 것의 계산에 종속되는 방식으로 감겨 있지 않다는 것"을 의미한다고 말합니다.[48] 칸트와 더불어 시간은 운동의 크기를 재기 위한 것이거나 운동의 크기로 잴 수 있는 것이 아니라, 운동의 종속으로부터 벗어난 텅 빈 순수한 시간이 됩니다. 그러한 시간은 고유한 측정불가능성을 가집니다. 시간이 운동의 수라면 그것은 시간이 기수적cardinal이라는 것을 의미합니다. 이는 일정한 크기를 가리키는 1로부터 그와 동일한 크기들이 연속되어 1, 2, 3…이라는 순서를 가지는 것을 의미합니다. 그러나 시간이 경첩에서 빠져나갈 때 "기수적이기를 멈추고 서수적ordinal으로" 변합니다.[49] 시간이 첫째, 둘째, 셋째…라는 순서를 가질 때 그것은 하나의 측정 가능한 크기를 요구하지 않습니다. 그러므로 칸트가 감성의 형식으로서 시간을 말할 때 그것은 이제 더 이상 시간의 순서가 기수적인 것이 아니라 서수적인 것임을 의미하는 것입니다.

시간을 선형적인 시간관에 가두어 두는 것은 늘 진보적 관념에 묶

47 G. Deleuze, "Cours vincennes: Synthèse et temps 14/03/1978", *Les cours de Gilles Deleuze,* www.webdeleuze.com.
48 *Ibid.*
49 G. Deleuze, *Critique et clinique*, p.41.

어 두는 것입니다. 일방향적인 시간관은 늘 목표 지향적이 됩니다. 현실 세계에서 도달될 수 없는 목표라고 할지라도 그것은 우리에게 목적지 없는 방황을 허용하지 않습니다. 법과 도덕에서 끝없는 연장의 개념은 그러한 방식으로 우리를 구속하며, 영원히 구속합니다. 그러므로 이러한 선형적 시간관으로부터 해방되는 일, 즉 다양한 방향으로 나아가고 교차하는 시간들을 파편적으로 사유하는 일은 시간을 해방시키는 일이며 곧 법(칙)으로부터 해방되는 일입니다. 그리고 이러한 법(칙)으로부터 해방되는 일 역시 칸트와 함께 이루어질 수 있습니다. 칸트는 시간을 감성 형식으로 사유함으로써 자유롭게 만든 위대한 철학자이기 때문입니다. 칸트와 더불어 연장의 관념은 내용이 알려지지 않은 채로 강제하는 법과 도덕으로부터 벗어날 수 없게 무한의 시간 속에 우리를 묶어 놓는 것임이 밝혀지면서도, 그와 함께 그러한 연장의 관념을 끊어 낼 수 있습니다. 그리고 카프카적으로 다시 표현하자면 이는 무한히 지연시킴으로써 유지되는 판결의 구속을 끊어 내는 일이며, 그가 묘사한 만리장성처럼 도무지 막아지지 않는 틈들을 가진 법의 본 모습을 되찾는 일입니다. 이것이 들뢰즈가 칸트와 함께 끝까지 나아가면서 도달하는 중요한 결론 가운데 하나입니다.

우리는 이렇게 들뢰즈가 제시하는 네 가지 시구를 이정표 삼아 들뢰즈의 칸트 사용법을 간추려 보았습니다. 그리고 우리는 들뢰즈가 칸트를 비판하면서도 다시 칸트의 놀라움으로 되돌아오는 모습을 발견했습니다. 그가 되돌아온 칸트가 우리가 알고 있는 칸트의 모습과는 다를지라도 말입니다. 들뢰즈는 칸트가 되어 나아가거나 칸트를 뒤로한 채 나아가지 않고 칸트와 함께 나아갑니다. 그러므로 그러한 들뢰즈는 칸트이면서 들뢰즈이고, 들뢰즈이면서 칸트일 것입니다. 이 것이 들뢰즈가 칸트와 함께 우리의 문제로 나아가는 방법입니다.

2강

니체와 들뢰즈

정낙림

이 글은 필자의 논문 「반헤겔주의자로서 니체—들뢰즈의 니체해석」, 『니체연구』 제36집, 한국니체학회, 2019, 39-83쪽과 「놀이와 철학—들뢰즈의 니체해석 2」, 『니체연구』 제38집, 한국니체학회, 2020, 125-162쪽을 대폭 수정 보완한 것이다.

1. 들뢰즈와 니체에 대하여

"불쾌한 헤겔적 냄새를 풍기고, … 거기서는 하나의 '이념'이—디오니소스적과 아폴론적이라는 대립이 형이상학적인 것으로 옮겨졌다",[1] "내가 무엇보다도 싫어하는 것은 헤겔주의와 변증법".[2] 같은 사람이 한 발언처럼 보이는 인용문의 주인공은 니체와 들뢰즈입니다. 니체는 잘 알려져 있듯이 고전 문헌학자로 출발했습니다. 25세 니체가 스위스 바젤대학교로부터 교수로 초빙된 전공 분야도 고전문헌학이었습니다. 니체가 고전 문헌학에서 철학으로 전향하면서 28세에 출판한 저서가 『비극의 탄생』(1872)입니다. 이 저서는 니체를 철학자로 세상에 알린 저서이면서 이후 전개된 니체 철학의 원천이기도 합

---

1   F. Nietzsche, Ecce homo(앞으로 EH로 축약), *Sämtliche Werke*, Kritische Studienausgabe in 15 Bänden(앞으로 KSA로 축약), Bd. 6, hrsg. v. G. Colli u.a., München 1999, p.310. 앞으로 니체 저서는 제목의 축약, 전집의 권수 그리고 페이지를, 유고의 단편은 소괄호와 대괄호로 명기한다. 예시: EH; KSA6, 310. 유고 예시: N; KSA12, 348(9[25]).

2   질 들뢰즈, 『질 들뢰즈 대담 1972-1990』, 김종호 옮김, 솔, 1993, 29쪽.

니다.

니체는 이 책을 뒤돌아보면서 『비극의 탄생』에 대한 「자기비판의 서문」(1886)을 썼습니다. 자신의 첫 작품에서 비극이 '디오니소스적인 것'과 '아폴론적인 것'의 종합이라는 자신의 주장이 헤겔의 변증법으로 비칠 수 있다는 점을 인정하고 '헤겔적 악취'로 표현합니다. 『비극의 탄생』 이후 니체는 반헤겔적 태도를 자신의 저서에서 뚜렷이 드러냅니다. 포스트구조주의자 들뢰즈는 대표적 니체주의자로 알려져 있습니다. 들뢰즈 역시 공공연히 반헤겔을 철학의 목표로 내세웁니다. 두 철학자는 근대성 극복을 자신들의 과제로 삼고, 이 과제를 수행하기 위해 결전을 벌어야 할 철학자가 바로 헤겔이라고 생각합니다.

포스트구조주의자들은 니체를 그들의 문제의식을 선취한 철학자로 꼽고 있지만, 특히 푸코와 들뢰즈의 니체 철학에 대한 애정은 남달랐습니다. 푸코는 니체의 계보학을 통해 스스로 개안했다고 고백하고, 들뢰즈 역시 차이와 생성 철학의 표본이 니체 철학이라는 사실을 저서의 곳곳에서 밝힙니다. 또한 두 사람은 니체 철학의 프랑스어 번역의 공동 책임자로서 프랑스에서 니체 르네상스의 불을 지폈습니다. 특히 들뢰즈는 1930-1940년대 코제브Alexandre Kojève와 이폴리트 Jean Hyppolite[3] 등의 강의를 통해 프랑스에서 촉발된 헤겔 철학의 부

---

3 푸코의 다음과 같은 언급은 두 사람의 영향을 잘 말해 주고 있다. "나는 … 장 이뽈리뜨 교수에게 커다란 빚을 지고 있다. … 우리 시대는 … 마르크스를 통해서든 니체를 통해서든, 헤겔로부터 벗어나고자 한다는 것을 잘 알고 있다. … 그러나 헤겔로부터 진정으로 벗어난 것은 그로부터 벗어나기 위해 치러야 할 대가를 정확히 평가함을 전제로 한다."(미셸 푸코, 『담론의 질서』, 이정우 옮김, 새길, 1993, 53쪽.)

홍에 대해 강한 거부감을 표시하고, 안티 헤겔의 선구로 니체를 전면에 내세워 자신의 철학적 방패로 삼습니다. 이러한 그의 지적 노력은 『니체와 철학』(1962)을 통해 구체화됩니다. 그는 자신의 저서에서 온전히 자신의 관점에서 니체의 사유를 재구성합니다. 이후 들뢰즈는 『차이와 반복』(1968), 『천개의 고원』(1980)에서 니체 철학을 완전히 자기화한 사유를 제시하고 있습니다.

들뢰즈의 니체 해석에서 특히 우리의 눈을 사로잡는 것은 니체를 철저히 반反헤겔주의자로 해석한다는 점입니다. 들뢰즈가 이해하는 헤겔은 주체, 의식, 동일성의 철학을 옹호하는 형이상학자입니다. 이에 반해 들뢰즈는 니체를 주체의 복수성, 신체(몸), 차이를 긍정하는 철학자로 헤겔의 대척점에 위치시킵니다. 들뢰즈가 니체를 이렇게 해석할 수 있었던 이유는, 니체가 자신의 저서에서 헤겔 철학을 거부한다는 흔적을 곳곳에서 남겨 두고 있을 뿐만 아니라, 니체의 '힘에의 의지', '영원회귀', '디오니소스적인 것'이 헤겔 철학과 대결시킬 때 비로소 그것의 진정한 의미를 간파할 수 있다고 보기 때문입니다. 들뢰즈 자신의 '차이'와 '반복' 역시 헤겔의 변증법에 반대하는 사유의 결과이며, 그는 자신의 저서 곳곳에서 차이와 반복에 대한 이론적 근거를 니체의 '힘에의 의지'와 '영원회귀'에서 찾고 있다고 밝힙니다.[4]

이 글의 목적은 무엇보다도 들뢰즈가 니체를 반헤겔주의자로 해

4　"현대 철학의 대부분은 니체 덕으로 살아왔고, 여전히 니체 덕으로 살아가고 있다."(질 들뢰즈, 『니체와 철학』, 이경신 옮김, 민음사, 1999, 15쪽.)

석하는 근거를 찾는 것입니다. 이 논의를 위해 우리가 선택한 들뢰즈의 저서는『니체와 철학』과『차이와 반복』입니다.『니체와 철학』은 앞으로의 철학계는 들뢰즈가 지배할 것이라는 푸코의 극찬이 있었을 만큼 들뢰즈를 세상에 알린 저서입니다. 이 책에서 들뢰즈는 헤겔의 '부정Negation' 개념 뒤에 숨겨진 계보학적 의미를 니체의 힘에의 의지, 주인과 노예도덕, 원한과 가책, 그리고 연민 등의 개념을 동원하여 폭로합니다.『차이와 반복』에서 들뢰즈는 헤겔을 동일성Identität 철학을 대변하는 철학자로 규정하고, 헤겔의 동일성 개념이 내포하는 존재론적 문제를 다양한 차원에서 규명합니다.『차이와 반복』에서도 들뢰즈는 니체 철학을 헤겔류의 동일성 철학에 저항하는 차이 철학의 모범으로 이해하고 있습니다.

2. 니체의 헤겔 변증법 비판

우선 니체의 헤겔 비판에 대해 살펴봅시다. 청년 니체는 주로 헤겔의 역사 철학을 비판합니다. 니체는 당대 독일의 지성계와 사회를 휩싸고 있는 진보에 대한 믿음을 '독일에서 역사병'이라 비판합니다. 니체가 '독일에서 역사병'으로 지칭하는 진보에 대한 신앙은 근본적으로 헤겔 철학에서 출발합니다. 니체는 "비록 결코 하나의 헤겔이 존재하지 않았을지라도"[5] 독일인들은 모두 헤겔주의자라고 말할 정도로 자기 시대 헤겔의 영향력을 인정합니다. 니체는 헤겔 철학에서 두 가지 경향을 읽어 내는데, 그것은 '낭만적 세계관'과 '변증법적 운명론Fatalismus'[6]입니다. 니체가 볼 때 낭만적 세계관은 주로 헤겔의 역사 철학이 잘 보여 주는 데, 온갖 모순(부정)을 극복하고 마침내 모순 없는 최종적인 목표에 도달하는 정신의 변증법적 운동에서 잘 구현됩니다.

니체는 헤겔의 변증법이 독일에 끼친 영향은 끔찍할 정도라고 말합니다. "오늘날의 우리 독일인은 ⋯ 모든 점에서 저 유명한 변증법적인 근본 명제, 즉 '모순이 세계를 움직이고, 모든 사물은 자기 자신에게 모순적이다'라는 명제가 어느 정도 참되며 진리의 가능성을 갖고 있다고 생각한다. 이러한 명제를 통해 헤겔은 당시의 독일 정신이 유럽에게 승리를 거둘 수 있도록 도와주었다."[7] 놀랍게도 변증법의 영향은 니체의 초기 저서 『비극의 탄생』에서도 확인됩니다. 『비극의 탄생』에 등장하는 보편성Allgemeinheit, 고양Aufhebung, 규정성Bestimmtheit, 교양Bildung 등의 개념은 전형적인 헤겔의 유산으로 보입니다. 『비극의 탄생』에 등장하는 니체의 말입니다. "존재하는 모든 것의 통일성에 대한 근본 인식, 개별화는 악의 근원이고 예술은 개별화의 속

---

5   FW; KSA3, 598.

6   N; KSA11, 531(35[44]) 참조.

7   M, KSA3, 15(3). 『반시대적 고찰』, 「삶에 대한 역사의 공과」에서 니체는 헤겔 철학의 위험을 이미 간파하고 있다. "금세기에 있었던 독일 교양의 모든 위험한 전환이나 동요는 이 순간까지 멈추지 않고 미치고 있는 헤겔 철학의 엄청난 영향으로 인해 더 위험해졌다고 나는 생각한다."(UB; KSA1, 308)

박을 파괴할 수 있다는 기쁜 희망이며 다시 회복되는 통일에 대한 예감이라는 견해".[8] 그리스 비극은 아폴론적인 것과 디오니소스적인 것의 변증법적 통일에서 가능하다는 것이 니체의 생각이었습니다.

그런데 『비극의 탄생』 이후 니체는 점차 헤겔 철학의 문제점을 간파하기 시작합니다. 헤겔 변증법에서 모순Wiederspruch과 화해Versöhnung는 변증법을 추동하는 원동력이자 변화의 필연적인 계기입니다. 정신이 매 단계에서 봉착하는 모순은 최종적으로 탈역사적이고 초역사적인 절대정신에 의해 지양됩니다. "외국인들은 독일 영혼의 밑바닥에 있는 모순의 본성(이를 헤겔이 체계화하고, 마지막으로 리하르트 바그너는 다시 음악으로 작곡했다)이 그들에게 내어 주는 수수께끼 앞에서 경악하면서도 매혹되어 있다. '선량함과 사악함'—그러한 것을 병존시킨다는 것은 모든 다른 민족과 연관해서는 모순적이지만, 유감스럽게도 독일에서는 너무나 자주 정당화된다."[9] 그래서 어떤 학자는 헤겔의 변증법을 낙관주의적 '화해변증법Versöhnungsdialektik'[10]으로 보기도 합니다. 거듭 니체는 독일인들의 변증법적 취향을 강조합니다. "독일인들은 '세계 과정'에 대해 말하고 자신의 시대를 이 세계 과정의 필

<hr>

8 GT; KSA1, 73. 『비극의 탄생』에서 헤겔 변증법의 영향에 대해서는 S. Blasche, "Hegelianismen im Umfeld von Nietzsches 'Geburt der Tragödie'", *Nietzsche Studien*, Bd. 15, 1988, pp.59-71. 특히 pp.70-71 참조. 헤겔과 니체의 '정신(Geist)' 개념에 관한 비교는 W. Stegmaier, "Geist. Hegel, Nietzsche und die Gegenwart", *Nietzsche Studien*, Bd. 26, 1997, pp.300-318 참조.

9 JGB; KSA5, 185.

10 S. Blasche, "Hegelianismen im Umfeld von Nietzsches 'Geburt der Traödie'", p.60 참조

연적 결과로 정당화하는 데 익숙해졌다."[11] 그렇기에 변증법은 "독일
적인 취미의 병"[12]이며, 그 결과 독일인은 "극도로 도덕적이고 지루한
것"[13]을 참아 내는 것에 익숙하다고 봅니다.

젊은 시절 니체가 숭상한 바그너에게도 헤겔의 영향은 적지 않습
니다. 바그너의 음악극이 지향하는 것은 총체 예술이고, 예술의 총체
성을 위해 바그너가 음악극에서 차용한 불협화음과 무한선율은 모순
과 화해를 위한, 즉 변증법적 장치입니다. 모순과 화해는 바그너 음악
극에서 주인공의 대체적 행로인 타락, 참회, 용서 그리고 구원이라는
지극히 그리스도교적인 이념을 구현하는 것에서 쉽게 확인할 수 있
습니다. "그[바그너]에게 명백했던 것은 독일인만이 진지하게 받아들
였던 것으로서, 그것은 '이념'이었습니다. … 바그너는 그것을 음악에
적용시켰을 따름입니다. 그는 '무한한 것을 의미하는' 양식을 고안해
냈던 것입니다. 그는 **헤겔의 유산**이 되어 버렸습니다 … '이념'으로서
의 음악"[14]

니체는 헤겔이 "'존재'하는 것보다 생성과 발전에 더 깊은 의미와
풍부한 가치를 부여했다는 점"[15]에서 주목할 만하지만, 사실 헤겔에

---

11   UB; KSA1, 308.
12   JGB; KSA5, 200(254).
13   M; KSA5, 167(193).
14   W; KSA6, 36.
15   FW; KSA3, 599. 니체의 헤겔 비판의 문제점에 대해서는 W. Stegmaier, "Hegel, Nietzs-
      che und Heraklit, Zur Methodenreflexion des Hegel-Nietzsche-Problems", *Ni-
      etzsche und Hegel*, hrsg. v. M. Djurić u.a., Würzburg 1992, pp.110-129 참조.

서 생성은 그 자체에 대한 긍정이 아니라, 보다 높은 의식 단계에서
극복되어야 할 불안전한 것, 즉 모순입니다. 헤겔에게 생성은 모순이
고, 모순은 변증법적 이행을 추동하는 힘이지만, 모순은 보다 높은 정
신에 의해 해소되어야 할 정신의 계기에 불과한 것입니다. 따라서 헤
겔에서 생성과 모순은 니체가 말하는 생성 그 자체를 긍정하는 것과
는 다른 것입니다. 니체에게 세계는 생성 자체입니다. 생성 속에 목
적과 인과는 존재하지 않습니다. 목적과 인과는 인간의 지성이 만든
허구일 뿐입니다. "인간의 지성은 인간의 생명을 넘어서는 어떤 사명
도 가지고 있지 않다. 그 지성은 인간적일 뿐이다. 오로지 인간 지성
의 소유자와 생산자만이 마치 세계의 축이 인간 지성을 중심으로 도
는 것처럼 그것을 숭고하게 받아들일 뿐이다."[16]

3.『니체와 철학』과 안티 헤겔주의자로서 니체

변증법과 부정

"반헤겔주의가 공격의 날cutting edge처럼 니체 저작을 가로지르

---

16   WL; KSA1, 875.

고 있다."[17] 이 말은 들뢰즈의 니체 해석의 길라잡이 역할을 합니다. 그렇다면 들뢰즈가 보기에 헤겔과 니체가 화해할 수 없는 경계를 이루는 개념은 무엇일까요? 들뢰즈는 『니체와 철학』에서 그것을 '부정Negation' 개념이라고 봅니다. 잘 알려져 있듯이 헤겔의 변증법을 움직이는 힘은 모순과 부정에서 비롯됩니다. 현상과 물자체, 자유와 필연, 개인과 공동체의 분리를 어떻게 극복할 것인가가 칸트의 후예들인 피히테, 셸링, 헤겔의 철학적 과제가 됩니다. 헤겔이 찾은 해결책은 '진리는 전체'라는 발언에서 잘 보여 주듯이, 진리와 가상(비진리)을 배타적으로 보는 것이 아니라, 둘은 변증법적으로 매개된다는 것입니다.

헤겔에서 진리는 미리 주어져 있거나 확정되어 있어 직관하거나 발견할 수 있는 그 어떤 것이 아닙니다. 헤겔은 진리와 무관하거나 가상과 관련된 것으로 배척했던 일체의 인식 과정 전체를 진리로 봅니다. 즉 진리는 감각적 단계에서 절대적 단계로 이행해 가는 과정 전체를 의미합니다. 진리를 향한 의식의 이행은 변증법적입니다. 진리를 향한 이행의 원동력은 모순과 모순의 부정에 있습니다. 더 고양된 진리의 단계로 이행을 가능하게 하는 것은 앞선 단계에서 확정된 진리가 비진리로 드러나는, 즉 의식이 모순에 봉착하는 시점에서 의식은 스스로 진리로 확정된 앞 단계의 진리를 부정할 수 있기 때문입니다. 그런데 간파하셨겠지만 헤겔에서 모순은 의식 자체에서 비롯

17　질 들뢰즈, 『니체와 철학』, 30쪽.

된 모순입니다. 즉 진리로 확정하는 것도 의식이고, 확정된 진리에서 모순을 확인하고 부정하는 것도 의식 자신입니다. 즉 헤겔의 변증법은 의식 변증법입니다.

들뢰즈는 헤겔 변증법의 동력을 부정에서 찾고 그것이 함축하는 의미를 묻습니다. 그는 헤겔이 부정을 "모든 활동성, 생명적이고 정신적인 자기 운동의 가장 깊은 곳에 원천"[18]으로 본다고 평가합니다. 들뢰즈는 헤겔의 이러한 부정이 생성과 존재, 몸과 의식, 개별자와 보편자의 이항적 대립을 매개하고 통합한다고 보며, 이러한 부정성이야말로 근대를 대표하는 정신으로 평가합니다. 헤겔은 부정을 통해서만 이항 대립적인 것들이 보편성에 이른다고 보고 인간의 의식, 사회, 역사에 적용합니다. 그런데 들뢰즈는 헤겔의 부정성은 세계에 대한 잘못된 이해를 전제로 한다고 봅니다. 들뢰즈는 니체의 계보학적 물음을 헤겔의 변증법에 적용합니다. 즉 변증법과 부정성에 기초하여 세계를 설명할 수밖에 없는 주체가 과연 누구인가를 되묻습니다. 여기에서 들뢰즈는 부정성에 기초한 변증법적 사유 양식에 대한 가장 강력한 대항적 태도로 니체의 디오니소스적 사유를 소환합니다.

들뢰즈는 변증법과 디오니소스적 사유의 근본적 차이를 부정과 긍정에 대한 태도에서 찾습니다. 들뢰즈는 니체의 디오니소스는 단적으로 긍정의 정신을 체화한 신으로 봅니다. 니체 철학에서 "디오니

---

18 G. W. F. Hegel, *Wissenschaft der Logik II*, Werke Bd. 6, Frankfurt am Main 1986, p.563.

소스는 **긍정적인** 신, **긍정하는** 신으로 끈기 있게 제시되고 있다. 그는 우월하고 초-인격적인 쾌락 속에서 고통을 '해소하는' 것으로 만족하지 않고, 고통을 긍정하며, 그래서 디오니소스는 자신은 원초적 존재로 귀착되거나 원초적 기초 속에서 다수를 소멸시키기보다 다수의 긍정으로 **스스로 변신한다.** … 그는 삶을 긍정하는 신이며, 삶을 위해서는 삶이 긍정되어야만 하고, 정당화되거나 **대속되어서는 안 된다.**"[19]

들뢰즈는 니체의 디오니소스적인 것과 떼려야 뗄 수 없는 '힘에의 의지'에서도 변증법적 부정과 이항하는 정신을 확인합니다. 들뢰즈가 이해하듯이 니체는 긍정에서 힘의 증대를 부정에서 힘의 쇠퇴를 주장합니다. 그 이유는 긍정은 적극적인 것이고, 부정은 반응적인 것이기 때문입니다. 이것에 대한 쉬운 예시는 공격과 방어 행위에서 확인할 수 있습니다. 공격할 때 우리의 힘은 수비할 때보다 훨씬 더 적극적으로 행사되고 또 강력합니다. 들뢰즈는 긍정과 적극적인 것 그리고 부정과 반응적인 것을 설명하기 위해 신체와 의식의 작동 방식을 예로 들어 설명합니다. 그는 신체와 의식의 작동 방식이 긍정과 부정, 적극적인 것과 반응적인 것으로 구분된다고 봅니다. 이것을 통해 그가 진정으로 말하고자 하는 바는 헤겔과 니체 철학의 차이입니다.

들뢰즈는 신체는 힘이 발생하고 힘들이 경쟁하는 장소라고 주장합니다. "모든 힘은 복종하거나 명령하기 위해서 다른 힘들과 관계를 맺고 있다. 신체를 정의하는 것은 지배하는 힘들과 지배받는 힘들 간

19　질 들뢰즈,『니체와 철학』, 39쪽.

의 관계이다. 힘의 모든 관계가 하나의(화학적, 생물학적, 사회적, 정치적) 신체를 구성한다. 모든 불균등한 두 힘은 그것들이 관계 속에 들어가자마자 하나의 신체를 구성한다. 그래서 신체는 항상 니체적 의미에서 우연의 산물이고, 가장 '놀라운' 것, 사실상 의식과 정신보다 훨씬 더 놀라운 것으로 보인다."[20]

그렇다면 의식의 경우는 어떨까요? 헤겔이 잘 보여 주듯이, 의식은 언제나 '무엇의 의식Bewußtsein von etwas'으로 대상에 구속되고 규정됩니다. 그런데 헤겔에서 그 대상이란 다름아닌 의식 그 자신입니다. 그러므로 의식이 의식에 의해 규정되는 셈입니다. "헤겔 논리학의 존재는 자기 자신의 대립자 속을 지나가면서 자신을 긍정하는, 순수하고 공허한, 단지 사유된 존재일 뿐이다. 그러나 그 존재는 결코 그 대립자와 다르지 않았다. … 헤겔의 존재는 순수하고 단순한 무이다. 그리고 그 존재가 무와 더불어, 말하자면 자기 자신과 더불어 형성하는 생성은 완전히 허무주의적인 생성이다. 그리고 여기서 긍정은 부정 곁을 지나가는데, 그 이유는 그것이 단지 부정과 그것의 산물들의 긍정이라는 데 있다."[21]

---

20 질 들뢰즈, 『니체와 철학』, 87쪽. 들뢰즈의 주장은 니체의 다음과 같은 언급을 변형한 것이다. "더욱 놀라운 것은 오히려 신체다. 우리는 인간의 신체가 어떻게 가능하게 되었는지 한없이 놀라워할 수 있다. 살아 있는 생명체들의 그렇게 놀라운 통합이 어떻게 가능하였는지! 이 각각의 생명체가 독립적이면서 동시에 예속되어 있고, 그러면서도 어떤 의미에서는 다시 명령하고 자신의 의지에 따라 행위하면서 전체로서 살고, 성장하고 한 순간 동안 존립할 수 있는지! 이런 일은 분명히 의식을 통해서는 일어날 수 없다!"(N; KSA11, 576(37[4]))

21 질 들뢰즈, 『니체와 철학』, 316쪽. 헤겔은 『정신현상학』에서 의식의 본질에 대해 이렇게 설명한다. "의식은 한편으로 대상에 대한 의식이지만, 다른 한편으로 바로 그 자신의 개념

들뢰즈가 니체를 반헤겔주의자라고 주장하는 근거는 헤겔과 달리 니체는 신체를 의식에 선행하는 것으로 신체가 의식을 결정하는 것으로 보기 때문입니다. 잘 알려져 있듯이 헤겔에서 의식은 신체(대상)를 결정합니다. 의식의 외화로서 신체는 의식과 독립해서는 존립할 수 없습니다. 들뢰즈는 니체와 마찬가지로 신체는 세계와 직접적이고 적극적으로 관계한다고 봅니다. 이에 반해 의식은 반성을 매개로 세계를 간접적이고 추상적 원리, 즉 동일성의 의식으로 포섭합니다. 들뢰즈는 의식은 개별자의 의식일 뿐 개별자의 의식을 하나로 묶는 하나의 동일한 의식이란 허상에 불과하다고 봅니다.

변증법과 노예 도덕

그렇다면 도대체 누가 신체와 의식의 관계를 전도시키는 변증법을 고안하고 왜 그렇게 했을까요? 짐작하셨겠지만 모든 가치가 누군가에 의해 고안되었고, 그러한 가치가 왜 필요한지를 묻고, 가치가 숨

이기도 하며 … 의식은 자기 자신에서 자기 자신의 척도를 부여하고…"(G. W. F. Hegel, *Phänomenologie des Geistes*(앞으로 PhG로 축약), Werke Bd. 3, pp.78-79). 헤겔은 의식에 변하는 것과 변하지 않는 부분이 있다고 보며, 이러한 의식 전체를 '불행한 의식(Unglückliches Bewußtsein)'이라고 부른다. 의식의 두 간극 간의 모순과 대립 그리고 결합이 의식의 지양을 가능하게 한다. 불행한 의식은 두 간극의 완전한 화해인, 절대적 지에서 마침내 대립이 끝나게 된다. 헤겔의 불행한 의식은 주로 『정신현상학』의 '자기의식' 장의 2부에 집중적으로 등장한다.(PhG, pp.163-177 참조). 들뢰즈는 헤겔의 '불행한 의식'에 대해 "헤겔은 불행한 의식의 관점에서 현존을 해석했지만, 불행한 의식은 단지 가책의 헤겔적 모습일 뿐이다"라고 평가한다(질 들뢰즈, 『니체와 철학』, 50쪽)

기고 있는 어두운 부분을 폭로하는 니체의 연구 방법을 계보학이라고 부릅니다. 니체의 계보학이 말하는 것은 모든 가치는 특정한 사회, 역사 그리고 문화적 맥락에서 발생하고, 그러한 가치 체계가 필요한 개인 혹은 집단이 존재한다는 것입니다. 니체는 변증법을 일종의 생존술로 보며, 그것을 필요로 하는 주체는 바로 노예들이라고 봅니다. "변증법은 우선 삶에 대항하는 반작용 속에서, 삶을 심판하고 그것을 제한하며, … 결국 그것은 그 자체로서의 반응적 삶과 우주의 반응적 생성을 표현하는 노예의 사유이다."[22]

주인은 자신의 힘을 신뢰하고 적극적으로 자신의 의지를 펼칩니다. 주인과 달리 노예는 타자를 통해서만 자신을 규정합니다. 노예를 움직이는 힘은 타자에 대립하여 자신의 세계관을 구축하며, 그것의 정조는 부정과 원한입니다. "누가 변증법주의자인가, 누가 관계를 변증법화 하는가? 그것은 노예이고, 노예의 관점이며, 노예의 관점에서의 사유이다."[23] 들뢰즈의 이러한 생각은 명백히 니체에서 비롯되었음을 알 수 있습니다. 『도덕의 계보』에서 니체는 이렇게 말합니다. "도덕에서의 노예 반란은 **원한** 자체가 창조적으로 되고 가치를 낳게 될 때 시작된다: … 고귀한 모든 도덕이 자기 자신을 의기양양하게 긍정하는 것에서 생겨나는 것이라면, … 부정이야말로 노예 도덕의 창조적인 행위인 것이다."[24]

22 질 들뢰즈, 『니체와 철학』, 335쪽.
23 같은 책, 32쪽.
24 GM; KSA5, 270f.

들뢰즈는 긍정과 부정의 정신이 주인과 노예를 갈라놓는 경계석이라고 봅니다. 긍정과 부정은 주인과 노예가 가치를 형성하는 데도 근거가 됩니다. 그래서 노예는 선과 악을 구분할 때도 언제나 수동적, 방어적 태도에서 결정합니다. "**너는 악의가 있다. 그러므로 나는 선량하다**. 노예의 근본적인 정식이 그러하다. 그것은 유형학적 관점에서의 원한의 본질을 표현한다. … 사람들은 그 정식을 **나는 선량하다. 그러므로 너는 악의가 있다**라는 주인의 정식과 비교할 것이다."[25] 이것을 논리적으로 정리하면 이렇습니다. 주인의 논리입니다. '나는 선량하다. 그러므로 너는 악의가 있다.' 노예의 논리입니다. '너는 악의가 있다. 그러므로 나는 선량하다.' 주인의 논리에서 긍정적인 것은 전제가 되고, 노예에게는 부정적인 것이 전제가 되는 것입니다.

주인의 세계관을 가진 사람은 긍정의 파생물에서 부정적인 것을 바라봅니다. 이에 반해 노예적 태도를 가진 자들은 부정의 파생물로 긍정적인 것을 추론합니다. '너는 악의가 있다. 그러므로 나는 선한 자이다'는 노예적 사유에는 삶에 대한 극도의 증오가 숨겨져 있습니다. 들뢰즈는 그것에 대한 증거를 노예들의 선·악 개념에서 찾습니다. 그들은 "극도의 증오, 삶에 대한 증오, 삶 속에서 적극적이고 긍정적인 모든 것에 대한 증오를 숨기고 있다. … 사람들은 강자들이 '악

---

[25]　질 들뢰즈, 『니체와 철학』, 214쪽. 들뢰즈의 노예적인 선·악 개념은 니체의 주장을 변형한 것이다. 니체는 『도덕의 계보학』에서 어린 양의 논리로 노예적인 태도를 비판한다. "이 맹금류는 사악하다. 가능한 한 맹금류가 아닌 자, 아마 그 반대인 어린 양이야말로 좋은 것이 아닌가?"(GM; KSA5, 219).

의가 있고', '천벌을 받을' 자들이기 때문에, 불행한 자들, 가난한 자들, 약자들, 노예들이 선량하다고 결론짓는다. 사람들은 선량한 불행한 자, 선량한 약자를 만들어낸다. 강자들과 행복한 자들에 대한 복수보다 더한 복수는 없다."[26] 그래서 노예들은 '너는 악한 자다. 나는 너와는 정반대다. 그러므로 나는 선하다'라는 도식을 만들어 내게 되었다고 들뢰즈는 주장합니다. 노예들이 이러한 추론은 부정의 부정이 긍정이라는 변증법의 전형적 논리입니다. 들뢰즈는 부정의 부정에서 긍정을 도출하는 변증법을 '원한의 이데올로기'로 정의합니다.

들뢰즈와 마찬가지로 니체 역시 원한의 이데올로기가 소크라테스, 그리스도교 그리고 헤겔의 변증법을 관통하는 정신으로 확신합니다. 니체에 따르면 살아 있는 것은 모두 힘에의 의지를 따릅니다. 그러니까 보다 큰 힘을 원하며, 타자를 지배하려는 것은 정상적인 생명체가 따르는 첫 번째 원칙이라는 의미입니다. 그런데 생명체의 원리에 반하는 태도를 보여 주는 존재가 있습니다. 여기에 해당하는 존재가 바로 노예들입니다. 노예들의 세계관은 힘에의 의지를 거스릅니다. 니체가 찾은 노예들의 전형적 행위 방식은 반응적인 것에서 찾을 수 있습니다. 노예들은 주인의 명령을 따르는 자이지 스스로 명령을 내릴 수 없는 존재이고, 이러한 행동 방식은 그들의 가치관을 형성합니다. 그들은 힘에의 의지를 전도된 방식으로 이해합니다. 힘에의 의지는 적극적인 것이고, 주인의 행위 방식이 그것을 전형적으로 보

---

26 질 들뢰즈, 『니체와 철학』, 219쪽.

여 줍니다. 노예들의 힘에의 의지는 적극적인 것을 반응적인 것으로 전도시키는 방식으로 구현됩니다.

들뢰즈는 니체의 주인과 노예의 힘에의 의지 양식을 그대로 수용합니다. 그는 노예들의 수동성 속에서 그들의 생존 전략을 확인합니다. 노예들은 주인의 명령을 따르면서도, 가슴 깊이 복수심을 품고 사는 존재입니다. 노예들의 원한은 폭발력이 있습니다. 다만 그 원한에 형태를 부여할 때 그렇습니다. 들뢰즈는 노예들의 원한에 형태를 부여하고, 원한을 가공하는 자, '원한의 예술가'로 불러도 좋을 자로 사제를 지명합니다.[27] 들뢰즈는 사제를 지배하는 세계관을 '복수의 심리학'으로 보는데, 이것의 출처는 니체입니다. 사제들은 "'비참한 자만이 오직 착한 자다. 가난한 자, 무력한 자, 비천한 자만이 오직 착한 자다. … 이에 대해 그대, 그대 고귀하고 강력한 자들, 그대들은 영원히 사악한 자, 잔인한 자, 음란한 자, 탐욕스러운 자, 무신론자이며, 그대들이야말로 또한 영원히 축복받지 못할 자, 저주받을 자, 망할 자가 될 것이다!'"[28] 이렇게 사제들은 노예들의 반응적 힘이 주인의 적극적 힘에 맞서고 물리치도록 원한을 가공합니다.

사제들의 전략은 단순하면서도 따르기에도 어렵지 않습니다. 그

---

27 같은 책, 225쪽 참조. 니체는 『도덕의 계보학』에서 원한과 사제의 관계를 다음과 같이 설명한다. "성직자들은 잘 알려졌듯이 **가장 사악한 적**이다. … 그들의 무력감에서 태어난 증오는 기이하고 섬뜩한 것, 가장 정신적이고 독이 있는 것으로 성장한다. 세계사에서 모든 거대한 증오자들은 항상 성직자였으며, 또한 가장 정신이 풍부한 증오자들도 성직자였다.(GM; KSA5, 266(7))

28 GM; KSA5, 267.

것은 힘에의 의지를 내면으로 돌리는 것입니다. 힘의 내면화가 어떤 문화적 귀결을 낳게 되는지에 대해 니체는 이렇게 설명합니다. "밖으로 발산되지 않는 모든 본능은 **안으로 향하게 된다**. … 이것으로 인해 후에 '영혼'이라고 불리는 것이 인간에게서 자라난다. … 거칠고 자유롭게 방황하는 인간의 저 본능을 모두 거꾸로 돌려 **인간 자신**을 향하게 하는 일을 해냈다. 적의, 잔인함과 박해, 습격이나 변혁이나 파괴에 대한 쾌감—그러한 본능을 소유한 자에게서 이 모든 것이 스스로에게 방향을 돌리는 것, **이것이** '양심의 가책'의 기원이다."[29] 양심의 가책은 원한을 강화시키고 지속하도록 합니다. 그뿐만 아니라 양심의 가책은 전염성이 강해 많은 사람에게 그리고 멀리까지 전파하는 힘을 가지고 있습니다. 특히 현재의 삶을 고통스럽다고 느끼는 사람들에게는 그 전파력은 몇 곱절 빠르고 강력합니다. 니체는 유럽 문화가 원한과 양심의 가책으로 감염되기 시작하는 순간을 노예들의 가치관이 태동하는 순간으로 봅니다. 이때부터 유럽의 역사는 노예적 가치의 지배에 놓이게 되었다고 니체는 생각합니다.

들뢰즈는 니체의 원한과 양심의 가책에 기반한 인류사의 이해를 높이 평가합니다. "역사는 반응적 힘들이 문화를 독점하거나 그것을

---

[29] GM; KSA6, 322f. 니체는 고통의 원인을 고통 유발자에서 찾지 않고 원인을 자신에게 돌리는 것에서 양심의 가책이 시작되었다고 본다. 그는 이 과정을 어린 양의 비유를 통해 설명한다. "'나는 괴롭다: 그 누군가가 이것에 대해 틀림없이 책임이 있다' … '맞다, 나의 양이여! 그 누군가가 그것에 대해 틀림없이 책임이 있다: 그러나 너 자신이 이러한 그 누군가이며, **오로지** 너 자신이야말로 이것에 대해 책임이 있다. - **너 자신이 오로지 네 스스로에 대해 책임이 있다**!'"(GM; KSA5, 375).

그 힘들의 이득으로 우회시키는 행위로서 나타난다. 반응적 힘들의 승리는 역사 속에서의 한 부수적 결과가 아니라 '보편사'의 원리와 의미이다."[30] 그런데 니체에 앞서 불행한 의식을 토대로 역사를 설명하는 철학자가 있었으니, 그 사람이 바로 헤겔입니다. 헤겔 변증법에서 가장 중요한 것은 "불행한 의식, 불행한 의식의 심화, 불행한 의식의 해결, 불행한 의식과 그것의 원천들의 찬양"[31]입니다. 변증법을 움직이는 힘은 분명히 노예적인 반응적인 힘입니다. 니체가 헤겔의 변증법의 뿌리를 그리스도교에서 찾는 것도 바로 이것 때문입니다.

들뢰즈는 니체가 세 가지 차원에서 헤겔의 변증법을 비판한다고 봅니다. 첫째, "변증법은 구체적으로 현상들을 소유하는 힘들의 본성에 무지하기 때문에 의미를 알지 못한다." 둘째, 변증법은 "힘들, 그것들의 성질들, 그것들의 관계들이 파생하는 현실적 요소에 무지하기 때문에 본질을 알지 못한다." 셋째, 변증법은 "추상적이고 비현실적인 항들 사이에서의 교대를 행하는 데 만족하기 때문에 변화와 변형을 알지 못한다."[32] 그러나 들뢰즈가 볼 때 니체가 헤겔 변증법에서 찾은 최고의 문제점은 헤겔은 '누가' 변증법을 원하는가를 묻지 않는다는 것입니다. 설령 헤겔이 변증법의 주체를 언급하는 경우에도 그것은 어디까지나 보편자와 화해하는, 즉 "인간과 신을 화해시키고 또

---

30   질 들뢰즈, 『니체와 철학』, 245쪽.
31   같은 책, 279쪽.
32   같은 책, 277쪽.

종교와 철학을 화해시키는"[33] 추상적 주체입니다.

니체에게 헤겔의 변증법은 그리스도교적 사유의 아류입니다. 그러므로 니체의 헤겔 비판과 변증법의 극복은 그리스도교의 그것과 일치합니다. 니체는 변증법 극복의 첫걸음은 부정으로부터 등을 돌리는 것에 있다고 봅니다. 반응적 힘의 행사를 거부하는 것, 양심의 가책, 복수심을 떨쳐 버리는 것, 그 대신 힘에의 의지를 신뢰할 것을 니체는 주문합니다. 그럴 때, 무거운 것을 가벼운 것으로, 부정을 긍정으로 전도시키는 가치의 전환이 일어난다고 봅니다. 그래서 니체는 『차라투스트라는 이렇게 말했다』에서 이렇게 말합니다. "**복수** Rache**로부터 인간의 구제**, 이것이 내게는 최고 희망에 이르는 교량이자 오랜 폭풍우 뒤에 뜨는 무지개"다.[34]

33 같은 책, 277-278쪽 참조.
34 Z; KSA4, 128.

4. 『차이와 반복』 그리고 안티 헤겔주의자로서 니체

차이와 긍정

『차이와 반복』에서 들뢰즈의 헤겔 변증법 비판은 깊이를 더한 형태로 드러나는데, 그것은 동일성 개념에 집중됩니다. 헤겔 변증법에서 동일성 개념은 동일하지 않은 것, 즉 차이의 극복에서 가능합니다. 다시 말해 헤겔에서 동일성이 본질적이고 차이는 부차적인 것입니다. 들뢰즈는 헤겔의 동일성과 차이의 관계를 거부합니다. 그에게 동일성은 차이의 그림자 혹은 차이의 효과일 뿐이고 동일성과 차이의 관계는 전도됩니다. 『차이와 반복』의 '머리말'에서 들뢰즈는 차이와 반복에 대한 자신의 주장이 시대와 밀접한 관계가 있다고 주장합니다. 그는 하이데거의 '존재론적 차이', 구조주의의 공간에 대한 통찰, 현대소설의 기법은 모두 같은 주제의 주위를 맴돈다고 주장합니다. 이들의 사유에는 시대적 징후와 조짐을 보여 주고 있다는 것이죠. 그 조심이란 바로 '안티 헤겔주의'입니다.

"이 모든 조짐은 반反헤겔주의로 집약될 수 있다. 즉 차이와 반복이 동일자同一者와 부정적인 것, 동일성과 모순의 자리를 대신 차지하고 있다. 왜냐하면 차이는 동일자에 종속되는 한에서만 부정적인 것을 함축하고 마침내 모순까지 이르기 때문이다. 어떻게 파악하든 동일성의 우위가 재현의 세계를 정의한다."[35] 들뢰즈가 볼 때 탈근대의 철학적 사유는 플라톤 이래 공고하게 유지되었던 원본 재현의 가치가 파산에 이르렀음을 보여 줍니다. 이 파산 선고의 선구에 선 철학자가 니체입니다. "그토록 오랫동안 유지되어 온 방식으로 철학 책을 쓰는 것이 거의 불가능해질 시대가 다가오고 있다. '아, 저 낡은 스타일이여…'. 새로운 철학적 표현 수단을 탐색하기 시작한 것은 니체였다."[36]

잘 알려져 있듯이 헤겔은 세계를 의식의 동일성에 근거하여 설명합니다. 대상(객체)은 의식(주체)이 외화된 것, 즉 시공간 속에 드러난 것이기에 대상과 의식의 본질적 구분은 존재하지 않습니다. 의식과 의식이 외화된 대상 사이에는 불일치가 존재합니다. 이 불일치가 바로 비동일성의 본질입니다. 그런데 헤겔에게 이 비동일성 역시 의식의 한 형태입니다. 즉 비동일성은 동일성의 특정 계기를 지칭하는 것입니다. 헤겔은 이것을 『논리의 학』에서 "동일성과 비동일성의 동일성"[37]으로 정식화합니다. 이것을 도식화하면 의식→대상(의식의 부정)→의식(의식의 부정의 부정)으로 표현할 수 있습니다. 즉 헤겔에 따르면 세계는 의식의 재현이고 존재자들의 차이는 바로 의식이 자신을 부정한 부산물입니다. 들뢰즈가 볼 때 헤겔의 동일성은 착각입니다. "모든 동일성은 흉내 낸 것에 불과하다. 그것은 차이와 반복이라는

---

35 질 들뢰즈, 『차이와 반복』, 김상환 옮김, 민음사, 2004, 17쪽.
36 같은 책, 22쪽.
37 G. W. F. Hegel, *Wissenschaft der Logik I*, Bd. 5, p.74.

보다 심층적인 유희에 의한 광학적 '효과'에 지나지 않는다."[38] 즉 헤겔의 변증법은 차이 나는 것을 부정하여 동일한 것으로 환원해 버리는 재현의 한 형식일 뿐입니다.

들뢰즈는 동일성에 기초한 헤겔의 변증법을 거부하고 '차이 자체', 또는 '즉자적 차이'와 차이 나는 것들의 상호 관계에 주목합니다. 들뢰즈에 따르면 차이 자체에 대한 사유란 부정 없는 차이, 즉 동일자에 환원되지 않는 차이, 표상이나 개념으로 환원되지 않는 차이, 동일자를 재현하지 않는 차이를 구제하는 것입니다. 그리고 이러한 차이들의 관계는 반복Repetition으로 설명되어야 한다고 주장합니다. 들뢰즈에게 차이의 반복은 동일자의 재현이나 기계적 반복과 다른 것입니다. "차이가 부단한 탈중심화와 발산의 운동이라면, 반복에서 일어나는 전치와 위장은 그 두 운동과 밀접한 상응 관계에 놓여 있다."[39]

들뢰즈는 아리스토텔레스에서 라이프니츠를 거쳐 헤겔에 이르기까지 철학사는 차이를 철학의 주제로 삼았지만, 그들이 저지른 결정적인 잘못은 차이 자체를 사유하기보다는 차이를 개념 안으로 편입시켜 사유한 것이라고 비판합니다. 즉 그들은 차이의 개념을 개념의

---

38 질 들뢰즈, 『차이와 반복』, 18쪽.

39 들뢰즈는 반복을 동일한 것을 재현하는 일반성(Generality)과 엄격히 구별한다. "일반성은 두 가지 커다란 질서를 거느린다. 그것은 유사성들이라는 질적 질서와 등가성이라는 양적 질서이다. 순환주기와 동등성들은 각각 그 두 질서를 상징한다."(질 들뢰즈, 『차이와 반복』, 25쪽) 이에 반해 "반복은 법칙에 반한다. 법칙의 유사한 형식과 등가적 내용에 반하는 것이다."(같은 책, 29) "반복이 실존한다면, 그 반복은 일반성에 대립하는 어떤 독특성, 특수성에 대립하는 어떤 보편성, 평범한 것에 대립하는 어떤 특이한 것, 변이에 대립하는 어떤 순간성, 항구성에 대립하는 어떤 영원성 등을 동시에 표현한다. 어떤 관점에서 보더라도 반복이란 결국 위반이다. 반복은 법칙에 물음을 던진다."(같은 곳)

차이로 오해한 것입니다. "차이를 개념 일반 안에 기입하는 한, 우리는 도무지 차이의 독특한 이념을 기대할 수 없다."[40] 차이를 개념으로 편입시키는 데 결정적 역할을 한 것은, 플라톤이 잘 보여 주듯이 재현입니다.

들뢰즈는 철학사에서 재현이 차이를 묶는 네 가지 끈이 있다고 봅니다. 그 네 가지 끈이란 "규정되지 않은 개념의 형식 안에서 등장하는 동일성, 규정 가능한 궁극적 개념들 간의 관계 안에서 성립하는 유비, 개념 내부적 규정들의 관계 안에서 성립하는 대립, 개념 자체의 규정된 대상 안에서 나타나는 유사성"입니다.[41] 다시 말해 차이는 동일성, 대립, 유비, 유사성이라는 사중의 끈에 묶일 때, 차이들은 강제적으로 '매개'됩니다. 매개된 차이들은 매개의 중심에 불변하고 동일한 보편자 혹은 주체가 존재한다고 착각하고 차이는 그것의 재현으로 판단합니다.

그런데 들뢰즈는 존재는 결코 동일성의 개념으로 묶을 수 없는 독특하고 '일의적인 것'으로 봅니다. "'존재는 일의적이다' … 단 하나의 목소리가 존재의 아우성을 이룬다."[42] 각각의 존재는 대체 불가능한 자기만의 독특한 목소리를 가지고 있습니다. 그러므로 고유한 차이를 하나로 묶는 것은 불가능하며, 그것이 가능하다고 보는 기만입니

---

40 같은 책, 82쪽.
41 같은 책, 88-89쪽.
42 같은 책, 101쪽. "존재를 언명하는 각각의 것들은 차이에 의해 지배받고 있다. 즉 존재는 차이 자체를 통해 언명된다."(같은 책, 103쪽.)

다. 들뢰즈의 차이 철학의 출발점은 '존재의 일의성'입니다. 들뢰즈는 존재의 일의성에 대한 통찰을 자신에 앞서 선구적으로 보여 준 철학자로 둔스 스코투스, 스피노자 그리고 니체를 지목합니다.

헤겔 역시 차이, 즉 존재의 일의성을 언급했지만 들뢰즈의 선구가 될 수는 없습니다. 앞서 충분히 논의되었지만, 헤겔에게 차이는 그 자체 긍정되는 것이 아니라 극복되어야만 하는 대립, 즉 모순과 뗄 수 없습니다. 즉 헤겔은 모순은 차이에서 발생하고, 차이는 의식의 동일성에서 해소되어야 합니다. 헤겔에서 "차이 일반은 이미 모순 그 자체이다. … 오로지 모순의 정점까지 이끌려갈 때만 비로소 이형異形이나 다형多形은 잠에서 깨어나고 활력을 얻는다. 또 그럴 때만 이 변화의 부분을 이루는 사물들이 부정성을 취하게 된다. 이 부정성은 자율적이고 자발적이며 살아 있는 운동의 내재적 충동이다. … 실재성들 간의 차이를 **충분하게 멀리** 밀고 나아갈 때, 상이성은 대립으로 생성하고 그 결과 모순이 되며, 마침내 모든 실재성들 전체가 이번에는 절대적 모순 그 자체로 생성한다는 것을 알게 된다."[43]

들뢰즈는 차이를 존재의 일의성의 차원에서 이해하는 자신의 입장과 모순은 동일성으로 환원됨으로써 극복되어야만 한다는 헤겔의 차이 개념의 상이함을 유목적 분배와 정착적 분배에 비유합니다. 들뢰즈에 따르면 유목적 분배란 소유지도 울타리도, 척도도 없는 분

---

43 G. W. F. Hegel, *Wissenschaft der Logik II*, p. 57, 70-71, 질 들뢰즈『차이와 반복』, 120쪽 재인용.

배를 의미합니다. 우리가 생각하는 분배라는 개념으로 이해하기 쉽지 않지만, 유목적 분배는 당사자들에게 미리 배당된 몫이란 존재하지 않습니다. 여기에서는 "제한되지 않은, … 명확한 한계가 없는 열린 공간 안에서 스스로 **자기 자신을** 분배하는 자들의 할당이 있을 따름이다. … 여기서는 목숨이 걸린 문제가 발생할 때조차 어떤 놀이의 공간, 놀이의 규칙을 말해야 할 것이다."[44] 우리가 몽골의 광활한 초원과 유목민들을 생각하면 유목적 분배를 이해할 수 있을 것입니다. 유목민은 소유지를 찾아가는 것이 아니라 이동함으로써 목초지가 분배되는 것을 알 수 있습니다. 이에 반해 정착적 분배는 우리에게 익숙한 것인데, 이미 체결된 약속에 따라 재화를 분배하는 것입니다. 이런 유형의 분배는 "고정되고 비례적인 규정들, 재현 안에 제한되어 있는 '소유지' 안 영토들의 유사한 규정들에 의해 진행된다."[45] 요약하자면 유목적 분배는 공간을 채우는 것, 또는 그 공간에 자신을 배당하는 것이고 정착적 분배는 각자에게 동등한 공간을 배당하는 것입니다.

헤겔이 생각하는 차이는 정착적 분배에 해당합니다. "헤겔은 극단적이거나 상반적인 것들의 대립을 통해 차이를 규정한다. 그러나 무한으로 나아가지 않을 경우, 대립은 여전히 추상적인 것으로 남게 된다. 또 무한은 유한한 대립들의 바깥에 위치한다면 여전히 추상적인

---

44 같은 책, 104쪽. "정착적 분배는 미리 주어진 어떤 한정된 공간 안에서만 각각의 역할이 결정되고 나누어진다. 반면 유목적 분배에서는 역할이 결정되고 배당됨에 따라 그에 걸맞은 공간이 아무런 제약 없이 새롭게 배당되어야 한다."(김상환, 「헤겔과 구조주의」, 『헤겔 연구』 23권, 한국헤겔학회, 2008, 25쪽.)

45 질 들뢰즈 『차이와 반복』, 103쪽.

것으로 머물게 된다. 즉 무한이 도입됨에 따라 여기서 상반적인 것들의 상호 동일성이 귀결되거나, 타자의 상반성이 자기의 상반성으로 바뀌게 된다."[46] 거듭 말하지만 헤겔의 변증법에서 차이는 모순이고 차이는 부정되고 극복되어야 할 것입니다. 차이는 여러 겹의 모순을 지양하고 마침내 마지막의 시험, 최종 근거에 도달합니다. 그 최종 근거란 다른 것이 아닌 바로 동일성입니다. 헤겔에게 차이는 전적으로 동일성의 출현을 위한 바탕, 전제입니다. "차이는 여전히 동일성에 종속되어 있다. 차이는 부정적인 것으로 환원되고 있으며, 상사성과 유비 안에 갇혀 있다."[47] 결국 헤겔에게 차이는 동일자의 재현일 뿐입니다.

들뢰즈에서 차이는 결코 대립과 모순 그리고 동일성으로 환원될 수 있는 것이 아닙니다. 들뢰즈는 차이를 자주 즉자적 차이로 부릅니다. 즉자적 차이는 차이 그 자체라는 의미입니다. 이것으로 들뢰즈는 자신이 생각하는 즉자적 차이는 헤겔의 모순으로서, 즉 극복되어야 하고 부차적인 것으로서 차이와는 근본적으로 다르다고 강조합니다. 헤겔에서 "지금과 여기는 텅 빈 동일성, 추상적 보편성으로 정립되며, 이것들은 자신과 함께 차이를 끌고 간다고 주장한다. 그러나 차이는 분명 따라가지 않고 있다. 다만 여전히 자신의 고유한 공간의 깊

---

[46] 같은 책, 120쪽.
[47] 들뢰즈는 이미 『니체와 철학』에서도 이 점을 지적하고 있다. "헤겔의 변증법은 바로 차이에 대한 사색이지만, 그것은 차이에 대한 이미지를 뒤집는다. 그것은 있는 그대로의 차이의 긍정을 차이나는 것으로, 자기 긍정을 타자의 긍정으로, 긍정의 긍정을 그 유명한 부정의 부정으로 대체하고 있다."(질 들뢰즈, 『니체와 철학』, 334쪽.)

이 안에 걸려 있고, 언제나 특이성들로 이루어진 어떤 변별적 실재의 지금-여기에 붙들려 있다."[48] 들뢰즈는 헤겔식의 부정이 결코 차이를 포획할 수 없다고 봅니다. 들뢰즈에게는 부정이 오히려 차이의 환영 혹은 부대현상에 지니지 않습니다. 이 때문에 들뢰즈는 헤겔의 정신현상학을 '부대현상학'으로 부릅니다.[49]

들뢰즈는 자신이 생각하는 차이에 대한 사유의 전형을 니체의 디오니소스적 긍정에서 발견합니다. "긍정이 일차적이다. 긍정은 차이, 거리를 긍정한다. 차이는 가벼운 것, 공기 같은 것, 긍정적인 것이다. 긍정한다는 것은 짐을 짊어진다는 것이 아니다. 오히려 거꾸로 짐을 던다는 것, 가볍게 한다는 것이다. 그것은 더 이상 부정적인 것이 아니다. 부정적인 것은 긍정의 환영, 대용품 같은 환영만을 산출한다. … 니체는 당나귀의 '**예**'와 '**아니요**'를 디오니소스-차라투스트라의 '**예**'와 '**아니요**'에 대립시킨다. 그것은 '아니요'로부터 긍정의 환영을 끌어내는 노예의 관점, 그리고 '예'로부터 부정적이고 파괴적인 귀결을 '주인'의 관점 … 사이의 대립이다."[50]

'차이는 긍정'이라는 것의 의미는 무엇보다도 차이 그 자체가 절대적 긍정의 대상이라는 것을 뜻합니다. 들뢰즈에게 긍정한다는 것은, 적극적인 것, 창조한다는 것과 짝 패를 이룹니다. 차이는 긍정이라는

---

48 "헤겔의 모순은 차이를 마지막까지 끌고 나가는 듯한 인상을 준다. 하지만 이는 출구 없는 길이다. 이 길을 통해 차이는 다시 동일성으로 돌아간다."(질 들뢰즈, 『차이와 반복』, 556쪽.)
49 같은 책, 136쪽 참조.
50 같은 책, 140쪽.

말은 결국 차이를 적극적으로 창조한다는 것을 의미합니다. 그렇다면 차이는 구체적으로 어떻게 긍정될까요? 이 답을 푸는 열쇠는 힘에의 의지에 있습니다. 들뢰즈는 이미 차이의 긍정과 힘에의 의지의 관계를 『니체와 철학』에서 논하고 있습니다. "니체는 변증법주의자들이 보편자와 개별자에 대한 추상적 입장에서 더 나아가지 못하고 머물러 있음을 비판한다. 즉 그들은 징후의 포로들이었고, 힘들에 이르지 못했으며, 그 힘들에 의미와 가치를 제공하는 의지에도 이르지 못했다. … 차이의 그 요소 속에서 긍정은 창조적인 것으로 나타나고 발전한다. 힘에의 의지는 다수의 긍정의 원리, 증여의 원리, 혹은 주는 미덕이다."[51] 이것을 통해 우리는 차이는 힘의 차이를 긍정한다는 것은, 힘을 긍정한다는 것을 다시 한번 확인할 수 있습니다.

차이와 긍정은 모두 힘과 관계하고, 힘은 한순간도 정지하거나 균형을 이루지도 않습니다. 그러므로 차이를 부정하는, 즉 힘을 부정하는 가장 큰 오류 혹은 적은 재현입니다. 재현은 이데아, 신, 주체, 동일자 등 그것이 무엇이 되었건, 단 하나의 중심으로 차이를 빨아들일 수 있다는 것을 전제합니다. 이것이 의미하는 것은 재현에서는 차이들의 거리도 부정하고 차이를 창조하는 힘에의 의지도 거부합니다. 재현에서는 일체의 차이들이 매개될 수 있다고 봅니다. 그런데 재현은 차이를 매개한다고 공언하지만, 그것은 차이 자체에 결코 도달할 수 없습니다. "재현이라는 말에서 접두사 재再, RE는 차이들을

---

51   질 들뢰즈, 『니체와 철학』, 336쪽.

잡아먹는 이 동일자의 개념적 형식을 뜻한다. 따라서 재현과 관점들을 중복한다고 해서 '재현 이하'의 것으로 정의되는 직접적이고 무매개적인 사태에 도달할 수 없다. … 사물은 결코 동일자일 수 없다. … 차이는 요소, 궁극적 단위가 되어야 하며, 따라서 배후에 있는 다른 차이들과 관계해야 한다. … 다른 차이들에 의해서 차이는 결코 동일한 정체성 안에 빠지지는 않으며 다만 분화의 길로 들어선다."[52]

차이를 잡아먹는 재현의 4중의 뿌리는 유사성, 동일성, 유비 그리고 대립인데, 오히려 그것이야말로 차이의 효과, 즉 가상일 뿐입니다. 이 4중의 가상이 재현의 진정한 뿌리인 것입니다. 재현이 차이를 매개하려는 시도는 전형적으로 본말이 전도된 오류를 보여 줍니다. 들뢰즈는 헤겔의 변증법이 바로 이런 본말의 전도를 보여 주는 대표적 사례로 생각합니다. 헤겔의 변증법은 긍정이 자신을 부정하는 것에 의존하고, 오로지 자신의 부정을 통해 어떤 '의미'를 획득하는 동시에 부정이 일반화되는 것을 보여 줍니다. 변증법의 역사는 "차이와 미분적인 것 등의 놀이를 부정적인 것의 노동으로 대체하는 과정이다. … 부정적인 것에 의해 생산되고 부정의 부정으로 생산되는 거짓된 긍정이 발행하게 된다."[53] 긍정이 부정의 부산물이라는 헤겔의 변증법은 유럽 형이상학의 역사에서 노예적 세계관의 절정을 보여 줍니다.

---

52 질 들뢰즈, 『차이와 반복』, 144쪽.
53 같은 책, 564쪽.

반복과 영원회귀

존재의 일의성이 의미하는 바는, 존재는 결코 차이를 뛰어넘어 동일성을 재현할 수 있는 것이 아니라는 것, 차이는 부정되거나 매개될 수 없는 긍정 그 자체라는 것입니다. 그렇다면 우리에게 이런 의문이 자연스럽게 떠오릅니다. 도대체 차이들은 어떻게 상호 작용하는가? 이 문제에 대한 들뢰즈의 답은 힘의 강도強度와 반복입니다. 헤겔도 반복에 대해 사유했습니다. 앞서도 언급한 '동일성과 비동일성의 동일성'이 헤겔의 차이와 반복에 대한 사유의 핵심을 보여 주고 있습니다. 짐작하시겠지만 헤겔의 반복은 동일성, 재현의 반복입니다. 여기에 반해 들뢰즈의 반복은 차이의 반복입니다. 들뢰즈는 자신보다 앞서 헤겔의 동일성의 반복에 반기를 든 철학자에 주목합니다. 그 대표적인 주창자가 키르케고르, 니체, 페기입니다. 19세기 후반부터 20세기 중반까지 헤겔의 동일성의 반복에 반기를 든 새로운 사유가 철학에서뿐만 아니라 문학과 예술에서도 다양한 형태로 등장했습니다.

들뢰즈는 동일성의 반복을 '헐벗은 반복'으로 평가합니다. 헐벗었다는 것은 새로움이 덧붙여지지 않는다는 것, 즉 생성 활동이 중지되었다는 것을 뜻합니다. 그러므로 들뢰즈에게 반복은 물리적, 기계적인 또는 형이상학적인 것의 반복이 아닙니다. 반복은 차이들의 반복이며, 동일성은 차이의 효과이고 그림자일 뿐입니다. 반복에는 차이들의 전치와 위장의 운동이 쉼 없이 일어납니다. 이러한 반복을 잘못 이해하는 가장 흔한 실수는 반복을 일반성Generality과 혼동하는 것입니다.

일반성은 통상 두 가지 질서로 형성됩니다. "그것은 유사성Resemblance들이라는 질적 질서와 등가성Equality이라는 양적 질서이다. 순환주기와 동등성들은 각각 그 두 질서를 상징한다."[54] 반복은 일반성일 수 없습니다. 왜냐하면 반복에는 유사성과 등가성 등의 법칙이나 질서가 존재하지 않을 뿐만 아니라, 그것을 거부하기 때문입니다. "반복은 법칙에 반한다. 법칙의 유사한 형식과 등가적 내용에 반하는 것이다. … 반복은 일반성에 대립하는 어떤 독특성, 특수성에 대립하는 어떤 보편성, 평범한 것에 대립하는 어떤 특이한 것, 변이에 대립하는 어떤 순간성, 항구성에 대립하는 어떤 영원성"[55]을 표현하는 것입니다. 그렇기에 들뢰즈는 반복이 법칙에 대한 위반이고 거부라고 주장했던 것입니다.

들뢰즈는 반복의 근거를 무엇보다도 니체의 영원회귀로 설명합니다. "니체의 경우 문제는 반복을 의지의 대상 자체로 만들면서 모든 속박으로부터 의지를 해방하는 데 있다."[56] 들뢰즈에게 니체의 영원회귀는 전형적인 반복의 형식을 보여 줍니다. 반복은 무매개성과 무재현성의 형식이며 보편성과 독특성을 하나로 엮어 내는 형식인데, 들뢰즈는 영원회귀가 그것을 보여 주고 있다고 봅니다. 반복은 "자기 안에 차이들을 포괄하면서 하나의 특이점에서 또 다른 특이점으

54 같은 책, 25쪽.
55 같은 책, 29쪽.
56 같은 책, 35쪽.

로 직물처럼 짜여가는 방식이다."[57] 반복의 이러한 형식은 개념이나 재현의 동일성 형식과는 전적으로 다르게 작동합니다. 재현은 매개와 개념으로 차이를 분류하고 질서를 강제로 부여하지만, 반복은 차이의 순수한 힘의 역동적 궤적입니다. 이 궤적은 법칙일 수가 없습니다. 그러므로 반복으로서 영원회귀는 "결코 '같음' 일반을 되돌아오게 하는 힘이 아니라 창조하되 선별하고 추방하는 힘, 생산하되 파괴하는 힘"[58]일 뿐입니다.

들뢰즈는 니체의 영원회귀는 동일한 것의 회귀가 아니라는 것, 그리고 회귀하는 것은 차이라는 것 그리고 차이는 힘의 강도에서 비롯된다는 것을 거듭 강조합니다. "영원회귀는 동일자의 회귀를 의미할 수 없다. 오히려 모든 선행하는 동일성이 폐기되고 와해되는 어떤 세계(힘의 의지의 세계)를 가정하기 때문이다. 회귀는 존재이다. 하지만 오직 생성의 존재일 뿐이다. 영원회귀는 '같은 것'을 되돌아오게 하지 않는다."[59] 돌아오는 것은 차이이고, 차이는 곧 새로움을 만든다는 것이지요, 차이가 만들어 내는 새로움의 근거는 힘입니다. 니체에게 힘은 한순간도 멈추지 않습니다. 그것은 힘들 사이의 강도와 크기의 비대칭성 때문입니다. 힘으로부터 발생하는 차이가 끊임없이 돌아오고 차이들이 관계하는 세계는 한순간도 새로움을 잉태하는 것을 멈추지

---

57 같은 책, 45쪽.
58 "반복은 더 이상 같음의 반복이 아니다. 그것은 다름을 포괄하는 반복이고, 하나의 물결과 몸짓에서 또 다른 물결과 몸짓으로 이어지는 차이를 포괄하는 반복, 이 차이를 그렇게 구성된 반복의 공간으로 운반하는 반복이다."(같은 책, 72-73쪽.)
59 같은 책, 112쪽.

않는 세계, 즉 생성의 세계라 할 수 있습니다. 그래서 들뢰즈는 차이와 반복의 관계를 니체의 영원회귀를 빌려 이렇게 간결하게 설명합니다. "영원회귀의 바퀴는 차이에서 출발하여 반복을 산출하는 동시에 반복에서 출발하여 차이를 선별한다."[60]

들뢰즈에게 니체의 영원회귀와 헤겔의 변증법적 반복은 근본적으로 대립합니다. "변증법적 되풀이나 반복들이 표현하는 것은 단지 전체의 보존일 뿐이다. 이 반복들을 통해 모든 형태들과 모든 계기들이 하나의 거대한 기억 안에 보존된다. 무한한 재현은 보존하는 기억이다."[61] 이에 반해 영원회귀는 동일성의 재현이 아니라 차이 그 자체를 생산합니다. 영원회귀는 평균적인 형상을 배제하고 우월한 형상을 선별합니다. 그렇다고 우월한 형상은 헤겔식의 무한한 것이 아닙니다. 영원회귀의 추동력은 힘에의 의지입니다. 힘에의 의지는 더 큰 힘을 위해 경쟁합니다. 더 큰 힘을 향한 분투의 지속이 바로 우월한 형상의 근거입니다. 이 형상은 결코 실체적인 것이 아닙니다. 그것은 "오히려 영원회귀 자체의 비형상, 변신과 변형들을 거쳐 가는 영원한 비형상일 뿐이다. … 영원회귀의 독창성은 기억에 있는 것이 아니다. 그것은 낭비에 있고 능동성을 띠게 된 망각에 있다."[62] 니체가 『차라투스트라는 이렇게 말했다』 제1부에서 「세 가지 변화」에서 최고의 정신은 '놀이하는 아이'가 보여 주는데, 아이가 구현하는 정신이 바로 힘에

---

60 같은 책, 114쪽.
61 같은 책, 139쪽.
62 같은 책, 141쪽.

의 의지와 영원회귀입니다. 어린아이는 무엇보다도 과거와 미래가 자신을 지배하는 것을 저지할 수 있는 망각의 힘을 가진 존재입니다. [63]

들뢰즈는 헤겔의 동일성 재현의 변증법을 적절하게 매끈하고 완전한 원으로, 이에 반해 니체의 영원회귀를 일그러진 원에 비유합니다. "만일 영원회귀가 어떤 원환이라면, 그 중심에 있는 것은 본연의 차이며, 같음은 단지 가장자리에 있을 뿐…이다. 그것은 매 순간 중심을 이탈하고 끊임없이 일그러지는 원환으로서, 단지 비동등성의 주위만을 맴돌고 있다." [64] 마찬가지로 "반복은 모든 차이들의 비형식적 존재이고 … 비형식적 역량이다. … 반복의 궁극적 요소는 **계속되는 불일치**에 있으며, 재현의 동일성에 대립한다." [65]

들뢰즈는 니체의 영원회귀에서 돌아오는 것은 결코 같은 것이 아님을 거듭 강조합니다. "영원회귀는 … 같은 것, 일자, 동일한 것, 비슷한 것 등과 같은 선행 전제들을 통해 구현되는 재현적 범주들을 파괴한다. … 같은 것과 유사한 것은 단지 영원회귀에 종속된 체계들의 작동방식에서 비롯되는 어떤 효과에 불과하다." [66] 영원회귀에서 돌아오는 것은 동일한 것도 유사한 것도 아닙니다. 들뢰즈는 철학사에 등장

---

63 "어린아이는 순진무구요 망각이며, 새로운 시작, 놀이, 스스로의 힘에 의해서 돌아가는 바퀴이며 최초의 운동이자 거룩한 긍정이다."(Z; KSA4, 31)
64 "영원회귀 안의 반복은 [허상, 시뮬라크르에 해당하는] 어떤 과도한 체계들에 관련되어 있다. 이 체계들은 차이나는 것을 차이나는 것에, 다양한 것을 다양한 것에, 우연한 것을 우연한 것에 묶는다."(질 들뢰즈, 『차이와 반복』, 260쪽.)
65 같은 책, 146쪽.
66 같은 책, 282쪽.

하는 공통감, 양식, 재인의 모델은 사유의 이미지를 만드는 것일 뿐이고, 사유에서 진정으로 중요한 것은 이미지가 아니라고 강조합니다. 사유의 이미지는 순환과 동일성의 유형을 찾는 습관과 관계합니다. 헤겔의 반복 역시 사유의 이미지입니다. 그래서 들뢰즈는 헤겔의 반복이 "접속, 연속이고, 지속에서 늘어져 나온 시간의 길이, 같은 것의 반복"인 사유의 이미지, 즉 헐벗은 반복이고, 니체의 영원회귀는 "독특성 상호 간의 재취합과 응축"[67]으로 옷입은 반복으로 표현합니다.

그렇다면 반복, 즉 영원회귀를 가능하게 하는 것은 무엇일까요? 앞서도 언급했지만 그것은 '힘에의 의지'입니다. "힘의 의지가 아니라면 도대체 영원회귀 안의 반복은 무엇을 통해 언명될 수 있단 말인가? 그 반복은 힘의 의지의 세계를 통해 언명된다."[68] 영원회귀에서 반복되는 것은 차이이고, 반복을 가능하게 하는 것이 힘에의 의지라면, 결국 차이 발생의 근원은 힘이 되는 것입니다. 차이는 곧 힘의 차이, 힘의 비대칭, 힘의 불일치에서 발생합니다. 들뢰즈는 이 점을 분명히 말하고 있습니다. "영원회귀는 질적이지도, 외연적이지도 않다. 그것은 강도強度적이고, 게다가 순수하게 강도적이다. 다시 말해서 영원회귀는 차이에 대해, 차이를 통해 언명된다. 영원회귀와 힘의 의지를 근본적으로 묶는 끈은 바로 여기에 있다."[69]

---

67 같은 책, 434쪽.
68 같은 책, 436쪽.
69 "차이는 첫 번째 긍정이고, 영원회귀는 두 번째 긍정, '존재의 영원한 긍정', 또는 첫 번째 긍정을 통해 언명되는 n승의 역량이다."(같은 책, 518쪽)

영원회귀가 강도적이라는 것은 영원회귀가 차이를 통해 일어나고, 그 차이는 힘들의 차이입니다. 즉 반복이 가능한 것은 차이의 역량에서 비롯되며, 그것은 외부의 힘이 아니라 전적으로 내적인 힘에서 발생합니다. 반복의 원인이 반복 자체라는 것을 말합니다. 이점에 대해 들뢰즈는 예술을 언급함으로써 자신의 주장을 분명히 밝히고 있습니다. 예술은 근본적으로 재현과 무관하다는 점에서 반복적이라는 것입니다. "예술은 모방하지 않는다. 하지만 이는 무엇보다 먼저 예술이 반복하기 때문이고, 게다가 어떤 내면적 역량을 통해 모든 반복들을 반복하기 때문이다."[70]

영원회귀에서 반복되는 것은 차이들입니다. 차이를 거부하는 동일한 것, 유사한 것, 동등한 것은 회귀하지 않습니다. "되돌아오지 않는 것, 그것은 신이고, 동일성의 형식이자 보증자에 해당하는 자이다. 되돌아오지 않는 것, 그것은 오로지 '결정적인 어떤 한 순간 모두의 법칙 아래에서만 나타나는 모든 것이다."[71] 들뢰즈는 차이의 효과에 대해서도 니체가 영원회귀를 통해 말하고자 하는 것에 동의합니다. 니체에게 영원회귀는 긍정의 최고 형식입니다. 들뢰즈는 영원회귀에서 긍정되는 것은 차이, 우연적인 것, 다양한 것, 생성 등입니다. 차이

---

70 같은 책, 612쪽. 현대미술에서 비재현적 경향을 들뢰즈 과타리의 철학으로 해석하는 경향이 강하다. 대표적인 연구서로는 사이먼 오설리번, 『현대미술 들뢰즈·과타리와 마주치다』, 안구 외 옮김, 그린비, 2019 참조.

71 질 들뢰즈, 『차이와 반복』, 519쪽. "부정적인 것은 다시 돌아오지 않는다. 동일자는 다시 돌아오지 않는다. 같은 것과 유사한 것, 유비적인 것과 대립적인 것은 돌아오지 않는다. 다시 돌아오는 그것은 오직 긍정뿐이고, 다시 말해서 차이나는 것, 유사성에서 벗어나는 것뿐이다."(같은 책, 623쪽)

는 반복되고 반복은 차이를 낳습니다. 차이와 반복의 이러한 놀이는 헤겔의 동일성 재현의 노동과 강한 대비를 보여 줍니다. 들뢰즈의 이러한 통찰은 니체의 유고에서도 확인할 수 있습니다. "생성에 존재의 성격을 각인한다—이것이 가장 최고의 힘에의 의지다. … 모든 것이 회귀한다는 것은 생성의 세계가 존재의 세계에 극도로 접근하는 것이다: 고찰의 정점."[72]

5. 들뢰즈의 니체 해석 평가

들뢰즈가 헤겔 철학에 대항하기 위해 발견한 진지는 니체 철학이었습니다. 들뢰즈의 니체 철학의 해석에서 가장 중요한 것은, 차이와 반복에 대한 사유의 근거를 니체의 힘에의 의지Wille zur Macht와 영원회귀ewige Wiederkehr des Gleichen에서 찾고 있다는 점입니다. 들뢰즈의 주장을 요약하면 '반복은 차이의 반복이고', '차이는 힘, 역량, 강도의 차이'라는 것'입니다. 들뢰즈에게 영원회귀는 반복인데, 영원회귀에서 회귀하는 것은 동일한 것이 아닌, '다른 것' 즉, 차이이고, 다른 것은 힘에의 의지에서의 차이를 의미한다고 봅니다. 그리고 차이의 반복을 견뎌 낸다는 것은 힘의 반복을 긍정한다는 것을 의미합니다. 그

---

72   N: KSA12, 312(7[54]).

렇기에 들뢰즈의 차이와 반복의 의미는 니체의 영원회귀의 자기 긍정과 같은 지점을 보여 줍니다. 이제 우리는 최종적으로 들뢰즈의 니체 철학에 대한 해석의 정당성을 물을 단계에 도달했습니다. 철학사에 살아남은 철학이 우리에게 말해 주는 것은 철학사는 부친 살해의 전통을 따른다는 것입니다. 니체와 들뢰즈의 차이는 무엇일까요?

우리의 첫 번째 물음은 니체의 '동일한 것의 영원회귀'에서 '동일한 것'을 과연 차이로 해석할 수 있는가입니다. 이 물음은 들뢰즈의 니체 해석의 정당성 유무에 대한 첫 번째 관문입니다. 들뢰즈는 영원회귀에서 회귀하는 것은 "다양한 모든 것 차이 나는 모든 것, 우연한 모든 것"[73]으로 봅니다. 니체는 '동일한 것의 영원회귀'를 사상 중의 사상으로 언급하며, 영원회귀에 대한 오해를 불식시키고자 노력합니다. 니체는 들뢰즈와 마찬가지로 영원회귀에서 동일한 것은 형이상학적 실체 또는 주체가 아님을 분명히 합니다. 영원회귀에서 돌아오는 것은 불변하는 일자의 순환이 아니라는 것이지요. 여기에 대해 니체는『차라투스트라』3부「환영과 수수께끼에 대하여」에서 난쟁이의 영원회귀에 대한 이해를 영원회귀에 대한 전형적 오해로 비판합니다. 난쟁이의 영원회귀에 대한 이해는 동일한 것이 되돌아온다는 전형적인 순환론에 기초해 있습니다. 차라투스트라는 이 난쟁이를 "뇌속으로 납덩이 같은 사상"을 떨어뜨리는 "중력의 악령"[74]이라고 부릅

73　질 들뢰즈,『차이와 반복』, 260쪽.
74　Z; KSA4, 198.

니다. 난쟁이는 경멸조로 차라투스트라에게 이렇게 답합니다. "'곧은 것은 존재하지 않는다. 진리는 하나같이 굽어져 있으며, 시간 자체도 일종의 둥근 고리이다.'"[75]

난쟁이의 주장은 외관상 영원회귀와 일치하는 것처럼 보입니다. 그러나 난쟁이의 동일한 것의 영원회귀는 같은 것이 순환한다는 의미입니다. 즉 난쟁이가 생각하는 영원회귀에는 새로움이란 전혀 없는 동일한 것의 재현이 바탕에 있습니다. 『차라투스트라는 이렇게 말했다』의 「건강을 되찾고 있는 자」에서 난쟁이의 주장은 짐승의 입을 통해 반복됩니다. "모든 것은 가며, 모든 것은 뒤돌아 온다. 존재의 수레바퀴는 영원히 돌고 돈다. 모든 것은 시들어가며, 모든 것은 다시 피어난다. 존재의 해(年)는 영원히 흐른다/ … 똑같은 존재의 집이 영원히 지어진다. … 존재의 수레바퀴는 이렇듯 영원히 자신에게 신실하다/ … 영원이라는 오솔길은 굽어 있다."[76] 니체는 동일자는 의식이 만들어 낸 허구, 즉 환영이라고 주장합니다. 난쟁이의 회귀에 대한 사유는 들뢰즈가 볼 때, 헤겔식의 반복에 불과한 것입니다. 영원회귀를 그럴듯하게 설명하는 짐승의 말은 차라투스트라에게는 '왜소한 자의 영원회귀'입니다. 그들은 우연과 생성을 견뎌내지 못하는 자들입니다. "사람에 대한 크나큰 권태, **그것이** 나의 목을 조여 왔으며 내 목구멍으로 기어들어 왔다. … '모든 것은 한결같다. 아무 소용이 없다.

75 Z; KSA4, 200.
76 Z; KSA4, 272f.

앎이 사람을 질식시키고 만다'. … 이루 말할 수 없을 만큼 깊은 비애가 내 앞에서 발을 절룩거리며 다가와서는 하품하며 말했다. '네가 지겨워하고 있는 저 왜소한 사람, 그는 영원히 돌아오게 되어 있다.' … '아, 사람이 영원히 되돌아오다니! 왜소한 사람 또한 영원히 되돌아오도록 되어 있다니!' … 더없이 왜소한 자들의 영원한 되돌아옴! 이것이 모든 현존재에 대한 나의 짜증스러움이었다!"[77]

난쟁이와 짐승이 이해하는 같은 것의 영원회귀가 함축하는 것은 '모든 것은 한결같다. 아무 소용이 없다'는 것입니다. 니체에게 이러한 세계관은 니힐리즘, 그것도 니힐리즘의 늪에서 어찌할 바를 모르는 수동적 니힐리즘의 극치를 보여 줍니다. 니체는 영원회귀에 대한 난쟁이의 이해는 결국 삶에 대한 열망을 상실한 왜소한 자의 자기 정당화에 불과합니다. "이 사상을 가장 끔찍한 형태로 생각해 보자. 현존의 모습은 아무런 의미나 목표를 갖지 않는다. 그러나 현존의 이런 모습은 종결되지 않고 무로 불가피하게 다시 반복된다. 이것이 영원회귀이며, 이것이 니힐리즘의 가장 극단적 형태이다. 무가 영원하다."[78]

영원회귀는 기계적 반복이나 동일한 것의 재현이 아니라 세계의 변용에 대한 적극적 선택이라는 것이 니체의 확고한 생각입니다. 이것은 차라투스트라가 난쟁이를 꾸짖는 것 속에서도 잘 드러납니다. "'여기 성문을 가로지르고 있는 길을 보라! 난쟁이여!' … '길은 두 개

---

77   Z; KSA4, 274.
78   N; KSA12, 213(5[71]).

의 얼굴을 갖고 있다. 두 개의 길이 이곳에서 만나는 것이다. 그 길을 끝까지 가 본 사람은 아직 없다. 뒤로 나 있는 이 골목길, 그 길은 영원으로 통한다. 그리고 저쪽 밖으로 나 있는 골목길, 거기에 또 다른 영원이 있다. 이 두 길이 여기서 마주치고 있다. 그렇게 여기 이 성문에서 만나고 있는 것이다. 그 위에 성문의 이름이 쓰여 있구나. '순간'이라는…"[79]

영원회귀에서 중요한 것은 같은 것의 반복이 아니라 순간과 우연을 적극적으로 선택하는 것입니다. 이러한 사실은『차라투스트라는 이렇게 말했다』III부「건강을 되찾고 있는 자」에 등장하는 뱀의 머리를 물어뜯는 양치기의 비유를 통해서도 분명히 확인할 수 있습니다. 양치기의 "입에는 시커멓고 묵직한 뱀 한 마리가 매달려 있었다/… 뱀이 기어들어 가 목구멍을 꽉 문 것을 보니. 나는 손으로 그 뱀을 잡아당기고 또 집어 당겼다. 소용없는 일이었다! … 그때 내 안에서 '물어뜯어라! 물어뜯어라!'라고 소리치는 어떤 것이 있었다. … 양치기는 내가 고함을 쳐 분부한 대로 물어뜯었다. 단숨에 물어뜯었다. 뱀의 대가리를 멀리 뱉어 내고는 벌떡 일어났다. 그는 이제 더 이상 양치기나 여느 사람이 아닌, 변화한 자, 빛으로 감싸인 자가 되어 **웃고 있었다!**"[80] 니체에게 이 웃고 있는 자가 바로 왜소한 자의 영원회귀를

---

79 Z; KSA4, 200.

80 Z; KSA4, 201-202. "영원회귀에 의해서 본성을 변화시키지 않고서는 그 속에 들어갈 수 없는 것을 존재하게 하는 것이 문제이다. 더 이상 선택적 사유가 문제가 아니라 선택적 존재가 문제이다. 왜냐하면 영원회귀는 존재이고 존재는 선택이기 때문이다."(질 들뢰즈,『니체와 철학』, 137쪽.)

극복한 자입니다.

우리는 니체의 '동일한 것'의 영원회귀에서 동일한 것의 의미가 형이상학적 실체로서 동일자가 아니라는 것, 그리고 회귀하는 것이 '동일한 것'의 반복이 아니라는 들뢰즈의 해석이 니체 텍스트에서 충분한 근거를 가지고 있음을 확인할 수 있습니다. 그렇다면 영원회귀에서 회귀하는 것은 차이이고 차이는 힘과 역량, 강도의 차이라는 것, 즉 힘에의 의지가 차이의 근거이고 회귀의 동력이라는 들뢰즈의 주장은 정당할까요? 이것이 우리가 들뢰즈의 니체 해석의 정당성을 따져 물어야 할 두 번째 과제입니다. 들뢰즈는 "니체는 영원회귀를 힘의 의지에 대한 무매개적인 표현"[81]으로 또 "영원회귀는 힘의 의지의 변신과 가면들로 연출되는 연극적 세계를 통해 언명된다. 영원회귀가 언명되는 무대는 이 의지의 순수한 강도들이 드러나는 연극적 세계"[82]로 보고 있습니다.

잘 아시겠지만 니체에게 힘에의 의지는 모든 살아 있는 것의 내적 원리입니다. "살아 있는 것은 힘을 **방출**하고자 한다. 생명 자체는 힘에의 의지다."[83] 일체의 살아 있는 것은 "주인이 되고자 하며 보다 더 크고, 강력하고자 한다."[84] 그렇기에 힘은 언제나 보다 큰 힘을 위해 경쟁합니다. 힘이 커진다는 것은 힘들 사이에 존재하는 불일치와

---

81 질 들뢰즈, 『차이와 반복』, 40쪽.
82 같은 책, 113쪽.
83 JGB; KSA5, 27(13).
84 N; KSA13, 261(14[81]).

비대칭성의 본성이 있기 때문에 가능합니다. 니체식으로 보면 변화와 생성은 힘이 이동한다는 것을 말한다고 할 수 있습니다. 들뢰즈는 이것을 힘의 전치, 위장 그리고 복귀로 설명합니다. 반복이라는 것은 바로 힘의 전치, 위장 그리고 복귀가 중단없이 일어난다는 것을 의미합니다. 이렇게 힘이 일어나고 모습을 바꾸고 다시 돌아오는 것이 회귀이며, 반복인 것입니다. 들뢰즈에게 회귀하는 것은 힘이고 힘들 간에 차이가 존재하기에 반복이 가능한 것입니다. 이러한 들뢰즈의 해석을 뒷받침할 만한 니체의 언급이 1885년의 한 유고가 보여 줍니다. 이 유고는 니체의 힘에의 의지와 영원회귀의 관계에 대한 중요한 근거를 보여 줍니다. "그대들은 '세계'가 무엇인지를 알고 있는가? … 이 세계는 시작도 끝도 없는 거대한 힘이며, … 힘들과 힘의 파동의 놀이로서 하나이자 동시에 '다수'이고, … 모순의 놀이로부터 조화의 즐거움으로 되돌아오고, …. **이러한 세계가 힘에의 의지다—그리고 그 외에 아무것도 아니다!**"[85] 이 단편에서 우리는 니체가 언급한 되돌아오는 것은 힘이고 세계는 힘들의 놀이라는 주장에 주목해야 합니다. 니체는 힘에의 의지와 영원회귀가 형이상학이 아니라 실재하는 세계의 본질이라고 보고 있습니다. 영원회귀와 관련하여 들뢰즈는 이렇게 주장합니다. "영원회귀 안에서 일의적 존재는 단지 사유되고 긍정되기만 하는 것이 아니라 실제적으로 실현된다."[86] 영원회귀와 관련하

---

85 N; KSA11, 610f.(38[12])
86 질 들뢰즈, 『차이와 반복』, 114쪽.

여 두 사람이 바라보는 곳이 다르지 않음을 확인할 수 있습니다.

『니체와 철학』에서부터 『천 개의 고원』에 이르기까지 들뢰즈는 자신이 반헤겔주의자이고 반변증법주의자임을 철저히 고수합니다. 헤겔의 동일성, 부정, 모순을 노예의 반응적 태도로, 또 헐벗은 반복으로 비판합니다. 들뢰즈에게 헤겔은 플라톤으로부터 출발하는 유럽 형이상학과 신학의 절정입니다. 유럽의 파산은 이미 플라톤의 동일성과 재현이라는 형이상학이 예고하고 있었던 것이지요. 들뢰즈는 유럽 형이상학과 그것에 포획된 유럽 문명의 위기는 헤겔 철학의 극복에서 가능하다고 보았습니다. 그는 헤겔에 반대하여 존재의 일의성, 긍정, 차이와 반복을 주장합니다. 들뢰즈는 헤겔과의 대결을 위해 자신의 철학적 선구를 찾게 되는데 니체는 그가 발견한 최고의 안티헤겔주의자입니다. 니체의 힘에의 의지와 영원회귀는 들뢰즈의 차이와 반복의 이상적 모델이었던 셈이죠.

앞서 우리는 들뢰즈의 차이와 반복이 니체의 힘에의 의지와 영원회귀를 근거로 성립했음을 충분히 확인했습니다. 비록 들뢰즈의 차이와 반복에 대한 주장이 매우 복잡한 방식으로 전개되고 있고, 때로는 혼란스러울 정도로 다양한 이론을 차용하여 설명하고 있지만, 그것의 최종적 근거가 니체에 있음은 분명해 보입니다. 또한 그의 『니체와 철학』, 『차이와 반복』 그리고 『천개의 고원』에서 니체 철학에 대한 강조점에 차이가 있음에도 불구하고 그가 철저히 니체주의자임을 확인하는 것은 어렵지 않습니다. 그리고 자신의 철학에 차용하고 변용시킨 니체의 주장도 크게 왜곡시키지 않았음도 확인할 수 있습니다.

그렇다면 들뢰즈의 니체 철학 해석에는 정말 문제가 없을까요? 아니면 니체와 들뢰즈 철학의 차이는 존재하지 않을까요? 들뢰즈는 부정이 배제된 절대적 긍정을 그리고 존재의 일의성에서 확인할 수 있는 존재자들의 간의 등가성을 주창합니다. 니체도 과연 존재의 일의성과 평등성을 옹호할까요? 물론 니체 역시 헤겔을 격렬하게 비판했지만, 그의 철학이 오랫동안 그리고 니체 당대에도 여전히 남아 있었던 헤겔의 변증법과 역사 철학에서 전적으로 자유로울까요? 이 문제에 대한 다양한 입장이 있고, 구체적 논의는 다른 지면을 할애해야겠지만,[87] 이 문제와 관련하여 우리는 니체의 위버멘쉬와 자기 극복의 문제를 살펴볼 필요가 있습니다. 위버멘쉬는 인격이라기보다는 자기 극복을 위한 분투의 과정을 상징한다고 보는 것이 온당할 것입니다. 그런데 모든 자기 극복은 자기부정을 전제합니다. 위버멘쉬가 되기 위해 차라투스트라가 시장의 파리 떼로 비판한 마지막 인간을 극복해야 하고, 거칠게 포효하는 사자의 맹목적 부정을 극복해야 합니다. 중요한 것은 마지막 인간을 부정하고 사자의 자유를 위한 투쟁의 과정이 없이는 '놀이하는 아이'의 단계 역시 불가능하다는 점입니다. 그러므로 여기에서도 헤겔의 부정과 고양이라는 변증법적 계기의 흔적이 완벽히 사라졌다고 쉽게 말할 수 없습니다.

그리고 니체에서 노예와 주인은 물론 신분을 의미하지 않지만, 니

---

[87] 니체와 헤겔의 관계는 정낙림, 「차라투스트라의 '세 가지 변화'에 대한 몇 가지 해석—진화론적, 역사철학적, 변증법적 해석의 문제점」, 『철학연구』, 제106집, 대한철학회, 2008, 236-262쪽 참조.

체는 고귀한 인간과 비천한 인간의 분류가 인간의 역사에서 늘 존재했다고 봅니다. 따라서 니체가 들뢰즈처럼 존재의 일의성과 그것에 기초한 존재자들 간의 등가성에 동의할 가능성은 높지 않습니다. 니체에서 각각의 존재자들이 구현하는 힘에의 의지의 양상과 그 결과에는 언제나 차이가 있고 그것은 현실적으로 고귀한 자와 비천한 자에 대한 평가의 근거가 되어야 합니다. 고귀한 자와 비천한 자를 평가하는 기준은 힘에의 의지입니다. 니체는 정신적 귀족주의자이든 주권적 개인이든, 인간들 사이의 거리를 포기하지 않습니다. 여기에 반해 들뢰즈는 존재의 일의성을 포기하지 않습니다. 각자가 목소리를 가진다는 점에서 누구나 동등한 권리를 가진다고 봅니다. 어쩌면 두 사람 사이에 존재하는 차이는 들뢰즈가 그의 사상적 동지인 펠릭스 과타리와 고수했던 근본적인 의미에서 사회주의자라는 점에서 기원할지도 모르겠습니다. 두 사람의 정치적 지향점의 차이는 인간의 교육에 대한 이해에서도 잘 드러납니다. 니체는 모든 이를 위한 교육, 즉 평등 교육에 분명한 거부를 표시합니다. 반면 들뢰즈는 존재의 일의성에 기반하여 모든 이는 교육받을 권리가 있다고 주장합니다. 니체는 탁월한 자를 길러 내는 것이 교육의 제1 목표라고 생각합니다. 들뢰즈는 분명 여기에 동의하지 않을 것입니다.

사르트르와 들뢰즈에서 자아의 문제

이솔

해방기에 사람들은 이상하게도 철학사에 틀어박혀 있었습니다. … 우리는 강아지처럼 중세 때의 스콜라 철학보다도 못한 스콜라적인 철학을 쫓아다니고 있었습니다. 다행히 그때 사르트르가 있었습니다. 사르트르는 우리의 바깥이었고, 그야말로 뒤뜰에 부는 바람이었습니다. … 소르본의 모든 가능성 가운데에서, 우리에게 질서의 새로운 재편을 감당할 힘을 준 것은 바로 사르트르 특유의 조합이었습니다. 그런데 사르트르는 절대로 거기에서 멈추지 않았죠. 어떤 모델이나 방법, 사례가 되는 데에서 멈추지 않았어요. 오히려 한 줌의 신선한 바람이었습니다. 막 플로르에 갔다 올 때조차 그는 한 줌의 신선한 바람, 갑자기 불어오는 바람이었지요.[1]

---

1   G. Deleuze, C. Parnet, *Dialogues*, Paris: Flammarion, 1996, pp.18-19.

1. 왜 장 폴 사르트르인가?

장 폴 사르트르는 20세기 중반 프랑스 철학을 대표하는 사상가로, 에드문트 후설의 현상학을 바탕으로 독창적인 실존주의 철학을 정립한 인물입니다. 사르트르는 『벽』, 『구토』, 『자유의 길』, 『닫힌 방』, 『악마와 선한 신』과 같은 소설 및 극작품을 창작한 문필가로, 《현대Les Temps modernes》의 창간자이자 편집장으로 잘 알려져 있으며, 특히 1964년 노벨문학상을 거부한 일화로 유명합니다. 그럼에도 그의 문학적 명성이 철학적 명성을 가릴 수는 없겠지요. 무엇보다 사르트르를 대표하는 저작이 『존재와 무』(1943)라는 사실에는 이견이 있을 수 없으며, 사르트르의 문학 작품의 이면에서 그것의 근간을 이루는 것이 그의 철학이기 때문입니다.

이러한 점에서 우리는 이 강의에서 '철학자로서 사르트르'에 초점을 맞추고자 합니다. 그런데 철학자로서 사르트르에 주목할 때, 곧장 우리의 시야에 드러나는 것은 극단적으로 엇갈리는 평가들입니다. 사르트르 철학에 대한 평가의 명암은 당황스러우리만큼 극명합니다. 사실 사르트르만큼이나 그 사상에 대한 평가가 극단적으로 엇갈리는 사상가도 찾기 어려울 듯합니다. 한편에는 사르트르 철학에 대한 비판과 부정의 목소리가 있습니다. 모리스 메를로-퐁티는 사르트르가 "코기토의 광기"에 휩싸여 있다고 지적했으며, 마르틴 하이데거는 그를 "존재의 폭군"이라고 말했고, 레비스트로스는 "코기토의 포로"라고 비판했습니다. 자크 데리다 역시 1968년 "인간의 종말"이라는 강의에서 사르트르의 하이데거에 대한 인간학적 오독, 그리고 헤겔 및 후설에 대한 오독을 비판한 바 있습니다.

분명 사르트르의 철학은 의식 주관으로부터 시작하며, 그는 끝끝내 코기토 및 의식의 자발성이라는 전제를 벗어나지 않았습니다. 그리고 이와 같은 점에서 사르트르의 철학은 앞서 거론한 비판들이 지적하듯, 언제나 의식 주체의 관점에서 세계를 조망하는 철학이었으며, 단 한 순간도 대자적 의식으로서의 인간적 관점을 떠나지 않는 철학이었던 것이 사실입니다. 그런데 그렇다면 이와 같은 명백한 한계에도 불구하고 왜 사르트르의 철학에 대해 이야기해야 할까요?

주목해야 할 것은 사르트르 철학에 관한 정반대의 평가가 있다는 사실, 곧 사르트르 철학에 관한 비판과 더불어 늘 애호와 찬탄의 목소리가 들려온다는 사실입니다.[2] 그리고 우리는 이와 같은 우호적 평가를 바로 들뢰즈로부터 발견할 수 있습니다. 「그는 나의 스승이었다Il a été mon maître」(1933)에서 들뢰즈는 사르트르가 우리에게 '새롭게 사유하고 말하는 방법'을 가르쳐 주었다고 평가하며 다음처럼 씁니다.

그러한 시기에 사르트르가 아니었다면, 누가 새로운 무언가를 말

---

[2] 특히 사르트르를 후기구조주의의 원형으로 보는 견해는 C. Howells, "Conclusion: Sartre and the deconstruction of the subject", *The Cambridge Companion to Sartre* 및 N. F. Fox, *The New Sartre: Explorations in Post-modernism*, London: Continuum, 2003의 머리말과 서론을 참조할 수 있다.

할 줄 알았겠는가? 누가 우리에게 새롭게 사유하는 방법을 가르쳐 주었을 것인가? 메를로-퐁티의 작업이 아무리 영롱하고 심오하다고 하더라도, 그것은 … 많은 측면에서 사르트르의 작업에 의존하고 있었다. … 카뮈의 경우에는, 유감스럽게도! 그것이 과장된 영웅주의였든 간접적인 부조리였든 간에, 카뮈는 일련의 저주받은 사상가들로부터 물려받은 혈통을 주장했으나, 그의 철학 전체는 우리를 랄랑드와 마이어슨에게로, 학생들에게 이미 잘 알려진 작가들에게 다시 돌아가도록 했을 뿐이다. 새로운 주제들, 새로운 스타일, 공격적이며 격정적으로 문제를 제기하는 새로운 방식, 이러한 것들은 사르트르로부터 온 것이다. 해방기의 무질서와 희망 속에서, 우리는 사르트르로부터 이러한 것들을 발견했다. 카프카, 미국 소설, 후설과 하이데거, 마르크스주의와의 끝없는 재교섭, 누보로망을 향한 열망…. 이 모든 것이 사르트르를 경유했다. 그것은 그가 단지 철학자로서 총체화의 천부적인 재능을 가졌기 때문만이 아니라, 그가 새로운 것을 창조하는 방법을 알고 있었기 때문이다. 〈파리 떼〉의 첫 공연, 『존재와 무』의 출간, "실존주의는 휴머니즘이다"의 강연, 이러한 것들은 긴 밤의 끝에, 우리가 그에게서 사유와 자유의 정체성을 배운 사건들이었다.[3]

---

3 G. Deleuze, "Il a été mon maître", *L'île déserte et autres textes*, Minuit, 2002, pp.109-110.

그렇다면 들뢰즈가 사르트르를 자신의 '스승maître'이라고 칭하는 이유는 무엇일까요? 달리 묻자면, 구체적으로 들뢰즈는 사르트르의 철학으로부터 무엇을 상속받고 있는 것일까요?

이 시간 우리의 목적은 20세기 중반과 후반 프랑스 철학을 대표하는 이 두 철학자의 사유가 어떻게 공명하고 또 차이 나는가를 파악하는 것입니다. 특히 우리는 '자아'의 문제에 초점을 두고 사르트르와 들뢰즈 철학의 연관성을 들여다보려 합니다. 두 철학자의 자아 이론을 비교함으로써 우리는 20세기를 대표하는 휴머니즘 철학과 반인간주의 철학이 어떤 연속성을 지니는가를, 또한 구체적으로 어떤 점에서 들뢰즈가 사르트르 철학을 수용하는가를 이해할 수 있을 겁니다.

2. 사르트르와 들뢰즈에서 '자아'의 문제

사르트르는 데카르트 이래의 의식 철학 전통을 계승하면서도 기존의 무비판적 통념에 맞서 의식 주관으로서의 '나'라는 심급을 전제하기를 거부합니다. 사르트르에게서 나, '자아ego'는 세계의 다른 사물들과 마찬가지로 의식 외부에 있는 것일 뿐, 의식을 통일하는 최종적인 심급 혹은 의식 내의 거주자와 같은 것으로 간주되지 않습니다. 사르트르는 초기 저작에서부터 줄곧 일관적으로 '자아의 초월성transcendance de l'Ego'을 역설하며, 의식을 자아에 결부되지 않은 익명적인 힘으로 규정하기를 망설이지 않습니다.

이와 같은 점에 주목한다면, 선-주관적인 초월적 장을 그려 보이고자 했던 들뢰즈 철학의 성과는 사르트르 철학의 영향을 배제하고서는 설명될 수 없을 겁니다. 주체의 발생 과정을 기술하는 시도로서 들뢰즈의 초월적 경험론의 동기는 의식을 비인격적 자발성으로 규정하고, 이 자유로운 의식의 선택에 의해 자아가 형성된다고 말했던 사르트르 철학으로부터 촉발된 것입니다. 이처럼 사르트르와 들뢰즈 양자는 모두 실천적 차원에서의 주체 형성의 문제에 대한 관심을 공유하는데, 이것이 바로 들뢰즈가 여러 지면을 통해 사르트르에 대한 관심과 존경을 표현하길 망설이지 않았던 이유일 것입니다. 선-주관적인 초월적 장을 그려 보인 들뢰즈 철학의 성과는 사르트르 철학의 영향을 배제하고서는 설명될 수 없는 것입니다.

사르트르–'나'가 없는, 익명적 자발성으로서의 의식

사르트르는 『자아의 초월성』(1935)에서 전통 철학이 인식의 최종 지반으로 간주해 왔던 자아의 관념을 정면으로 비판합니다. 칸트와 후설은 공통적으로 인식에서의 종합과 통일을 위해 '자아'의 관념을 전제해 왔습니다. 그러나 사르트르는 통일은 자아에 의해 이루어지는 것이 아니라 의식 자신의 본성에 의해 이루어지는 것이며, 통일의 중심으로 가정된 자아의 관념은 한낱 군더더기에 불과하기에 불필요한 잉여일 뿐이라 주장합니다.

그럼에도 불구하고 전통 철학이 의식 내에 자아가 있다는 환상을 가져왔던 이유는 의식을 그것 내부에 무언가가 위치할 수 있는 '공간의 관념'으로 이해했기 때문입니다. 『자아의 초월성』을 시작하면서 사르트르는 다음과 같이 쓰고 있습니다.

> 대부분의 철학자에게 자아Ego는 의식의 '거주자habitant'이다. … 그러나 우리는 여기에서 자아가 형식적으로도 질료적으로도 의식 '안에' 있지 않다는 것을 보이고자 한다. 자아는 (의식의) 바깥에, '세계 안에' 있다. 타인의 자아와 마찬가지로, 그것은 세계의 한 존재이다.[4]

사르트르는 『자아의 초월성』에서 의식을 주재하는 것으로 가정된 자아라는 환영을 추방하고, 의식을 그 안에 자아가 자리할 수 있는 공간적 개념이 아닌 대상을 지향하는 순수한 활동성으로 규정합니다. '나'는 의식이 스스로의 활동을 반성하는 가운데 출현하는 것일 뿐, 반성 이전의 의식의 활동에서 우리는 결코 자아를 찾아볼 수 없다는 것입니다. 그에 따르면 칸트와 후설 역시 순수한 의식의 활동성만을 남겨 두지 못했고, 그것에 수반되는 불순물과 같은 '나'를 상정하는 데 카르트적 오류에서 벗어나지 못했습니다. "칸트와 후설에게 나는 의

---

4 장 폴 사르트르, 『자아의 초월성』, 현대유럽사상연구회 옮김, 민음사, 2017, 17-18쪽.

식의 형식적 구조이다."[5] 후설은 '주체-극pôle-sujet', 칸트는 '나는 생각한다Ich denke'로서의 초월적 통각을 통해 의식의 통일 작용을 설명하려 했습니다. 사르트르에 따르면 이렇듯 데카르트 이래의 의식 철학이 '나'라는 환영에 빠져 허우적거렸던 것은 데카르트적 코기토가 너무 많은 것을 확언했기 때문입니다. 데카르트적 코기토는 "나는 피에르에 대한 의식을 '가지고 있다'"고 말합니다. 그러나 이러한 표현의 형식에 의해 우리는 의식을 그것 안에 피에르의 표상이 놓일 수 있는 공간과 같은 것으로 착각하고 그러한 의식의 거주자로서 자아Ego를 상정하기에 이르렀던 것입니다. 그러므로 코기토적 표현은 다음과 같이 수정되어야 합니다. "피에르에 대한 의식이 '있다'." 이와 같은 새로운 코기토의 형식에서 더 이상 의식은 자아를 수반하지 않습니다. 그렇기에 사르트르에게서 "초월론적 의식은 비인격적 자발성"[6]입니다. 사르트르가 보여 주는 것은 이처럼 '나'가 없는 의식의 모습입니다.

5   같은 책, 56쪽.
6   같은 책, 123쪽.

들뢰즈—익명적 의식을 넘어, 선-주관적 초월적 장으로

사르트르는 자아의 '인격성'을 폐기했으나, 그것의 '개체성'까지 해체하지는 않았습니다. 들뢰즈가 현상학에서 수용할 수 없었던 것, 그리고 자아에 대한 사르트르의 비판에도 불구하고 여전히 사르트르의 철학에 남아 있었던 문제는 바로 이 지점에서 발견됩니다.

물론 들뢰즈는 사르트르가 의식으로부터 자아를 추방함으로써 비인격적 활동성으로서의 의식에 다다랐다는 점을 긍정적으로 평가합니다. 들뢰즈는 사르트르의 『자아의 초월성』으로부터 그 자신이 찾는 초월적 장transcendantal field의 밑그림을 발견합니다. 살펴보았듯 『자아의 초월성』에서 사르트르는 의식을 자신의 대상을 지향하는 익명적인 활동성으로 규정하며, 의식을 그것 내에 자아가 거주하는 공간적 관념으로 간주해서는 안 된다고 주장했습니다. 들뢰즈가 주목했던 것은 자아와 그것의 특성들이 모두 추방되어 버린 이 '텅 빈 의식'의 모습입니다. 들뢰즈는 인격적인 특질을 포함하지 않은 이 순전한 활동성으로서의 의식을 발견했다는 점에서 사르트르의 공로를 인정합니다.

그러나 동시에 들뢰즈는 사르트르가 '선개체적인 차원'에까지 다다르고 있지 못하다는 사실을 비판합니다. 들뢰즈에게 사르트르적 의식은 여전히 한계를 가지는데, 비록 그것이 '나'를 상정하지 않고 의식 자신의 지향성 및 과거 지향rétentions의 작용을 통해 스스로 통일을 이룬다고 하더라도 바로 그 "지향성이나 과거 지향이 여전히 개체화의 중심들을 가정"[7]하고 있기 때문입니다. 들뢰즈는『의미의 논리』의 주석에서 직접적으로『자아의 초월성』을 언급하는 가운데 다음과 같이 쓰고 있습니다.

> '나Je'를 '자아Moi'로서 생산하는, '[비인격적인] 또는 [전前인격적인]' [초월적] 장이라는 관념은 매우 중요하다. 사르트르가 이 주제를 본격적으로 발전시키지 못한 까닭은 그가 이 [비인격적]인 [초월적] 장을 여전히 의식에 의해 규정되는 것으로 생각했기 때문이다. 바로 이때 의식은 '나' 없이 스스로, 그리고 지향성들 또는 순수 과거 지향들rétentions의 놀이에 의해서 [통일된다.][8]

이 짧은 주석에서 들뢰즈가 지적하는 것은 사르트르가 의식 내 자아를 상정해 왔던 기존 철학의 한계로부터 벗어났음에도 불구하고 여전히 의식에 의해 이루어지는 통일의 작용을 주장하고 있다는 점입니다. 여전히 의식에 의해 이루어지는 통일이 있다고 생각했기에 사르트르는 선개체적인 차원으로 나아가지 못했습니다. 기존 철학이 가정했던 것과 달리 사르트르는 우리의 경험을 위한 통일의 작용이 '자아'에 의해 이루어지는 것이 아니라고 말하는 데까지 나아갑니다. 그러나 사르트르는 '자아'에 의한 통일을 폐기했을지언정 여전히 '의

---

7   질 들뢰즈,『의미의 논리』, 이정우 옮김, 한길사, 2009, 198쪽.
8   같은 책, 188쪽.

식'에 의해 통일이 이루어지고 있다고 말합니다. "의식들에는 '내재적' 통일이 존재하는데, 그것은 그 자신의 통일로 그 자신을 구성하는 의식의 흐름이다."[9] 의식은 자발적으로 예지protention와 파지retention를 통해 시간의 종합을 이룸으로써 그 자신의 통일을 이루어 냅니다. 사르트르는 의식으로부터 자아를 추방함으로써 그것을 비인격적 활동성으로 만들었으나, 여전히 이 의식은 '구체적인 자기의식'으로서 개별성을 전제하는 것입니다. 이것이 바로 사르트르가 끝내 버리지 못했던 고정점이며, 들뢰즈가 사르트르를 비판하는 가운데 넘어서고 있는 것입니다.

우리는 [비인격적이고] 전개체적인 장, 즉 경험적 장들과 유사하지 않으면서도 미분화된 깊이와 혼동되지도 않는 [초월적] 장을 규정하고자 한다. 이 장은 의식의 장으로서 규정될 수 없다. 사르트르의 시도에도 불구하고 우리는 인칭의 형식과 개체화의 관점을 인정함으로써 의식을 모체로서 수립하려는 시도를 거부한다.[10]

여전히 '하나의' 의식을 이야기했던 사르트르와 달리, 들뢰즈가 보여 주는 것은 단일한 주관이 아니라, 통일되지 않은 다수의 자아들입니다. 경험에 주어지는 것들을 통일하는 '나'라는 심급을 폐기했음에

9　장 폴 사르트르, 『자아의 초월성』, 68쪽.
10　질 들뢰즈, 『의미의 논리』, 193-194쪽.

도 여전히 사르트르가 개체성이라는 고정점을 남겨 두었던 것과 달리, 들뢰즈는 그 어떤 고정점도 전제하지 않는 초월적 장으로 나아갑니다. 그러나 이처럼 개별화조차 이루어지지 않은, 전-주체적 차원의 장이란 어떠한 것일까요?

우선 우리는 시간의 문제가 주체성의 문제와 밀접하게 관련되어 있다는 사실을 유념해야만 합니다. 단일한 의식 주체의 관념이 위기를 맞는 것과 동시에 시간은 해방됩니다. 매 순간 분기分岐하는 시간 속에서 의식은 통일의 중심으로 기능하지 못하고 다수성으로 나누어지기에 이릅니다. 끊임없이 분기하며 변화하는 시간이 주체를 분할하기에, 통일의 중심이 부재하는 시간 속에서 주체의 정체성은 이제 항상적 지속이 아닌 거듭되는 변화를 통해 이해되어야만 하는 것입니다.

조각조각 나누어진 다수성을 초월하여 통합해 줄 시간 바깥의 고정점을 찾는 것은 헛된 시도에 불과합니다. 시간은 주체를 중심축으로 통일되지 않습니다. 의식 철학이 말하던 시간, 곧 현전의 차원을 중심으로 통일되는 시간은 여전히 임의적인 고정점에 얽매인 것이었다고 말할 수 있겠지요. 그렇다면 현전의 차원을 특권적인 중심축으로 하는 통일이 이루어지지 않을 때 어떤 일이 발생하게 될까요? 현재가 가지는 특권이 사라지는 순간 조망의 권한은 무수히 많은 차원의 자아들에 배분될 것이며, 그 결과 하나의 사건을 응시하는 수많은 자아가 난립하게 될 것입니다. 이를테면 '지금 발생하는 이 사건'을 목격하고 있는 것은 청년기의 나이자 유년기의 나, 그리고 노년의 나이며 성년기의 나…들입니다.

이 수많은 자아가 동시적으로 하나의 사건을 목격하고 있는 것입니다. 이것이 자기 동일성에 종속되지 않은 내면의 풍경입니다. 주관의 의식으로부터 출발했던 철학은 하나의 주체를 고정점으로 하여 세계를 바라보았습니다. 그러나 고정적 중심점이 되어 줄 자아가 전제되지 않을 때, 주체의 동일성은 와해되기에 이릅니다. 들뢰즈가 보여 주고자 하는 것은 하나의 사건을 바라보는 다수의 주체입니다. 우리는 더 이상 잇따라 발생하는 사건들을 조망하는 하나의 의식 주관을 상정할 수 없습니다. 통일의 중심이 사라진 이상 통일된 자아들은 산산이 흩어지고, 이제 잇따르는 사건들을 가로지르는 하나의 관점 대신, 하나의 사건을 서로 다른 다양한 시제로 말하는 관점들이 있을 뿐입니다. 그렇기에 들뢰즈는 다음과 같이 쓰고 있는 것입니다. "하나의 사건이 도래할 것이며, 도래하고 있으며, 도래했다."[11]

그러나 정확히 말하자면 이 수많은 자아가 관망하는 사건들 역시 하나일 수 없을 것입니다. 무수한 사건들이 있습니다. 초월적 장에 나타나는 것은 공포, 기쁨, 환희, 혐오…와 같은 감정들, 그리고 이와 같은 이름을 채 붙이기도 전에 급작스럽게 튀어 올랐다가 사라져 버리는 희미하거나 강렬한 감정들입니다. 혹은 그것에 어떤 이름을 붙이기 어려울 만큼 그것들은 엉망진창으로 뒤섞여 있을지도 모릅니다. 또한 걷잡을 수 없이 빠르게 흘러가고 또 갑작스럽게 중단되는

11 같은 책, 205쪽.

정합적이거나 또 그렇지 않은 사유들과 상상들이 있을 것입니다. 이러한 모든 내면적인 움직임들은 부단한 변화 속에 있기에 그것을 명명하려는 시도가 감행됨과 동시에 그 시도는 실패하게 됩니다.

그러나 풀어내야 할 빗장은 아직도 남아 있습니다. 여전히 우리의 설명은 단일한 개체성을 전제한 채로, 즉 어느 한 주체의 관점에 제한된 채로 이루어지고 있기 때문입니다. 이제 우리가 마지막으로 벗겨내야 하는 것은 바로 이 단일한 주관이라는 빗장입니다.

이것이 '철학에서 누가 말하는가?' 또는 철학적 담론의 '주체'는 누구인가라는 근본적인 물음이다. 그러나 무형적인 바닥이나 미분화된 심연으로 하여금 그 술 취한 또 분노한 목소리로 말하게 하는 위험을 무릅쓰는 경우에서조차도, 사람들은 형이상학과 선험철학이 공히 제시한 대안 구조로부터 빠져나오지 못하고 있다. 그들은 말한다. '인칭과 개체의 바깥으로 나올 경우, 당신은 아무것도 구분해내지 못할 것이다…'.[12]

들뢰즈가 보이고자 하는 것은 바로 이와 같은 '선-주관적 세계'의 모습입니다. 그렇다면 단일한 개체성을 전제하지 않은 조망이란 어떠한 것일까요? 인칭의 한계를 벗어나 바라보게 되는 세계는 어떤 모습으로 나타날까요? 예컨대 주관에 제한되지 않은 기억이란 도서관

---

12 같은 책, 201쪽.

내지 디지털 아카이브와 같은 형태로 나타날 것입니다. "국립 도서관의 책들, 책 수레, 서가, 층계, 엘리베이터와 복도들은 거대한 기억의 요소들과 층위들을 구성하고, 인간 자신은 여기서 이 거대한 기억의 정신적인 기능, 혹은 '뉴런적인 메신저'일 뿐이다."[13] 나라는 의식 주관에 종속된, 어제와 오늘에 관한 나의 기억들이 있는 것이 아닙니다. 반대로 우리는 세계의 기억을 구성하는 하나하나의 단편적 기억의 일부일 따름입니다. 우리의 기억은 세계의 사건을 특정한 방식으로 조망한 한 권의 책, 몇 년도 몇 월 며칠의 어느 시간과 장소를 기록한 하나의 영상 기록 파일과 동일한 존재론적 지위를 가집니다. 우리는 그 폭도 깊이도 알 수 없을 만큼 거대한 강물과도 같은 세계 기억 안에 잠겨 있습니다. 이것이 바로 『차이와 반복』의 결론에서 들뢰즈가 쓰고 있는 그 유명한 문장에서 이야기되는 것입니다. 나와 타인은 단지 유일 실체인 세계를 구성하는 서로 다른 양태들일 따름입니다. "천 갈래로 길이 나 있는 모든 다양체들에 대해 단 하나의 똑같은 목소리가 있다. 모든 물방울들에 대해 단 하나의 똑같은 바다가 있다. 모든 존재자들에 대해 존재의 단일한 아우성이 있다."[14]

또한 역으로, 이제 하나의 사건을 응시하고 있는 수많은 자아들 역시 어느 한 주관에 귀속된 것으로 설명되어선 안 될 것입니다. 하나의 사건을 바라보는 것은 어제의 나와 오늘의 나, 10년 전의 나입

<hr>

13 같은 책, 239쪽.
14 질 들뢰즈, 『차이와 반복』, 김상환 옮김, 민음사, 2012, 633쪽.

니다. "하나의 사건이 도래할 것이며, 도래하고 있으며, 도래했다."[15] 그러나 '나'라는 입각점이 폐기됨과 함께 이제 사건을 바라보는 증인의 수는 무한대로 증식하게 됩니다. 사건을 바라보는 것은 다수의 나뿐만 아니라, 나의 아버지, 그 옛날 내 어린 시절의 아버지, 나의 이웃, 이미 죽어 사라진 이웃들, 내가 미처 알지도 못하는 그 누군가들⋯인 것입니다. 이를 통해 우리는 단일한 의식 주체를 상정하고 출발했던 의식 철학과 정반대의 방향에서 이러한 주체의 발생이 어떻게 이루어지는가를 목격하게 됩니다.[16]

기원으로서의 자기의식 및 자유의지의 관념이란 환각과 같은 것입니다. "우리가 '나moi'라고 부르는 것은 우리 신체와 우리 영혼이 어떤 효과[결과]를 받아들일 때 우리가 그것들[우리의 영혼과 신체]에 대해 갖는 관념일 뿐이다."[17] 들뢰즈 철학에서 자아는 더 이상 최종 지반이 아닌 2차적인 파생물로서의 지위를 가집니다. 의식은 데카르트, 후설, 그리고 사르트르에게서처럼 우리의 사유와 행위의 시작점이 아니라 오히려 결과의 자리에 놓이는 것입니다. 의식은 의식 이전적인 심급에 의해 형성된 효과가 알려지는 이차적인 자리에 불과합니다. 의식의 경험으로 환원되지 않는, 그러한 경험 이전적이며 그것

---

15 질 들뢰즈, 『의미의 논리』, 205쪽.

16 바로 이러한 점에서 들뢰즈의 철학이 주체성을 해체하거나 제거하는 데로 나아간다고 말하는 것은 섣부른 표현일지도 모른다. 들뢰즈는 주체성, 주관, 의식을 전적으로 부정하는 것이 아니라 그것이 '결과'의 차원에서 드러나는 것들이며 따라서 출발점으로 삼기에 적절치 않다고 말하고 있는 것이다.

17 G. Deleuze, *Spinoza et le problème de l'expression*, Paris: Minuit, 2014, p.131; 이진경, 권순모 옮김, 『스피노자와 표현의 문제』, 인간사랑, 2004, 201쪽.

을 형성하는 초월적 조건으로서의 자연적 질서가 있습니다. 그리고 들뢰즈에 따르면 이것이 바로 전-인격적이며 전-개체적인 초월적 장인 '무의식l'inconscient'인 것입니다.

3. 내재성의 철학과 외재성의 철학

요약하자면 사르트르와 들뢰즈의 철학을 구분 짓는 결정적인 차이는 바로 '층위'에 있습니다. 사르트르가 단 한 차례도 의식의 차원을 벗어나지 않았던 것과 달리, 들뢰즈는 의식 이전적인 차원에 대한 탐구로 나아갑니다. 들뢰즈에게 의식의 시계視界에 나타나는 것들은 실재 그 자체의 모습이 아니라, 무의식적인 것들이 가시화되어 나타난 효과의 차원에 주어진 양상들에 불과합니다. 의식적 경험의 차원에서 우리에게 주어지는 것들은 한낱 표면 효과일 따름이며, 이는 보다 심층적인 차원의 운동·변화에 따라 결과된 것입니다.

그러나 중요한 것은 이것이 의식의 차원에서 우리가 대면하게 되는 것들이 '비실재'임을 의미하지는 않는다는 사실입니다. 당연하게도 의식적 지각을 통해 우리에게 주어지는 것들 역시 분명 실재의 한 표현, 그러나 단지 굴절되고 왜곡된 양상의 표현인 것입니다. 그렇다면 들뢰즈에게 실재란 어떠한 것일까요? 들뢰즈는 실재적인 것과 비실재적인 것이라는 이분법에 문제를 제기합니다. 사르트르에게 의식의 근본적인 힘은 부정성이며, 사르트르의 철학은 실재와 비실재의 이분법을 바탕으로 전개되는데, 사르트르 철학의 토대를 이루는 이 분할은 들뢰즈에게서는 모두 의식의 차원에서 이루어지며 표면의 차원에서 드러나는 효과일 따름입니다. 사르트르적 이분법을 거부하며 들뢰즈가 새롭게 제시하는 것은 의식의 차원과 선-의식적 차원, 혹은 현실적인 것과 잠재적인 것 사이의 구분입니다. 『차이와 반복』에서 들뢰즈는 이렇게 말합니다. "모든 대상은 이중적이다. 하지만 대상의 두 반쪽은 서로 닮지 않았다. 한쪽은 잠재적 이미지이고, 다른 한쪽은 현실적 이미지이기 때문이다."[18] 그러나 이 새로운 분할에 다시 기존의 실재-비실재의 이분법을 섣불리 덮어씌워서는 안 될 것입니다. 현실적인 것은 물론 실재적인 것입니다. 그러나 이는 결코 잠재적인 것이 비실재적인 것임을 뜻하지 않습니다. "잠재적인 것은 잠재적인 한에서 어떤 충만한 실재성을 소유한다."[19] 현실적인 것과 잠재적인 것은 모두 실재적인 것, 실재의 서로 다른 두 측면을 이룹니다. 그러므로 "잠재적인 것은 심지어 실재적 대상을 구성하는 어떤 엄정한 부분으로 정의되어야 한다—마치 실재적 대상이 자신의 부분들 중의 하나를 잠재성 안에 갖고 있는 것처럼, 그리고 어떤 객관적 차원에 해당하는 그 잠재성 안에 잠겨 있는 것처럼 정의되어야 한다."[20]

이에 더하여 들뢰즈가 실재를 늘 '가능한 것'과의 대립 구도를 통

---

18 질 들뢰즈, 『차이와 반복』, 451-452쪽.
19 같은 책, 450쪽.
20 같은 곳.

해 규정한다는 사실을 유념해야 합니다. 중요한 것은 잠재적인 것과 가능한 것을 구분하는 일입니다.

이 모든 것에서 피해야 할 유일한 위험은 잠재적인 것과 가능한 것을 혼동하는 데 있다. 왜냐하면 가능한 것은 실재적인 것에 대립하기 때문이다. 따라서 가능한 것의 절차는 '실재화'이다. 반면 잠재적인 것과 실재적인 것은 서로 대립하지 않는다. 잠재적인 것은 그 자체로 어떤 충만한 실재성을 소유한다. 잠재적인 것의 절차는 현실화이다.[21]

실존existence은 가능한 것이 실재화된 결과물이 아닙니다. 가능성으로부터 실재성의 출현을 설명하고자 했던 모든 시도는 실존에 대해 합당한 설명을 제시하지 못했습니다. 기껏해야 이들은 실존을 설명될 수 없는 비약, 갑작스러운 출현과 같은 것으로 간주하며, 한낱 신학적인 설명에 기대어 그것을 해명했을 뿐입니다. 이는 비실재로부터 실재의 출현은 설명될 수 없는 것일뿐더러 그 자체 잘못 설정된 문제임을 방증합니다. 이와 달리 들뢰즈에게서 모든 것은 실재로부터 기원하는 것입니다. 실재의, 그리고 실재 내부에서 이루어지는 운동·변화가 있을 뿐이며, 그것이 바로 잠재적인 것의 현실화인 것입니다. 이것이 바로 들뢰즈가 그렇게 많은 지면을 할애하여 가능적인 것

---

21 같은 책, 455쪽.

의 실재화를 비판함으로써 말하고자 했던 것이며, 들뢰즈의 철학이 내재성의 철학philosophie d'immanence이라 일컬어지는 이유입니다. 이와 달리 사르트르의 의식은 세계로부터 태어나는 것이 아닙니다. 사르트르가 그의 여러 저작에서 보여 주었던 다양한 분할들, 예컨대 세계와 의식, 즉자와 대자, 지각과 상상, 실재와 비실재와 같은 이분법들은 그의 주저의 제목이기도 한 존재être와 무néant의 이분법이 표현된 다른 양상들입니다. 사르트르는 일관적으로 대자적 존재와 즉자적 존재의 본성상의 차이에 대해 말합니다. "즉자는 그 자체로 충실하다. 내포하는 것과 내포되는 것의 그 이상의 완전한 충실, 그 이상의 완전한 동등성은 상상도 할 수 없다. 존재 속에는 털끝만 한 공허도 없다. 무無가 비집고 들어갈 수 있는 바늘구멍만 한 균열도 없다. 반대로 의식의 특징은, 의식이란 존재 감압減壓이라는 점이다. 사실 의식을 자기와의 일치라고 정의하는 것은 불가능한 일이다."[22] 여기에서 사르트르는 즉자와 대자의 본성상 차이를 존재와 무의 차이로서 제시하고 있습니다. 대자적 존재로서의 의식은 결코 즉자적인 사물과 같은 존재함의 방식을 가지지 않습니다. 의식은 대상을 지향하는 자발적 활동성으로서 세계로부터 벗어나고 그것으로부터 거리를 두는 가운데 존속합니다. 이렇듯 존재로 환원되지 않는 무無로서 의식을 제시하고 존재와 무의 이분법에 기초하여 사유를 개진한다는 점에서 우리는 사르트르의 철학을 외재성의 철학philosophie d'extéri-

---

22　장 폴 사르트르,『존재와 무』, 정소성 옮김, 동서문화사, 2009, 156쪽.

orité이라 말해 볼 수 있을 것입니다.

4. 헤겔이라는 분기점

그러나 다른 한편으로 우리는 사르트르와 들뢰즈 철학의 차이를 이들 양자에게 주요한 영향을 미친 또 다른 사상가인 헤겔 철학과의 관련성 속에서 조망해 보아야 할 것입니다. 사르트르와 들뢰즈 철학에 대한 헤겔 철학의 영향 관계를 논하는 데에 핵심이 되는 것은 '부정성Negativität'입니다.

헤겔에게 철학의 과제는 '분리의 지양die Aufhebung der Entzweiung'으로 규정됩니다. 철학사적 맥락에서 이 분리는 칸트가 만들어 낸 현상과 물자체 간의 분열과 다른 것이 아닙니다. 칸트는 우리가 경험 속에서 발견하는 것을 실재가 아닌 '현상'으로 간주했고, 이에 따라 칸트에게서 '실재' 그 자체는 우리의 인식의 범위를 넘어서 있는 것이 되어 버렸기 때문입니다. 칸트적 분열에 대한 헤겔의 비판은 『정신현상학』의 다음과 같은 구절에서 나타납니다.

…이런 가운데에서도 특히 절대자가 한쪽 편에 있고 인식은 그와 다른 쪽에 절대자와 단절되어 있다는 그런 생각이 자리 잡고 있다. 만약 그렇다고 한다면 인식은 절대자의 밖에 있는 것, 즉 진리

와 동떨어진 곳에 있다는 것이 되는데, 그러면서도 또 절대자는 옳은 것으로 받아들여지고 있다. 그렇다면 이는 오류를 두려워한다기보다도 오히려 진리를 두려워하는 편에 가깝다고 봐야만 할 것이다.[23]

단지 일면적인 열악한 관념론만이 이러한 통일에 균열을 가져와서 한편에 의식을 놓고 다른 한편에 물자체를 대치시키곤 한다.[24]

헤겔은 칸트가 만들어 낸 현상과 실재 사이의 이 대립을 극복하는 것을 철학의 과제로 규정합니다. 그러나 철학의 임무인 이 '극복'은 대립 이전으로의 회귀가 아닌 분열을 간직한 통일을, 곧 지양Aufhebung하는 화해Versöhnung를 의미합니다. 하지만 이러한 극복은 어떻게 이루어질 수 있을까요? 이를 이해하기 위해 요구되는 것은 헤겔의 '정신Geist' 및 '주체'의 개념입니다. 헤겔에게서 대립의 극복의 과정은 주체가 곧 실체임을 깨닫는 것으로 표현되기 때문입니다. 그렇다면 헤겔에게서 주체는 무엇으로 이해될까요? 헤겔은 데카르트 이래의 이원론적 구도에서 주체에 대해 접근하기를 거부합니다. 데카르트적 이원론에서 주체는 외부 세계와 분리된 채 그것을 바라보는 의식 주

---

23 G. W. F. Hegel, *Phänomenologie des Geistes*, Paperborn: Voltmedia, 2005, pp.71-72; trans. A. V. Miller, *Phenomenology of Spirit*, New York: Oxford University Press, 1979, p.47; 임석진 옮김, 『정신현상학』 1권, 한길사, 2005, 116쪽.
24 같은 책, 273쪽.

관으로서, 그것의 본성은 오로지 비물질적인 것입니다. 그러나 헤겔은 데카르트가 상정한 바와 같은 비물질적인 정신의 관념의 허위성을 비판합니다. 그에게 주체란 순수하게 정신적인 것이 아니라 체현embodiment되어야 하는 것입니다. 주체가 체현되어야 한다는 것은 그것이 외적인 것에 의해 표현되어야만 함을 의미합니다. 헤겔에게 이와 같은 체현은 필연적인 것입니다. 즉 정신적인 것은 순수하게 정신적인 것으로 남아 있지 않고, 늘 그것에 대립하는 물질의 모습으로 출현해야 하는 것입니다.

그러나 이와 같은 헤겔의 체현으로서 정신 개념, 그리고 정신과 그것의 표현으로서 세계 내의 개별자들과의 관계는 무엇보다도 스피노자적인 울림을 가지는 것이 아닐까요? 스피노자에게서 양태가 곧 '실체'의 변용으로 규정되었다면 헤겔에게서 이것은 '절대자'라는 이름으로 드러나는 것 아닐까요? 더욱이 헤겔의 이 절대정신은 필연적으로 체현되어야 하는 것으로 제시됩니다. 헤겔적 정신 혹은 스피노자적 신은 모두 공통적으로 그 자신이 지탱하며 그 속에서 자신을 드러내는 세계와 분리된 채 존재할 수 없습니다. 이 세계는 정신의 구현이며, 이러한 구현물 없이 정신은 실존할 수 없는 것입니다. 이렇게 말해도 좋다면 세계, 그리고 이 세계를 구성하는 개별자들은 이 정신의 표현인 것입니다.

그럼에도 헤겔의 정신의 개념을 스피노자의 신의 개념과 섣불리 일치시키는 것은 위험할 것입니다. 헤겔 철학이 늘 스피노자적인 범신론의 혐의에 노출되어 있다고 하더라도 스피노자의 사유에는 헤겔식의 부정성의 개념이 발견되지 않기 때문입니다. 부정성은 헤겔 철학의 근본 개념으로서, 헤겔에게 실존하는 모든 것의 내부에는 대립, 곧 부정성이 있습니다. 헤겔은 주체로서의 실체가 "순수하고 단순한 부정성"[25]이라고 말합니다. 변증법적인 이행 과정을 거쳐 곧 절대정신으로 상승해 가게 될 자기의식은 스스로와 맞서는 대립, 즉 부정성의 힘을 간직한 것입니다. 이 부정성의 힘에 관해 헤겔은 다음과 같이 말합니다.

실체가 곧 주체라고 하는 것은 바로 이 실체에 순수하고도 단순한 부정성이 작용하면서 바로 이로 인하여 단일한 것이 분열됨을 뜻한다. 그러나 이렇듯 분열되는 데에서 오는 대립은 이중화됨으로써 분열된 양자가 서로 아무런 관계도 없이 차이와 대립을 빚는 그런 상태는 부정된다. 이렇게 해서 회복된 동일성, 다시 말하면 밖으로 향하면서 곧 다시 자기 자체 내로 반성·복귀하는 움직임, 즉 최초에 있던 직접적인 통일과는 다른 이 두 번째의 통일이 바로 진리이다.[26]

의식은 자기 자신을 극복해야 할 장애로서 여기며, 이렇게 외화된 자기와 자신의 일치를 통해 참다운 자기의 개념에 가닿게 합니다. 획

---

25 같은 책, 52쪽.
26 같은 곳.

득될 것으로서의 자기 동일성에 가 닿게끔 하는 운동의 추동력은 스스로를 스스로와 대립시키는 부정성의 힘입니다. 이처럼 헤겔은 부정성을 정신의 목적론적 여정에서의 원동력으로 이해합니다. 그러나 스피노자에게서의 실체는 이러한 부정성의 힘을 가지고 있지 않습니다. 바로 이러한 점에서 헤겔은 스피노자의 신을 부정성이라는 힘을 결여한 '멈추어진 신', 다시 말해 '죽은 신'이라 비판했던 것입니다.

들뢰즈와 헤겔

들뢰즈는 헤겔이 지적했듯 스피노자의 철학에 '부정성'의 개념이 내재해 있지 않다는 사실을 시인합니다. 그러나 들뢰즈가 스피노자주의를 옹호하는 것은 오히려 바로 이와 같은 점에서입니다. 스피노자의 철학은 근본적으로 부정성의 개념을 승인하지 않습니다. 스피노자에게서 부정성의 원리는 사태들의 원인인 실체의 관점에서 사태들의 운동을 해명한 것이 아니라 오직 우리의 경험에 결과로서 주어진 것들의 관점에 제한되어 사태들을 조망한 탓에 형성된 착시효과에 지나지 않는 것입니다.

어떤 사물을 부정적으로 규정하는 것은, 이것을 그 안에서 활동하는 [내재적 원인으로서의] 신으로부터 분리시키고 상상이 만들어 낸 순전히 사고 상의 존재들에 불과한 형식적 규준들을 이것에 적용하려고 하면서 이 사물의 한계들로부터 추상적으로 표상하는 것이다. … 반대로 어떤 사물을 실정적으로vraiment 규정하는 것은, 실체가 자기 자신을 생산하는 인과성의 법칙과 동일한 법칙에 따라 실체 안에서 이 사물들을 산출하는—왜냐하면 자신의 변용들 안에서 자기 자신을 생산하는 것이 실체이기 때문이다—내재적 필연성에 의거하여 이 사물을 그 독특한 본성적 실재성을 통해 지각하는 것이다.[27]

사태를 파악하고자 할 때 고려의 대상이 되어야 하는 것은 표면에 드러난 사물들 사이의 관계가 아니라 보다 근본적인 실체와 양태들 사이의 관계입니다. 그것의 원인을 간과한 채로 표면에 드러나는 결과의 차원에서 사태를 파악할 때 우리에게 주어지는 것이 부정성의 원리입니다. 그러나 스피노자에게서 이는 기껏해야 상상지에 지나지 않는 것입니다. 이와 같은 점에서 들뢰즈는 다음과 같이 헤겔 철학을 비판합니다. "부정적인 것, 부정성은 차이의 현상을 붙들지조차 못한다. 다만 차이의 환영이나 부대 현상만을 받아들일 뿐이다. 모든 정신현상학은 부대현상학이다."[28] 그리고 이처럼 부정성을 한낱 파생적이며 이차적인 것으로 간주한다는 데서 우리는 들뢰즈의 스피노자주의와 베르그손주의가 공명한다는 사실을 발견할 수 있습니다. 스피

---

27 피에르 마슈레, 『헤겔 또는 스피노자』, 진태원 옮김, 그린비, 2010, 227-228쪽.
28 질 들뢰즈, 『차이와 반복』, 136쪽.

노자와 마찬가지로 베르그손 역시 부정성이 실재를 추상화한 이차적 차원에서 드러나는 원리임을 지적합니다. "부정은 언제나 대단히 일반적인 추상 개념을 내포하고 있다. 실제로 무엇이 모든 부정에 공통되는 뿌리인가? … 다에 대립되는 힘이라는 관점에서 또는 '일'의 타락이라는 관점에서 모든 사물들을 재구성하기 위해 '일'의 일반 관념을 만들어서는 그 대립물인 '다' 일반과 결합시켰다."[29] 즉 베르그손에게 헤겔식의 부정성의 원리는 실재의 차원의 다양한 차이들을 추상화하고 일반화하는 가운데 형성된 가상에 지나지 않습니다. 그리고 이와 같은 부정성의 원리는 사실상 실재에 대해 어떤 것도 알려 주지 않습니다. "대립물의 결합은 우리에게 아무것도 말해주지 않으며, 너무 헐렁해서 모든 것을 빠져나가게 하는 망을 형성한다."[30] 여기에서 우리는 헤겔주의에 관한 베르그손의 비판이 칸트에 관한 들뢰즈의 비판과 동일한 논리를 가진다는 사실에 주목할 수 있습니다. 『차이와 반복』에서 들뢰즈는 칸트 철학의 문제를 다음과 같이 지적하고 있습니다. "재현의 요소 개념들은 가능한 경험의 조건들로 정의되는 범주들이다. 그러나 범주들은 실재에 비해 너무 일반적이고 너무 크다. 그물은 너무 성겨서 대단히 큰 물고기도 빠져나가 버린다. … 하지만 우리가 실재적 경험의 조건들을 규정한다면 모든 것은 달라진다. 이 실재적 경험의 조건들은 조건화되는 것보다 더 크지 않으며, 범주

---

29 질 들뢰즈, 『베르그손주의』, 김재인 옮김, 문학과지성사, 2008, 63쪽.
30 같은 책, 59쪽.

들과는 본성상의 차이를 지닌다."[31] 칸트의 초월 철학의 한계는 그가 상정한 초월적 조건인 지성 개념들, 곧 범주들이 너무 헐거운 것이어서 실재를 정확히 설명해 내지 못한다는 것이었습니다. 이와 마찬가지로 헤겔식의 부정성의 원리와 그에 의존한 변증법을 비판하는 가운데 베르그손이 요청하는 것은 바로 "정확한 개념"[32]입니다. "[베르그손]이 변증법이나 대립자의 일반 개념('일'과 '다')에 반대하며 주장하는 것은 다양성에 대한 섬세한 지각이며, '무엇'과 '어떻게'에 대한 섬세한 지각이며, 그가 '뉘앙스' 또는 잠재태의 수라고 부르는 것에 대한 섬세한 지각이다."[33] 헤겔을 비판하며 부정성의 이면에서 베르그손이 되찾고자 했던 '정확한 개념' 및 '섬세한 지각'은 곧 칸트적 지성 개념을 비판하는 가운데 들뢰즈가 발견하고자 했던 '실재적 경험의 조건'과 다른 것이 아닙니다.

이처럼 헤겔에 대한 비판을 경유하여 우리는 스피노자주의와 베르그손주의의 유산을 계승하는 가운데 들뢰즈 철학이 겨냥하는 일관적인 지향점이 무엇인가를 다시금 확인할 수 있습니다. 서로 다른 철학자들의 탈을 바꿔 쓰는 가운데 들뢰즈는 부단히 현실화되어 나타난 것들 이면의 잠재적인 것으로 나아갑니다.

---

31   질 들뢰즈, 『차이와 반복』, 165-166쪽.
32   질 들뢰즈, 『베르그손주의』, 60쪽.
33   같은 책, 61쪽.

사르트르와 헤겔

그렇다면 헤겔 철학, 그리고 무엇보다도 헤겔의 부정성에 대한 사르트르의 입장은 어떠한 것일까요? 잘 알려져 있듯 사르트르 철학에 큰 영향을 미친 것은 후설 현상학의 지향성 개념뿐만 아니라 헤겔 철학의 부정성 개념입니다.[34] '부정성'은 사르트르 철학 체계의 근간을 이루는 개념이며, 의식의 가장 심원한 본성입니다. 그러나 사르트르가 헤겔 철학의 유산을 상속받고 있다는 명백한 사실에도 불구하고 그가 헤겔의 사상을 원본 그대로 받아들였다고 말할 수는 없을 것입니다. 무엇보다도 사르트르는 헤겔뿐만 아니라 하이데거의 철학을 바탕에 두고 자신의 부정성 개념을 형성하기 때문입니다.

우선 사르트르는 실재의 구성에 존재와 무가 모두 근본적이라는 점을 밝혀냈다는 점에서 헤겔의 공로를 인정합니다. 그러나 문제는 헤겔이 무차별적인 추상 속에서 존재와 무를 사유하는 데에 머물렀다는 것입니다. 『논리학』에서 헤겔은 존재에 관하여 다음과 같이 규정합니다.

---

[34] 흔히 사르트르의 철학은 후설의 현상학과 헤겔의 부정성의 철학의 유산을 함께 물려받은 것으로 간주된다. 그러나 사르트르의 철학을 단지 이 두 철학의 애매한 혼합물로서 간주할 수는 없다. 무엇보다도 사르트르는 후설과 헤겔의 철학을 비판적인 방식으로 전유하는 가운데 자신의 독자적인 철학을 구축하고 있기 때문이다. 사르트르가 이 두 철학을 독창적으로 전유했다는 것을 보여 주는 주제 가운데 하나는 유아론의 문제이다. 유아론의 문제에 대한 사르트르의 입장 및 후설과 헤겔의 타자 이론에 대한 사르트르의 비판에 관해서는 이솔, 「사르트르와 유아론(solipsisme)의 문제」, 『철학논총』 제84집, 2016을 참조할 수 있다.

존재, 순수한 존재에는 더 이상의 규정이 없다. 그것의 무규정적 직접성 내에서 그것은 단지 그 자신과 동일하며 또한 다른 것과 비동일하지 않다. 그것은 그 자신 내에서도 밖에서도 어떤 차이도 갖지 않는다. 만일 그것 내에 다른 어떤 규정이나 내용이 주어진다면, 혹은 바로 이 규정 혹은 내용에 의해 그것이 다른 것과 구분되는 것으로서 주어진다면, 그로 인해 존재는 자신의 순수성을 더 이상 유지할 수 없을 것이다. … 존재, 그 무규정적 직접성은 사실상 아무것도 아니며, 무 그 이상도 이하도 아니다. … 그러므로 순수한 존재와 순수한 무는 같은 것이다.[35]

이것이 바로 순수한 존재에 관한 헤겔의 규정입니다. 여기에서 헤겔은 순수한 존재가 전적으로 무규정적인 것이라는 점에서 순수한 존재와 무가 동일한 것임을 주장합니다. 그러나 사르트르는 무차별적인 것으로서 존재와 무를 동일시하는 헤겔식의 규정 방식을 거부합니다. "여기에는 부정의 관념 자체에 대한 말장난이 있을 뿐이다. 왜냐하면 내가 존재에 대한 모든 규정과 모든 내용을 부정하는 것도, 적어

---

[35] "Being, pure being – without further determination. In its indeterminate immediacy it its equal only to itself and also not unequal with respect to another; it has no difference within it, nor any outwardly. If any determination or content were posited in it as distinct, or if it were posited by this determination or content as distinct from an other, it would thereby fail to hold fast its purity. It is pure indeterminateness and emptiness. … Being, the indeterminate immediate is in fact nothing, and neither more or less than nothing. … Pure being and pure nothing are therefore the same."(G. W. F. Hegel, *The Science of Logic*, trans. George Di Giovanni, New York: Cambridge University Press, 2010, p.59.)

도 존재가 '있다'는 것을 긍정함으로써만 가능한 일이기 때문이다."[36] 비존재는 오로지 그것에 선행하는 존재를 바탕으로 기능할 수 있습니다. "비존재가 자체를 부정하는 것은 존재의 심장부에서 하는 일이다. 헤겔은 '(존재와 무)는 공허한 추상이며, 양쪽 다 똑같이 공허하다'고 말했는데, 이 경우 그는 공허가 '무언가의' 공허라는 것을 잊고 있는 것이다. … 비존재는 존재의 공허이다. 다시 말해 헤겔에 비해 여기서 상기해야 하는 것은 '존재는 존재하고 무는 존재하지 않는다'는 것이다."[37] 헤겔이 순수한 존재와 무가 모두 공허한 것임을 지적함으로써 양자의 동일성을 주장했을 때, 그는 공허가 무언가에 관한 것이어야 한다는 사실을 망각하고 있었던 것입니다. 바꾸어 말하자면 공허, 무, 비존재는 언제나 존재에 비해 논리적으로 늦게 오는 것입니다. "비존재는 존재의 반대개념은 아니다. 비존재는 존재의 모순개념이다. 그것은 존재보다 무 쪽이 논리적으로 후행성postériorité을 지닌다는 것을 뜻한다. 왜냐하면 무는 처음에 확립된 존재가 다음에 부정된 것이기 때문이다."[38] 헤겔을 비판하는 가운데 사르트르는 존재가 무에 대해 논리적인 우선성을 가진다는 사실을 제시합니다. 그러나 당연하게도 이는 무가 존재에 그 기원을 둔다는 것을 의미하지는 않습니다. 마찬가지로 우리는 무로부터 존재가 비롯된다고 생각해서도 안 될 것입니다. 오히려 사르트르가 말하고자 하는 것은 무차별적인 공

---

36 장 폴 사르트르, 『존재와 무』, 64쪽.
37 같은 책, 64-65쪽.
38 같은 책, 64쪽.

허, 곧 무규정성으로서 존재와 무를 동일시하는 헤겔적 사유의 추상
성으로부터 벗어나야 한다는 것이며, '존재는 존재하고 무는 존재하
지 않는다'는 존재와 무의 근원적인 이질성을 외면해서는 안 된다는
것입니다. 존재와 비존재는 결코 동일한 평면에 놓일 수 없습니다.

　하이데거가 무에 관한 헤겔적 규정의 한계를 넘어서는 것은 바로
이러한 점에서입니다. 하이데거는 존재와 비존재를 공허한 추상으로
전락시키지 않습니다. "하이데거는 '무'를 구체적으로 파악할 수 있는
가능성을 내세우면서도 헤겔이 범한 오류에 빠지지 않는다."[39] 그렇
다면 하이데거에게서 헤겔의 부정성은 어떻게 비판되며, 또 하이데
거 그 자신에게서 무는 무엇으로 규정될까요? 하이데거에 따르면 기
존 형이상학에서 이루어져 온 무에 대한 물음은 그 자체 모순을 내포
하는 것입니다. 형이상학이 '무란 무엇인가?'라는 형식으로 문제를 제
기할 때, "우리는 무를 애초부터 이러저러하게 '존재하는' 어떤 것으
로서, 즉 존재자로서 설정"[40]하게 되기 때문입니다. 무가 도대체 어떠
한 것인지를 물을 때, 우리는 결코 그것을 존재자로서 취급해서는 안
됩니다. 근본적으로 무는 존재하는 것들과 다른 것이기 때문입니다.
이는 '무'에 관한 한 지성과 사유를 수단으로 한 탐구가 적절하지 않음
을 알려 줍니다. 지성과 사유가 제 기능을 하는 것은 오로지 존재자
들에 관해서이기 때문입니다. 『존재와 시간』에서 하이데거가 "존재론

39　같은 책, 67쪽.
40　마르틴 하이데거, 「형이상학이란 무엇인가」, 『이정표 1』, 신상희 옮김, 한길사, 2013,
　　154쪽.

적 문제들을 근원적으로 펼쳐 보이기 위해서 도대체 '의식'과 '사물'의 구별로서 충분한가?"[41] 하고 물었던 것은 바로 이 때문입니다. 의식과 사물을 대립시키는 부정성의 원리는 존재 물음을 해명하는 수단으로 불충분한 것입니다. "우리는 존재 일반의 '이념'의 근원과 가능성에 대해서, 형식적–논리적 '추상'의 수단을 가지고서는, 다시 말해서 확실한 물음 및 대답의 지평이 없이는 결코 탐구할 수 없다."[42] 기존 철학에서 논의되어 온 부정성이란 출현한 존재자들의 법칙에 불과합니다. 그리고 헤겔의 무, 그리고 부정성의 관념은 이와 같은 수준에 머물러 있는 것입니다. "[헤겔에게서] 무는 항상 비非존재자로, 또한 이로써 부정적인 것으로 포착된다. … 존재의 진리에 관한 물음으로부터 발원하는 '무에 관한 나의 물음 행위'는 이 모든 것과 최소한의 것도 공유하는 바 없다. 무는 부정적인 것도 아니고, '목적'도 아니다. 오히려 무는 존재 자체의 본질적인 생생한 떨림이고, 또한 따라서 모든 각각의 존재자보다 더 존재하는 것이다."[43]

하이데거에게서 무Nichts는 더 이상 ―존재자들을 규정하는― 지성을 통해 규정되는 것이 아니라, '불안Angst'이라는 '근본기분Grundstimmung'에 의해 알려지는 것입니다. 불안이란 "인간이 무 자체와 직

41 M. Heidegger, *Sein und Zeit*, Tübingen: Niemeyer, 1993, p.437; trans. J. Macquarrie, D. Robinson, *Being and Time*, New York: HarperSanFrancisco, 1962, p.487; 이기상 옮김, 『존재와 시간』, 까치글방, 1999, 567쪽.
42 같은 곳.
43 마르틴 하이데거, 『철학에의 기여』, 이선일 옮김, 새물결, 2015, 381쪽.

면하게 되는 그런 기분 상태"[44]입니다. 불안 속에서 존재자 전체가 쑥 빠져나감Entgleiten으로써, 우리는 모든 존재자들이 무화된 가운데 그것의 바탕을 이루는 존재와 마주하게 됩니다. 하이데거에게서 무가 근원적으로 존재의 본질 자체에 속해 있다고 말해지는 것은 바로 이 때문입니다.[45]

사르트르는 헤겔과 하이데거 양자의 논의를 비판적으로 수용하는 가운데 자신의 독창적인 부정성의 관념을 형성합니다. 한편으로 사르트르는 헤겔로부터 존재뿐만 아니라 무 역시도 실재를 구성하는 핵심적인 요소라는 사실을 받아들이며, 부정성을 운동·변화를 위한 심원한 역량으로 이해하는 관점을 수용합니다. 다른 한편 사르트르는 하이데거로부터 존재 물음을 던질 수 있는 현존재에게 고유한 것으로서, 모든 존재자들로부터 벗어나며 그것을 부정하는 것으로서의 무의 관념을 받아들입니다. 그러나 이러한 수용 가운데에서도 사르트르는 하이데거와 헤겔 양자의 공통적인 한계를 다음과 같이 지적합니다.

---

[44] 마르틴 하이데거, 「형이상학이란 무엇인가」, 159쪽.

[45] 바로 이러한 점에서 (사르트르와 달리) 하이데거는 순수한 존재와 순수한 무를 동일시하는 헤겔의 명제를 옹호한다. 그러나 물론 하이데거가 이 명제를 옹호하는 것은 헤겔과는 다른 이유에서이다. "'순수한 존재는 순수한 무와 동일한 것이다'(헤겔, 『논리학』, 제1권, WW III, p.78). 헤겔의 이 명제는 정당한 것이다. 존재와 무는 공속한다. 그러나 그것은 존재와 무가—헤겔이 생각하는 사유의 개념에 입각해볼 때—무규정성과 직접성에 있어 일치하기 때문이 아니라, 오히려 존재 자체가 그 본질상 유한하기 때문이며, 또 존재는 오직 무 속으로 들어가-(머물러)-있는 터-있음의 초월 속에서만 스스로를 드러내 보이기 때문이다."(마르틴 하이데거, 「형이상학이란 무엇인가」, 171쪽.)

다만 우리는 헤겔에 대해서나 하이데거에 대해서나 거의 차이가 없는 형식으로 똑같은 질문을 할 수 있다. 헤겔에게는 다음과 같이 말해야 할 것이다. ‘정신을 매개로서, 또 부정적인 것으로서 제기하는 것만으로는 충분하지 않다. 부정성을 정신존재의 구조로서 보여주지 않으면 안 된다. 정신은, 부정적인 것으로서 자기를 구성하기 위해서는, 어떤 것이어야 하는가?’ 그리고 하이데거에게는 이렇게 물어볼 수 있다. ‘부정이 초월의 기본적 구조라면, 인간존재가 세계를 초월할 수 있기 위해 인간존재의 기본적 구조는 어떤 것이어야 하는가?’ 두 사람 모두 하나의 부정적인 활동을 우리에게 보여주고는 있으나, 하나의 부정적인 존재 위에서 이 활동에 근거를 부여하려고는 하지 않는다.[46]

헤겔과 하이데거 양자가 모두 간과했던 것은 무, 곧 부정성이 ‘대자적 의식으로서의 인간 존재의 근원적 구조’라는 사실입니다. 헤겔은 절대정신Geist에 대한 맹목적 추구 속에서 의식, 그리고 세계와 맞서는 의식의 부정성을 지양되어야 할 한갓된 한 단계에 불과한 것으로 만들어 버렸고, 하이데거는 존재자 이전의 존재Sein에 대한 관심 속에서 인간 존재의 구체적인 삶에 눈감아 버렸다면, 사르트르는 인간주의적 비전 속에서 부정성의 의미를 숙고함으로써 그 자신의 독창적인 철학을 수립했던 것입니다.

---

[46] 장 폴 사르트르,『존재와 무』, 69쪽.

이처럼 헤겔에 대한 사르트르와 들뢰즈 양자의 수용 방식을 검토하는 가운데, 우리는 이 양자의 철학이 가지는 차이를 더욱 분명히 확인할 수 있습니다. 들뢰즈는 헤겔의 부정성의 원리를 실재적 차원의 차이들을 추상화한 결과로 만들어진 가상이라고 비판합니다. 들뢰즈의 철학은 이와 같은 가상을 철저히 배격하는 가운데 실재하는 차이들 및 그것의 운동·변화를 탐구하는 데로 나아갑니다. 들뢰즈와 마찬가지로 사르트르가 헤겔 철학의 무의 관념을 비판했을 때 지적되었던 것은 그것의 과도한 추상성이었습니다. 그러나 사르트르에게 있어 헤겔의 무가 추상적인 것은 그가 무차별성 내지 무규정성을 내세워 존재와 무를 동일시했기 때문입니다. 사르트르에게 존재와 무는 결코 동일시될 수 없는 근본적 차이를 간직하는 것으로, 존재로 환원될 수 없는 무의 고유성은 즉자와 구분되는 대자적 의식의 본성인 부정성으로 드러나는 것입니다.

5. 강의를 마치며

이렇듯 사르트르와 들뢰즈의 철학은 인간적 의식의 차원 및 의식이전적인 차원이라는 서로 다른 수준에서 실재를 그려 냅니다. 사르트르에게서 그 자신의 주어진 본질에 맞도록 살아가는 즉자적 존재와 달리 대자적 존재로서의 인간은 주어진 세계 속에 파묻혀 잠식되지 않고 세계를 '상황situation'으로 파악함으로써 그로부터 벗어나며 심지어는 그 자신을 겨냥하는 가운데 자아로서의 자기 자신으로부터 도 벗어나는 부정성의 힘을 간직하고 있습니다. 이와 달리 들뢰즈는 사르트르가 거부했던 무의식적 차원, 곧 의식 이전적인 잠재적인 차원으로 나아갑니다. 들뢰즈가 보여 주는 것은 기존의 철학들이 그 자신의 논의의 기반으로 삼았으며 그에 대해 깊게 의심하지 않았던 일종의 토대 관념들, 예컨대 세계를 조망하는 닫힌 관점으로서의 의식 주관, 통일의 중심으로서의 자아, 운동의 원리로서의 부정성, 계기적인 것으로서의 시간, 주체의 자유와 같은 관념들이 실은 부대적인 효과로서 나타난 가상들에 지나지 않는다는 것입니다. 실재 본연의 부단한 운동·변화를 망각하게 만드는 이러한 가상들을 비판하는 가운데 들뢰즈는 잠재적인 힘들의 운동·변화가 이루어지는 초월적 장의 모습을 그려내 보입니다. 바로 그렇기에 선-인격적이며 선-의식적인 초월적 장을 바탕으로 하는 들뢰즈의 철학에는 더 이상 사르트르가 주장한 바와 같은 의식 주체의 자유가 들어설 여지가 없는 것입니다.

들뢰즈와 과타리의
'자본주의와 분열증 연구'

김재인

이 글은 2025년 대한민국 교육부와 한국연구재단의 인문한국3.0(HK3.0) 지원사업의 지원을 받아 수행된 연구다.(NRF-2025-S1A6B5-A02003693).

오늘 지금 진행하는 게 질 들뢰즈 특집으로 알고 있는데 내용이 좀 많습니다. 제가 준비한 강의가 '자본주의와 분열증' 연작인데, 첫 번째 책이 『안티 오이디푸스』이고, 두 번째 책이 『천 개의 고원』입니다. 요즘 번역본 분량으로는 2000쪽이 넘습니다. 이 책들은 들뢰즈의 다른 저술들보다 훨씬 어렵습니다. 왜냐하면 많은 저술들이 이론적인 연구에 집중하고 있는데, 그에 반해 자본주의와 분열증 두 권은 이론적인 측면도 나오지만 현실적인 이야기들을 많이 담고 있기 때문입니다. 우리가 알고 있는 부제를 봐도 '자본주의'에 대한 연구 그다음에 '분열증', 다시 말하면 '정신병'에 대한 연구를 포함하고 있기 때문에 만만치가 않죠. 그리고 안으로 들어가 보면 과학, 기술, 예술의 각 영역들(특히 문학과 미술과 음악이 많이 언급되고 있고요), 거기에 건축, 심지어 코바늘과 대바늘 얘기까지 나올 정도로 굉장히 광범위합니다. 이걸 한 강의 안에 소화한다는 게 상당히 어렵고 또 부담스럽습니다. 그래서 압축해서 뼈대 중에도 뼈대에 해당하는 것들만 짚어 봐야겠다고 생각했습니다. 아홉 개의 절로 나누어 순서대로 살피도록 하겠습니다.[1]

1. 문제: 자기 예속을, 즉 자발적으로 노예가 되길 바란다

처음에 살펴봐야 할 것은 '자본주의와 분열증 연구'가 무엇을 풀려고 하는가입니다. 들뢰즈는 항상 철학은 개념의 창조라고 강조합니다. 그런데 개념은 그냥 등장하는 것이 아니라 풀려는 문제가 있기 때문에 거기에 대응해서 만드는 것이며, 만드는 것의 어떤 필연성, 필요성이 있다고 반복해서 말합니다. 그런 의미에서 들뢰즈가 풀려고 했던 문제가 무엇인지 아는 것은 굉장히 중요합니다. 문제를 요약하면 이렇게 됩니다. 자기 예속, 즉 자발적으로 노예가 되길 바란다, 노예가 되겠다고 스스로 원한다는 것입니다. 도대체 왜 자유, 해방을 바라고 원하는 게 아니라 그 반대로 노예가 되길 바랄까? 이게 핵심 문제입니다.[2]

이 주제에 대한 연구는 들뢰즈가 혼자 진행한 것이 아닙니다. 잘 아시다시피 펠릭스 과타리와 1969년 가을에 처음 만나 편지를 주고받으면서 작업을 시작합니다. 둘이 함께 수행한 작업이 1970년에 짧

---

1 들뢰즈의 철학 전반에 대해서는 김재인, 『들뢰즈 입문: 파인 홈을 비껴가기』, 필로소픽, 2026과 우노 구니이치, 『들뢰즈, 유동의 철학』, 박철은 옮김, 그린비, 2022를 참조. 조금 깊은 연구서로 안 소바냐르그, 『들뢰즈, 초월론적 경험론』, 성기현 옮김, 그린비, 2016과 존 라이크먼, 『들뢰즈, 연결의 철학』, 김재인 옮김, 그린비, 2023을 참고.
2 들뢰즈의 정치철학에 대해서는 김재인, 「무의식을 생산하라: 들뢰즈의 정치철학」, 한국프랑스철학회 엮음, 『철학, 혁명을 말하다: 68혁명 50주년』, 이학사, 2018을 참고.

은 논문 형태로 출판되고, 1972년에 『안티 오이디푸스』라는 제목의 두꺼운 책으로 출판됩니다. 이 연도가 대략 암시하듯이, 그리고 뒤에 이 책이 나온 후에 했던 많은 인터뷰에서 들뢰즈와 과타리가 밝히듯이 이 책은 1968년 5월 혁명의 산물입니다. 혁명의 핵심은 한마디로 '자유와 해방'이었고 성공하는 듯 보였습니다. 그런데 한 해가 채 지나기도 전에 사람들은 다시 과거 보수 정권인 드골 정부를 원하는 형태로 돌변했습니다. 그러니까 혁명의 급격한 보수화 또는 몰락이라고 할 수 있죠. 이 이중성, 그러니까 한편으로는 자유를 바라면서, 다른 한편으로는 반대되는 방향인 예속을 갈망하는 대중의 욕망의 정체가 무엇이냐가 문제였습니다. 욕망이 갖고 있는 두 방향이라고 할 수 있습니다. 68년 5월 자체가 문제가 아니고 그것이 급속히 와해되는 사건이 더 문제였다고 할 수 있습니다. 그것을 들뢰즈는 자발적으로 노예가 되길 바라는 거라고 요약한 겁니다. 그게 잘 나타나는 대목이 다음의 인용문입니다.

"욕망과 사회가 있을 뿐, 그 밖엔 아무것도 없다. 심지어 사회적 재생산의 가장 탄압적이고 가장 치명적인 형식들조차도, 우리가 분석해야 하는 이런저런 조건에서 욕망으로부터 생겨나는 조직화 속에서, 욕망에 의해 생산된다. 바로 이런 이유로, 정치철학의 근본 문제는 아직도, 스피노자가 제기할 줄 알았던 (그리고 라이히가 재발견한) 저 문제이다. '왜 인간들은 마치 자신들의 구원을 위해 싸우기라도 하는 양 자신들의 예속을 위해 싸울까?' 어째서 사람들은, 세

금을 더 많이! 빵을 더 조금! 하며 외치는 지경까지 가는 걸까. 라이히의 말처럼, 놀라운 건 어떤 사람들이 도둑질을 하고 어떤 사람들이 파업을 한다는 점이 아니라, 굶주리는 자들이 늘 도둑질을 하는 건 아니며 착취당하는 자들이 늘 파업을 하는 건 아니라는 점이다. 왜 인간들은 몇 세기 전부터 착취와 모욕과 속박을 견디되, 남들을 위해서는 물론 자기 자신들을 위해서도 그런 일들을 **바라는** 지점까지 간 걸까? 라이히는 파시즘을 설명하기 위해 대중들의 오해나 착각을 내세우기를 거부하고, 욕망을 통한 설명, 욕망의 견지에서의 설명을 요구하는데, 이럴 때 그는 가장 위대한 사상가였다. 아니, 대중들은 속지 않았다, 그 순간, 그 상황에서 저들은 파시즘을 욕망했고, 군중 욕망의 이런 변태성을 설명해야만 한다.[3]

이 문제는 스피노자, 그리고 라이히가 다루었던 것이기도 합니다. 궁지에 몰리면 도둑질을 하고 파업을 할 수도 있습니다. 그런데 그렇게 하기는커녕 정반대로 착취와 모욕과 속박을 스스로 바라기까지 합니다. 자신의 해방과 자유를 추구하기는커녕 오히려 정반대로 행동한다는 겁니다. 더 중요한 건, 이럴 때 대중들은 속지 않았으며 오히려 욕망했다는 것입니다. 욕망 수준에서의 분석이 필요한 것입니

---

3   질 들뢰즈, 펠릭스 과타리, 『안티 오이디푸스』, 김재인 옮김, 민음사, 2014, 64-65쪽, 강조는 원문

다. 이 대목에서 말하는 파시즘은 현실의 파시즘, 즉 역사적 파시즘이었던 독일 나치나 이탈리아 파시스트 당의 상황입니다. 당시에 독일 국민과 이탈리아 국민은 히틀러와 무솔리니를 지지하고 도와주었습니다. 속아서 그렇게 한 게 아닙니다. 따라서 이런 변태적인 욕망이 어떻게 생겨나는지를 설명해야 합니다.

여기서 말한 파시즘을 나중에 미셸 푸코는 '일상의 파시즘'이라는 말로 받아냅니다.[4] 즉 역사적인 큰 사건 속에서 파시즘의 욕망이 작동하려면 그보다 더 작은 수준에서 파시즘이 이미 마련돼 있고 작동하고 있어야 한다는 겁니다. 그러니까 '미시 파시즘'이라 부를 수 있는 것들이 일상에 존재한다고 봤던 겁니다. 따라서 미시 파시즘 또는 일상에 들어 있는 파시즘이라는 말로 역사적인 파시즘을 확장했던 겁니다. 들뢰즈와 과타리가 보기에도 이런 해석은 타당하다고 할 수 있습니다.

2. 사회가 무의식이다

이번에는 '사회가 무의식이다'라는 내용으로 넘어가 보겠습니다. 보통 잘 얘기하지 않는 대목입니다. 우선 '무의식'이라는 개념과 '욕

---

4   미셸 푸코, 「비-파시스트적 삶의 입문서」, 1977, 『안티 오이디푸스』, 5-10쪽.

망'이라는 개념이 왜 키워드가 됐느냐 하는 점을 알아야 할 것 같습니다. 그건 당연히 당대 프랑스 또는 파리의 지적 분위기와 연동해서 봐야 할 테고요. 당시 가장 유행했던 사상가는 프로이트였고, 프로이트의 프랑스식 수용을 대표하는 라캉이었습니다. 프로이트와 라캉의 사상이 당대에 '핫' 했고, 대부분의 지식인들은 그것을 알아야 했고 또 많은 경우에 추종했습니다. 들뢰즈와 과타리는 욕망과 무의식에 대한 프로이트와 라캉의 접근, 즉 정신분석을 노리고 그것과 대결하려고 했습니다. 그래서 굳이 욕망과 무의식이라는 용어를 사용하면서 그것을 다르게 해석하는 식으로 이 대결을 수행한 것입니다. 이런 작업을 하긴 했는데 실제 프랑스 지식 사회가 들뢰즈와 과타리의 욕망과 무의식 개념을 적절하게 수용했느냐는 별개의 문제입니다. 인터뷰에서 들뢰즈가 밝히는 것처럼, 정신분석의 개념이 그다지 포기되지 않았고 또 들뢰즈와 과타리의 새로운 해석과 접근이 그다지 수용되지 않았거든요. 제가 보기에는 한국 사회도 비슷한 것 같습니다. 가장 중요한 이유는 들뢰즈와 과타리가 너무 어려워서 이해를 포기하는 쪽으로 향하는 경향이 있다는 것입니다. 그게 가장 큰 문제입니다. 적절하게 풀어서 설명해야 하는데 아직 한국의 들뢰즈 과타리 학계가 층이 얇팍하고 이런 작업을 할 한국적인 역량이 별로 갖춰져 있지 못하다는 아쉬움도 함께 얘기해야 할 것 같습니다.

프로이트의 무의식 개념은 정신 안에 있다는 것으로 요약할 수 있습니다. 『정신분석 강의』에서 프로이트가 정신 활동이 모두 의식적인 것만은 아니라고 하면서 정신(혹은 영혼이라는 표현도 씁니다)이라는 범위 안에서, 의식이 아닌 영역을 무의식이라고 규정합니다. 의식이라는 말도 어려운데, 그냥 자각한다는 뜻으로 이해하면 가장 무난합니다. 의식이 아닌 영역, 즉 정신이라는 전체 집합 안에서 의식이라는 부분 집합의 바깥쪽, 의식의 여집합이 무의식이라고 프로이트는 설명합니다. 반면 들뢰즈와 과타리는 그렇게 정신 내부에 있는 의식이 아닌 영역을 무의식으로 보는 게 아니라 의식이 아닌 것 전부를 무의식으로 봅니다. 무의식의 대표적인 게 몸이죠. 선행 연구, 스피노자나 니체 연구에서 들뢰즈는 '우리는 몸이 무엇을 할 수 있는지 모른다'라는 스피노자의 말을 되풀이하면서 몸에 대한 탐구를 진행합니다. 무의식의 가장 대표 주자가 몸인데, 몸은 우리가 직접 목격하고 관찰할 수 있는 장면 바깥쪽에 있습니다. 다른 한편으로 몸은 우리의 의식을 규정하고 형성하고 만들어 냅니다. 그런 점에서 몸은 대표적인 무의식입니다.

몸만이 아니라 들뢰즈와 과타리는 결국 우주 전체가, 또는 다른 말로 존재 전체가 무의식이라고까지 얘기합니다. 이것은 자칫하면 굉장히 추상적으로 받아들일 수 있는 견해입니다. 왜냐하면 '존재'라고 하면 굉장히 어려워지니까요. 뭐가 존재일까요? 들뢰즈와 과타리의 해명은, 결국 우리가 속해 있는 사회가 존재입니다. 추상적인 존재가 별도로 있는 게 아니라 우리가 살아가는 사회가 곧 존재인 거죠. 그것을 표현하기 위한 들뢰즈와 과타리의 개념이 '사회체(소키우스socius)'입니다. 이 사회체는 시대에 따라 변합니다. 한때는 원시 사회, 원시 부족 사회 형태로 있습니다. 이른바 정복자인 왕이 등장하면서 작은 부족들을 통합하죠. 그래서 작은 부족들이 갖고 있었던 세밀한 규범들을 다 가로지르면서 그것을 초월하는 규범을 강요하게 됩니다. 이런 규범의 다른 명칭이 코드code입니다. 코드란 법전이란 뜻이죠. 전제군주는 부족의 코드를 초월해 초코드화를 수행합니다. 전제군주의 이름으로 이 부족들의 코드들을 한편으로는 무시하면서 거기서 생산되는 것들을 다 장악하며 포섭합니다. 이걸 '포획'이라고 합니다. 국가를 포획 장치라고 부를 때 국가의 의미는 그런 겁니다. 세부적으로 서로 다른 문화와 규범들을 가지고 살아가는 부족들을 통일했다는 뜻입니다. 그 후에는 그런 초코드마저도 다 뭉개는, 다시 말하면 개별 부족의 가치들의 총합이자 왕의 권위 같은 것들이 더 이상 작동하지 않는 사회가 됩니다. 코드가 다 해체되는 상황이라고 할 수 있습니다. 그것을 탈코드화라고 부릅니다. 모든 걸 다 포용하는, 그 자체로 자명하고 당연한 것들의 집합, 이걸 공리계axiomatique라고 부릅니다. 공리axiome란 자명한 것들이죠. '계'라는 말은 시스템의 번역어입니다. 공리계, 즉 공리 시스템입니다. 모든 것이 그 안에서는 다 자명합니다. 자본주의 안에서 자명한 것들이 우리 세계를 작동시킵니다. 그게 자본주의의 공리계입니다. 자본주의 공리계의 특징은 모든 코드가 해체되었다는 것입니다. 코드들은 자본주의 사회에서 수용될 수 있는 것들의 집합들이라는 형태로 재구성되었습니다.

역사적으로 사회체는 적어도 세 유형이 있습니다. 처음에 땅에 의존해 살아가는 원시 부족들의 사회, 이걸 미개primitif라고 합니다. 그 다음에 왕이 군림하는 것을 야만barbare이라고 부르는데, 이게 전제

군주 사회입니다. 마지막으로 그마저 다 해체된, 모든 코드가 다 조각난, 모든 것이 공리 형태로 존재하는 자본주의 사회, 이걸 문명civilisé이라고 부릅니다. 이렇게 각각의 사회체를 얘기하는데, 이런 사회가 바로 존재입니다. 존재란 사회 바깥에 있는 것도 아니고 추상적인 것도 아닙니다. 들뢰즈와 과타리는 『안티 오이디푸스』에서 달나라 얘기도 합니다. 달에는 인류가 1969년에 처음 갔고 그다음에도 종종 갔는데, 이런 달나라마저도 우리 사회의 한 부분이라는 겁니다. 화성도 지금 큐리오시티가 가서 사진을 찍습니다. 이런 것도 역시 사회의 일부지, 우리와 무관하게 동떨어져 있는 우주가 아닙니다. 이처럼 우리가 살아가는 사회 자체가 존재인데, 그게 바로 무의식이라고 들뢰즈가 이해하고 있다고 정리하면 되겠습니다.

사회 안에는 자연이 당연히 포함되어 있습니다. 자연과 사회, 또는 자연적인 것naturel과 인위적인 것artificiel이 구분되지 않은 전체가 사회이고 또 동시에 존재입니다. 바로 그것이 무의식이다, 우리의 의식을 규정하고 우리의 행동을 좌우한다고 이해하면 됩니다. 그 점에서 무의식은 바로 사회이지 정신 안에 있는 별도의 무엇이 아니라고 하면, 무의식 분석은 곧 사회 분석, 즉 정치철학 영역이 됩니다. 그리고 우리의 의식을 생산하는 것은 곧 우리의 사회입니다.

3. 욕망은 '생산한다'라는 뜻의 동사다

다음 주제로 욕망이라는 말에 대한 들뢰즈와 과타리의 독특한 해석이 등장합니다. 이 해석은 굉장히 중요합니다. 욕망과 관련해서 인간 활동을 두 종류로 구분하고, 그것이 서로 배타적이라고 얘기한 최초의 저자는 플라톤입니다. 플라톤은 『소피스트』에서 인간 활동을 한편으로는 생산 활동으로, 다른 한편으로는 포획 활동으로 구분합니다. 전자에 해당하는 게 농사 같은 거예요. 농사짓는다 그러면 우리가 생산하는 거죠. 다른 한편으로 낚시꾼이나 사냥꾼 같은 경우에는 포획합니다. 생산과 포획을 서로 상호 배타적인 활동으로, 즉 생산이면 포획이 아니고 포획이면 생산이 아니라는 형태로 구분했던 게 플라톤입니다. 물론 욕망은 포획과 관련됩니다. 그 후로 오랜 전통 속에서 욕망을 포획의 문제로 해석한 게 서양의 역사였습니다. 말하자면 욕망은 내가 지금 갖고 있지 않은 그 무엇, 내게 결핍되고 결여되어 있는 무엇을 추구하는 것, 가지려고 하는 겁니다. 그게 욕망의 의미로 이해되어 왔던 거죠.

오늘날 한국 사회에서도 비슷하게 사용되고 있습니다. 어떤 걸 욕망한다고 하면 '네가 그것을 갖고 있지 않으니까 그것을 원하는 거지'라고 이해한다는 거죠. 그런데 들뢰즈와 과타리는 아주 새로운 해석을 합니다. 바로 욕망은 '생산한다'라는 뜻의 동사라는 주장입니다. 영어로 표현하면 'to desire is to produce'입니다. 생산한다는 말은 훨씬 적극적인 뜻입니다. 생산한다는 것은 물론 어떤 결핍을 전제할 수 있습니다. 없으니까 만들려고 하는 거죠. 그러나 더 중요한 것은 그것을 생산하고 건설하고 구성하고 구축하려는 행위가 더 강조된다는 점입니다. 결핍이 강조되는 게 아니라 만들어 가는 과정, 그 활동이 강조되는 것이지요. '욕망은 창조다'라고까지 말할 수 있습니다.

그럼 이때 말하는 생산이라는 게 뭐냐? 이것도 좀 세밀하게 이해할 필요가 있습니다. 생산이라고 하면 유대 전통에서 '무로부터의 창조creatio ex nihilo'라는 뜻으로 이해하기도 합니다. 무에서 생성한다는 거죠. 이런 의미는 들뢰즈 같은 유물론자에게는 해당하지 않습니다. 우리는 우주 속에 있고, 우주는 항상 생산의 운동 속에 있습니다. 서양 전통에서는 이를 '상황 속 창조creatio in situ'라고 합니다. 이 생산의 운동 또는 생산의 과정이라는 것은 결국은 리모델링입니다. 다시 말해 과거에 있던 것이 재료 수준으로 환원되고, 그 재료를 다시 다른 형태로 구성하는 운동입니다. 바로 이런 점에서 재활용이고 리모델링입니다. 리모델링이라는 말이 재밌죠. 이 말은 사실 베르그손의 텍스트에 등장하기도 합니다. 리모델링remodelage 그대로 불어로 써요. 그것을 영어로 번역한 게 리모델링입니다. 우리가 사용하는 용법과 아주 비슷합니다. 그러니까 생산이란 배치체를 건설하는 것, 있는 재료들을 수집해서 재구성하는 활동입니다. 이런 점에서 리모델링은 항상 파괴 과정을 전제합니다. 그렇죠, 앞에 있는 기성의 그 무엇, 이것을 리모델링 또는 리포밍, 새로 개비하는 거죠. 그것을 위해서는 해체 과정이 전제되어야 합니다. 이 과정을 들뢰즈와 과타리는 '이탈 절단coupure de détachment'이라고도 부릅니다. 여기서 자세히 말하긴 어렵지만, 성벽이 있다고 쳐요. 이 성벽이 일단 부서져서 벽돌로 돌아와야 그것을 가지고 새로 지을 수 있어요. 우주가 자기를 리모델링하는 과정도 그렇고, 인간이 우주의 운동을 본떠서 뭔가를 생산하는 과정도 다 이런 식입니다. 사실 농사라는 것도 그래요. 벼라는 기계를 이용해 태양과 이산화탄소와 물 같은 것을 재료로 광합성을 해서 녹말을 응축하는 과정이 쌀농사죠. 태양 에너지와 이산화탄소와 물 등을 재활용해서 뭔가 다른 형태로 구성하는 과정인 것입니다. 생산이란 말에 대한 막연한 이해도 극복해야 합니다.

4. 생산이란 배치체 건설, 혹은 리모델링이다

들뢰즈가 1988년 인터뷰에서 이런 얘기를 합니다.[5] "지금까지 당신은 욕망에 대해 추상적으로 말했다. 당신은 당신 욕망의 대상이라고 여겨지는 대상을 추출했기 때문이다." 딱 그 물건 하나만 뽑아낸 거예요. '나는 무엇을 욕망한다', '나는 물병을 욕망한다', 이런 식으로 대상이라고 여겨지는 걸 추출 혹은 추상했기 때문에 잘못 말했다는

---

[5] G. Deleuze, "D comme Désir", *Abécédére de Gilles Deleuze*, with Clair Parnet, 1988년의 대담. 아래에 인용 부호로 표시한 대목은 이 인터뷰에서 온 것이다.

거죠. "그래서 이렇게 말할 수 있었다. 나는 한 여인을 욕망해, 나는 여행 떠나기를 욕망해, 나는 이걸, 저걸 욕망해. 우리는 정말 아주 단순한, 단순한, 단순한 어떤 걸 말해 왔다. 당신은 결코 어떤 사람이나 어떤 사물을 욕망하지 않는다. 당신은 항상 하나의 집합체ensemble를 욕망한다. 복잡한 얘기가 아니다. 우리의 물음은 이러했다. 욕망이 있기 위한, 이 요소들이 욕망 가능하기 위한, 요소들 간의 관계의 본성은 무엇인가? 내 말인즉슨, 나는 여인을 욕망하지 않는다. 프루스트가 이미 그것을 말했기 때문에, 그런 얘기를 하는 건 부끄러운 일이다. 그 점이 프루스트한테 아름다운 면이다. 나는 여인을 욕망하지 않는다. 나는 이 여인 안에 감싸인 풍경을 욕망한다. 이 풍경은, 필요한지 아닌지 모르겠으나, 내가 느낄 수 있는 풍경이다. 그 여인을 감싸고 있는 풍경을 내가 아직 펼치지 않았다면, 난 행복하지 않을 거다. 그러니까, 내 욕망은 성취되지 않을 거고, 충족되지 않은 채로 머물 거다. 나는 여인/풍경이라는 두 용어를 지닌 집합체를 믿는다. 이건 완전히 다른 거다." 한 여인을 욕망한다고 하지만 사실은 그 여인 안에 감싸인 풍경 또는 그 풍경이 감싸고 있는 여인, 이것을 욕망한다는 거고요. 요소에 해당하는 여인에만 집중할 필요는 없다는 겁니다. 이 여인과 여인이 구성하고 있는 풍경의 집합체를 원한다는 거죠. 계속해서 사례를 보겠습니다. "한 여자가 '나는 드레스를 욕망해', 혹은 '나는 (어떤) 걸 욕망해', '(어떤) 블라우스를 욕망해'라고 말한다면, 이 드레스나 저 옷을 추상적인 채로 욕망하지 않는다는 건 명백하다. 그녀는 전체 맥락 안에서, 그녀가 조직하려 하는 그녀 자신의 삶의 맥락 안에서 그것을 욕망한다. 풍경과의 관계뿐 아니라 친구인 사람들과의 관계에서, 친구가 아닌 사람들과의 관계에서, 그녀 직업과의 관계에서 등등의 욕망이다. 나는 어떤 걸 완전히 그것만으로 욕망하지 않는다. 나는 어떤 집합체를 욕망하는 것도 아니다. 나는 집합체 안으로부터 욕망한다." 집합체 안으로부터라는 건 결국 나 역시도 이 집합체에 속하면서 집합체의 다른 요소들인 여인과 풍경을 구성한다는 얘기입니다. 나는 집합체 외부에 있지 않아요. 이때 말하는 집합체는 병치되어 있는 요소들이 관계를 상실한 채로 서로 동떨어져 있는 게 아니라, 그것들이 관계를 맺으면서 형성하는 새로 창출되는 그 무엇을 욕망한다는 맥락에서 봐야 합니다. 그런데 보면 남자들은 맥락 파악이 안 되는 경향이 있어요. 어떤 물건이 요구되는 맥락이 항상 존재하는 법인데 남자들은 '그 물건을 원해'라는 말을 듣고 딱 그 물건 하나만 추상적으로 떼어 선물했다가 오히려 욕만 바가지로 먹고, 이유도 모르는 경우가 많은 것 같아요. 어떤 걸 욕망한다고 할 때 요소만 똑 떼어 생각하는 추상적인 방식으로 이해하면 곤란하고, 그것이 놓여 있는 맥락을 포함한 전체 집합체를 구성하고 싶어 한다는 뜻이라고 이해해야 합니다.

이제 다른 사례가 나옵니다. 들뢰즈는 엄청난 골초에 애주가였죠. "우리는 앞에서 이야기했던 것, 즉 술과 마시기에 대한 어떤 것으로 돌아올 수 있다. 마신다는 것은 '나는 마시길 욕망한다'는 것만을 뜻하지 않는다. 바로 그거다. 그건 또한, 나는 일하는 동안 혼자 마시길 욕망한다, 혹은 편히 쉬면서 혼자 마시길 욕망한다, 혹은 한잔하기 위해 친구들을 찾으러 외출한다, 작은 카페에 가려고 외출한다, 따위를 뜻한다. 말하자면, 흐르지 않는 욕망은 없다. 그러니까 내 말은, 배치체agencement로 흘러 들어가지 않는 욕망은 없다. 욕망이란 내겐 항상 그러했다." '한잔하고 싶다'는 말의 의미가 이렇게 다양하다는 거죠. 어떤 맥락을 구성하려는 행위가, 즉 앞서 말한 집합체 또는 여기서 말한 배치체를 구성하려는 것이 욕망입니다. 그래서 '그 배치체로 흘러 들어 간다'고 했습니다. 나를 포함해서 구성 요소들을 잘 꾸며서 배치체를 만들겠다는 식으로 흘러들어 가는 것이 아닌 욕망은 없다는 거죠. "나는 욕망에 대응하는 추상적인 용어를 찾고 있다. 욕망은 항상 구성주의constructivism였다. 욕망한다는 것은 배치체를 건설한다는 것, 집합체를 건설한다는 것이다. 스커트, 햇빛, 거리의 집합체, 여인, 풍경, 색깔의 배치체… 그것이 바로 욕망이다. 배치체를 건설하기, 배치할 지역을 건설하기. 욕망은 구성주의다." 여기까지 오고 나면, 욕망한다는 말의 의미가 '내가 뭔가를 결핍하고 있기 때문에 그 결핍된 어떤 요소를 갖고 싶다'는 뜻이 전혀 아니라는 걸 알 수 있습니다. 그건 굳이 말하면 욕망의 가장 낮은, 가장 저열한 수준입니다. 가장 높은 등급은 '어떤 요소들을 결합해서 하나의 집합체를, 내가 매혹을 느낄 집합체를 구성하고 싶어 한다'는 이해입니다.

5. 생산은 재현이 아니다(공장 vs 극장)

앞에서는 '생산'에 대해 '욕망한다는 것은 생산한다는 것이다'라고 말했는데, 이제부터는 '생산은 재현하는 게 아니다'라는 주제를 보겠습니다. 이 지점에서 들뢰즈는 공장과 극장을 대비시킵니다. 공장은 생산의 장소이고 극장은 재현의 장소죠. 재현은 영어로 representation인데, represent는 present에 re가 붙은 겁니다. present는 세상 속에 뭔가가 출현하는 것이고, represent는 출현했던 것이 다시 등장하는 것입니다. 연극 대본을 무대 위에 다시 올려놓는 것, 상영하는 것, 아니면 진짜가 있는데 진짜의 어떤 축약본 또는 복사본을 보여 주는 것이 재현입니다. 이런 게 다 극장에서 일어나는 일이죠. 진짜는 따로 있고, 본질적인 건 다른 데 있는데, 그것이 꿈의 형태로, 신화로, 문학 작품, 연극으로 드러나는 것도 재현입니다. 진짜에 도달해야 한다는 과제가 재현 앞에서 성립합니다. 정신분석은 주로 꿈이나 신경증, 문학 작품 이런 것들을 분석의 소재로 삼습니다. 정신분석은 그것들이 숨기고 있는 이면의 무엇을 찾아가고 해석하는 과정입니다. 반면 들뢰즈와 과타리는 재현 같은 건 없다고 합니다. 모든 것은 생산이라는 거예요. 그런 점에서 공장의 작업과 똑같습니다. 물건 만들기예요. 물론 이 물건은 앞서 설명한 것처럼 리모델링 또는 재조립, 재조합, 재구성, 리포밍 같은 형태를 띠는 작업입니다. 무로부터 뚝 떨어지는 건 아니죠. 실제 공장도 재료들을 여기저기서 수집해 가져와서 그것으로 물건을 만들죠.

정신분석의 작업은 100% 극장의 작업입니다. 진짜가 있는데, 그게 무의식이고, 그것을 드러내는 여러 징후, 증상이 있고, 이걸 해석함으로써 본질에 해당하는 무의식을 읽어 내겠다는 이런 거죠. 그럼 누가 그것을 읽어 내느냐 하는 자격의 문제가 생기지요. 당연히 훈련받은 정신분석가가 그것을 할 특권이 있습니다. 정신분석가만 갖는 특권입니다. 그리고 프로이트가 늘 강조한 것처럼 '공짜 상담은 없다'고 합니다. 항상 돈이 지불됩니다. 그런데 들뢰즈와 과타리가 파악한 바에 따르면 그 병을 낳게 한, 그 병을 유발한 원인이 되는 사람이 보통 물주입니다. 말하자면 신경증자인 중산층 부르주아 부인과 그 신경증을 유발한 원인이 되는 부르주아 남편, 이 사이에 변태적인 기묘한 관계가 계속된다는 거죠. 치료받기 위해서는 돈을 지불해야 하는데 돈은 결국 남편이 지불하고, 이렇게 의존하게 되면 병은 안 낫고, 이게 계속 반복돼서 정신분석가는 돈을 버는, 이것이 정신분석 실천이 작동하는 구조입니다. 당시에 부르주아 사회의 한 단면을, 20세기 초반 오스트리아 빈의 현실을 잘 보여 주는 사례지요. 결국 정신분석의 이른바 '치료'라는 접근법은 치료할 수 없는 걸 치료하겠다고 얘기하는 악순환에 불과합니다. 진짜 치료하기 위해서는 현실의 문제를 제거하는 접근 말고는 안 됩니다. 신경증은 현실의 병의 발현 형태에 불과합니다.

1988년 인터뷰에서 들뢰즈는 이렇게 말합니다.[6] 『안티 오이디푸스』, 그것은 홀로 이룩된 단절인데, 두 가지 주제에서 출발한다. 1) 무

의식은 극장이 아니라 공장, 생산하는 기계다." 이건 지금까지 설명
한 부분입니다. 다음으로, "2) 무의식은 아빠-엄마를 망상하지 않는
다." 여기서 '아빠-엄마'라는 건 '아빠-엄마-나'라는 핵가족의 내부를
지칭합니다. 이걸 오이디푸스 삼각형이라고 부릅니다. 아빠-엄마-
나라는 삼각형인 거죠. '나는 엄마를 원하지만 그러면 아빠한테 혼나'
이 구조예요. 프로이트에 따르면 이게 모든 신경증의 원인입니다. 그
것을 오이디푸스 콤플렉스라고 불러요. 과연 프로이트의 전집을 보
면(저는 다 읽지는 않았습니다. 빠뜨린 것도 많습니다), 나오는 얘기가 전부 아
빠-엄마-나라는 삼각형 속에서 일어나는 갈등들이에요. 바로 '무의
식은 아빠-엄마 그리고 나의 관계를 망상한다'라는 게 프로이트와 정
신분석의 해석인 거죠. 그런데 들뢰즈와 과타리는 그렇지 않다고 주
장합니다. 이어서 보면, "무의식은 인종들, 부족들, 대륙들, 역사, 지
리를, 항상 사회장을 망상한다. 우리는 무의식의 종합들에 대한 내재
적 착상, 내재적 사용, 무의식의 생산주의productivisme 또는 구성주의
constructivisme를 찾으려 했다." 여기서 '구성주의'라는 말이 다시 나옵
니다. 위에서 배치체와 관련해 욕망의 구성주의 얘기했죠. 같은 의미
로 이해할 수 있습니다. "우리는 흐름들의 논리에 따라 사회적인 동
시에 욕망적인 하나의 생산une production qui fût à la fois sociale et désir-
ante을 동일 평면에sur un même plan 놓으려 했다. 망상은 현실계le réel

---

6   G. Deleuze, *Pourparler*, pp.197-198. 1988년의 인터뷰. 아래에 인용 부호로 표시한
    대목은 이 인터뷰에서 온 것임.

에서 작동한다. 우리는 현실계가 아닌 다른 요소를 알지 못한다." 제가 현실계라고 옮긴 용어는 정신분석에서 보통 '실재the Real'라고 번역합니다. 그런데 들뢰즈와 과타리에 따르면 현실계는 앞에서 언급한 인종들, 부족들, 대륙들, 역사들, 지리 이런 것들이에요. 망상의 내용, 신경증뿐 아니라 더 확장된 분석 내용을 보면 대체로 이런 것들이 등장한다는 거죠. 프로이트의 상담 사례를 보면 프로이트는 이걸 신경증이라는 틀로, 아빠-엄마-나라는 틀로, 오이디푸스 콤플렉스라는 틀로 가두려고 하지만, 프로이트가 남긴 상담 기록을 읽어 보면 그 삼각형으로 포착되지 않는, 옥죄어지지 않는 무수히 많은 요소들이 보이고 기록 속에 남아 있어요. 그런 요소가 안에서 바깥쪽으로 나가면서 삼각형을 깨뜨리려고 하는 운동 속에 있다는 게 늘 확인됩니다. 슈레버 망상도 그렇고 꼬마 한스도 그래요. 다 그래요. 그게 '현실에서 작동한다' 또는 '현실계에서 작동한다'고 얘기되는 것들이죠. 그런데 왜 '실재'라는 말로 번역하지 않았느냐? 실재라는 말은 사실 라캉 맥락에서 굉장히 막연해서, 귀에 걸면 귀걸이, 코에 걸면 코걸이로 쓰입니다. 반면 들뢰즈와 과타리는 현실적인 것the real, 현실 세계, 그 속에서 망상이 작동한다는 거예요. 이어서 보면. "상상계l'imaginaire나 상징계le symbolique는 우리에겐 가짜 범주들로 보인다." 이것들 역시 라캉의 용어들입니다. "『안티 오이디푸스』, 그것은 현실계의 일의성univocité이며, 무의식의 일종의 스피노자주의이다. …『안티 오이디푸스』가 정신분석을 비판한다고 주장한다면, 옳든 그르든 이 책에서 다듬어진 무의식에 대한 착상과 관련해서 그렇다." 정신분석과는 완전히 다른 무의식에 대한 착상을 내놓았다는 게 『안티 오이디푸스』 그리고 이어지는 『천 개의 고원』의 핵심 주장이었어요.

비슷한 시기에 있었던 다른 인터뷰에서도 들뢰즈는 비슷한 주장을 합니다.[7] 요점은 세 가지입니다. 첫째는 아까 나왔던 것과 같은 얘기입니다. 이건 다른 인터뷰에서 했던 얘기인데요. "1) 무의식은 극장이 아니라 (중략) 공장이다. 무의식은 생산이다. 거기서 무의식은 생산한다, 부단히 생산한다. 무의식은 공장처럼 기능한다. 이건 극장으로서의 무의식이라는 정신분석의 견해와 정반대된다." 위에서 한 이야기의 반복이고요. 두 번째 주제로 이어집니다. "망상, 이건 욕망과 아주 긴밀하게 연관되어 있는데, 욕망하기는 얼마간은 망상하기라는 점이다." 망상은 분열증의 대표적인 증상입니다. 분열증 다시 말해 정신 분열 또는 정신병은 망상을 특징으로 합니다. 그래서 망상과 현실이 서로 겹치고 경계가 없습니다. 이어서 계속 보겠습니다. "그 어떤 망상이든 잘 들여다보면 그건 뭔가에 대한 것이다. 그 어떤 망상이든 그건 정신분석이 거기에 들러 붙어 놓았던 것의 정확히 반대이다. 말하자면 우리는 아버지나 어머니를 망상하는 데로 가지 않는다. 오히려 사람들은 완전히 다른 뭔가에 대해 망상한다. 이것이 망상의 위대한 비밀이다. 우리는 전 세계에 대해 망상한다. 말하자면 사람들은 역사, 지리, 부족들, 사막들, 민족들, 종족들, 기후들에 대해 망상

---

7   G. Deleuze, "D comme Désir", *Abécédére de Gilles Deleuze*, 아래에 인용부호로 표시한 대목은 이 인터뷰에서 온 것임.

한다." 이런 게 우리가 망상하는 내용입니다. "망상은 지정학적인데, 정신분석은 항상 망상을 가족의 규정자들과 연관시킨다." 엄마-아빠-나라는 거지요. 『안티 오이디푸스』가 출간된 지 아주 많은 햇수가 흘렀지만, 정신분석은 망상 현상에 대해 아무것도 이해하지 못했다고 말하는 거다." 1988년의 인터뷰니까, 이 책이 나온 지 16년이 지난 시점에서 회고해도 역시 잘 이해받지 못하고 있다는 얘기입니다.

셋째 요점으로 갑니다. 앞의 인터뷰에는 없지만, 이미 살폈던 내용입니다. "셋째 요점은 다시 욕망이다. 욕망은 항상 배치체들을 구성하며 하나의 배치체 안에 자신을 건설하고, 항상 여러 요인들을 가동시키지만, 정신분석은 끊임없이 우리를 단일한 요인으로, 항상 같은 것으로, 때론 아버지로, 때론 어머니로, 때론 남근으로… 우리를 환원시킨다. 정신분석은 다양체가 뭔지 전혀 모르며, 구성주의를 전혀 모르며, 말하자면 배치체들을 전혀 모른다." 배치체를 구성하는 게 욕망이라고 주장합니다. 그에 반해 정신분석은 아주 단일하고 단순한 요소인 엄마-아빠-나의 관계로 끊임없이 환원시키죠. 그러니까 현실이 으깨지는 거죠. 그게 정신분석의 한계라고 들뢰즈와 과타리는 이야기합니다.

6. 생산하기가 분열증이다

생산과 관련해 그다음 주제로 가겠습니다. '생산하기는 분열증이다.' 분열증은 영어로 schizophrenia인데, schiz라는 말은 '쪼갠다'는 뜻이고 phrenia는 정신입니다. 그래서 '정신을 쪼갠다'는 뜻입니다. 이걸 존재론적으로 가져가면 세계를 쪼개는 거죠. 정신뿐 아니라 세계를 쪼개는 거예요. 그럼 '세계를 쪼갠다'는 말이 무슨 뜻이냐? 결국 이렇게 이해하는 게 제일 좋을 것 같아요. 배치체를 구성하기 위해서는 기존에 성립되어 있던 배치체를 해체한 후에 그것을 부품으로 삼아서 다시 배치체를 건설해야 합니다. 이렇게 본다면 '쪼갠다'는 건, '해체'나 '이탈'이라고 부르기도 하는데, 생산의 운동에서 결정적이라는 걸 알 수 있습니다.

뭔가를 건설하고 싶어도 그냥 되는 게 아니죠. 재료나 부품이 되는 게 있어야 하는데, 그것을 만드는 과정이 해체, 파괴입니다. 긍정의 철학인데 왜 파괴 얘기를 하느냐? 이런 질문도 많이 해요. 사실은 건설과 파괴는 동시적인 건데, 추동하는 힘은 건설이지만 그것을 실천하는 힘은 파괴로부터 비롯된다고 봐도 되겠습니다. 이건 니체의 망치 개념과도 같습니다.[8] 니체의 망치는 『차라투스트라는 이렇게 말했다』에서 보면 건설의 도구라고 분명하게 명시되어 있습니다. 파괴

---

8 김재인, 『디스킬 제너레이션』, 오리지널스, 2026, 3강 참조.

의 도구가 아니에요. 파괴는 건설을 위해 불가피하게 수반되는 무엇입니다. 따라서 망치의 역할을 파괴로 해석하는 건, 대부분의 학자가 그렇게 해석하고 있더라도, 굉장히 잘못하는 거예요. 들뢰즈와 과타리의 철학적 기반도 마찬가지입니다. 니체를 번역했다는 뜻은 아니고, 발상에 공통점이 있다는 거죠.

『안티 오이디푸스』를 보면 관련된 얘기들이 종종 나옵니다. 예를 들면 이런 표현이죠. 상당히 앞쪽에 나옵니다. "도처의 생산적 즉 욕망적 기계들, 분열증적 기계들."[9] 즉 생산한다는 것과 분열증이 같은 활동, 같은 작용이라는 거예요. 더 뒤로 가면 이런 표현이 나옵니다. "분열증, 그것은 사회적 생산의 극한으로서 욕망적 생산이다."[10] 그러니까 분열증과 사회적 생산과 욕망적 생산을 나란히 놓고 있습니다. 앞서 말한 것처럼, 욕망적 생산은 존재론 수준입니다. 원래 사회적 생산이 다인데, 그것이 극한에 이를 때 욕망적 생산이 드러나고, 그것이 분열증입니다. 이건 '사회의 극한이 존재다'라고 한 것과 같은 맥락입니다.

들뢰즈와 과타리에게는 '극한'이라는 개념이 종종 나옵니다. 영어로 limit이고, 수학적인 용어입니다. 어떤 지점은 아닌데 그 지점에 끊

---

9 질 들뢰즈, 펠릭스 과타리, 『안티 오이디푸스』, 24쪽. 해당 대목 전체는 다음과 같다. "도처에 생산적 즉 욕망적 기계들, 분열증적 기계들, 유적(類的) 삶 전체로다. 자아와 비-자아, 외부와 내부의 구별은 이제 아무 의미가 없다"

10 같은 책, 73쪽. 해당 대목 전체는 다음과 같다. "분열증, 그것은 사회적 생산의 극한으로서 욕망적 생산이다. 따라서 욕망적 생산 및 그것과 사회적 생산의 체제 차이는 끝에 있지 처음에 있지 않다. 이 두 생산 사이에는 현실의 생성이라는 단일한 생성만이 있다."

임없이 근접하는 상태입니다. 0은 아닌데 0에 한없이 근접하는 지점이죠. 미분 배울 때 극한을 통해 설명하죠. 방금 전 문장에서는, 사회적 욕망의 가장 바깥쪽에 있는 것, 극한의 지점에 있는 게 원리(욕망적 생산, 존재)이고, 극한에 미치지 못하는 안쪽이 현실(사회적 생산, 사회)에 해당한다고 보면 됩니다. 그러니까 원리의 범위 내에서 현실이 작동합니다. 들뢰즈는 극한이란 말로 이런 사태를 표현합니다.

7. 자본주의는 분열증의 특정한 형태다(탈코드화, 상대적 탈영토화)

이제 자본주의와 분열증의 관계를 살펴겠습니다. '자본주의는 분열증의 특정한 형태다.' 분열증은 단순한 정신 질환이 아니라고 했습니다. 우주의 운동, 생산의 운동이라고 했습니다. 세상은, 우주는 계속 분열증의 과정 속에 있습니다. 한편으로는 파괴되면서 파괴된 파편을 재료 삼아서 건설하는 운동 속에 있습니다. 이게 세상이에요. 그리고 우리는 그런 세상을 좀 더 구체적인 형태로 살아갑니다. 그게 우리의 사회입니다. 굳이 구별하면, 분열증을 존재론적인 측면이라고 한다면 사회는 일종의 사회철학의 차원입니다. 그리고 분열증이 작동하는 국면을 욕망 기계라고 한다면 우리가 실제 살아가는 국면은 사회 기계입니다. 영어로는 전자가 desiring-machine이고 후자가

social machine입니다. 그리고 실제로 사회 기계 안에 기술 기계tech-nical machine가 있습니다. 기술 기계는 사회 기계의 부품들입니다. 인간도 사회 기계의 부품이고 제도도 부품입니다. 사회 기계는 시기에 따라 작동 원리와 양상을 조금씩 바꿔 갑니다. 한때는 원시 부족, 한때는 정복자-왕-전제 군주, 한때는 지금처럼 자본주의. 이렇게 사회 기계가 작동하는 방식이 바뀌기도 했죠.

이것들을 구별하는 대표적인 분석 기준은 코드입니다. 부족마다 서로 다른 규범에 충실하고 서로 다른 삶을 영위합니다. 서로 다르게 코드화되어 있습니다. 원시 부족 사회는 코드화된 사회로 자기만의 규범, 법이 있습니다. 전제 군주 왕정에서도 코드가 완벽히 사라진 건 아닙니다. 하지만 개별 부족들의 서로 다른 코드들을 통합하는 초코드화의 운동이 있습니다. 부족의 개별 코드들을 짓눌러서 왕에게, 전제군주에게 복무하면 내버려두고 그렇지 않으면 없애 버리는 식으로 코드들을 총괄합니다. 코드가 없다고까지는 할 수 없습니다. 하지만 모든 개별 코드들은 더 큰 코드에 복무하는 식으로만 잔존할 수 있습니다. 그래서 초코드화라고 합니다. 마지막 단계는 코드가 사라지는 겁니다. 탈코드화. 자본주의 사회에는 코드가 없습니다. TV 프로그램 '진품명품'을 사례로 들 수 있습니다. 출연자가 진품명품 프로그램에 갖고 와서 감정을 맡기는, 고유한 코드, 고유한 가치를 간직한 저 오래된 물건은 '이게 얼마예요'라고 하는 순간 가격으로 붕괴되고 맙니다. 다시 말하면 돈, 화폐의 형태로 교환될 수 있기 때문에 더 이상 고유한 가치는 남지 않습니다. '얼마짜리 물건'으로 환원되는 거죠.

이렇게 모든 코드가 사라지는 게 돈이 통용되는 자본주의 사회입니다. 그러니까 돈이 모든 것의 기준이 되고 교환의 지표가 됩니다. 이 안에서 허용되는 것들의 집합이 방금 말한 공리들의 집합, 공리계입니다. 그것만 남게 돼요. 코드라는 기준에 따라 사회를 위와 같이 구분해 볼 수 있습니다.

다른 한편으로 영토라는 개념이 있습니다. 영토는 코드와 바로 일치하지는 않습니다. 영토라는 건 한마디로 부족이 살고 있는 지역이죠. 영토는 동물 수준에서 보면 꼭 필요합니다. 인간에게도 자기만의 영토는 꼭 필요해요. 영토는 내가 그 안에서 동물로서 안전할 수 있다고 여겨지는 임시 둥지 같은 겁니다. 노숙자에게도 한편에 자기 몸 하나 눕힐 만한 공간이 확보되어야 합니다. 서울역 가보면 나름의 박스라든지 신문지 같은 걸 통해 구축한 영토가 있습니다. 게르처럼 호화롭지는 않지만 항상 있어야 해요. 영토는 분열자에게도 여전히 유효합니다. 들뢰즈와 과타리는 사뮈엘 베케트의 등장인물들을 아무것도 가진 건 없지만 그래도 영토는 구성하는 존재라고 봅니다. 영토성의 문제는 단순하지 않습니다. 한편 영토를 떠나는 운동도 있습니다. 기존의 영토가 위협받거나 침탈당하거나 먹을 것이 사라졌을 때, 이때는 다른 영토를 찾아 벗어나는 운동을 해야 합니다. 그것을 탈영토화의 운동이라고 합니다. 기존 영토를 떠나는 거예요. 떠난다는 건 그런 점에서 또한 필연적입니다. 잠시 머물 곳일지라도 새로운 곳으로 떠나는 거죠. 우리가 지하철이나 버스에 타면 바로 판단합니다. '이 자리가 나한텐 지금 이 순간 제일 편하겠다'라고 생각되는 곳에 가서 자리를 잡습니다. 영토를 구성하는 운동이고 또 배치체를 만드는 운동입니다. 그 둘은 같은 거예요. 그런데 여기를 또 떠나죠. 다른 곳에서 다른 영토를 만들게 됩니다. 이런 식으로 영토화(영토 구성) 그리고 탈영토화가 있게 됩니다. 얼마까지 벗어날 수 있느냐에 따라 탈영토화가 상대적인지 절대적인지 구별됩니다. 절대적 탈영토화는 진정한 노마드죠. 그저 끊임없이 가는 겁니다. 그런데 상대적 탈영토화는 머뭇머뭇 멈춥니다. 어디까지만 가는 겁니다. 이 둘이 차이가 나요. 그 점을 염두에 두고, 코드의 구분과 영토의 구분 두 가지가 있는데, 이것이 조합되면서 세상을 이룬다고 보면 될 것 같아요.

이제 문헌을 보겠습니다. "그렇지만 자본주의의 흐름들과 분열증의 흐름들을 욕망의 흐름들의 탈코드화라는 일반적 주제 아래 동일시하는 것은 큰 잘못이리라."[11] 분열증도 코드가 없습니다. 분열증은 사회 규범에 해당하는 코드가 없고, 언어 규칙에 해당하는 코드가 없습니다. 코드가 없기 때문에 이른바 헛소리를 하는 거예요. 다른 사람들하고 말이 통하지 않습니다. 그 점에서 탈코드화의 운동 속에 놓여 있다는 건 자본주의와 분열증의 공통점입니다. 둘 다 코드가 없어요. 둘 다 '싸가지'가 없습니다. 제멋대로예요. 돈이면 다 되고, 헛소리더라도 말이면 다 되는 겁니다. 그런 사회가 각각 자본주의와 분열증에 해당합니다. 하지만 '욕망의 흐름들의 탈코드화'라는 주제 아래

11　질 들뢰즈, 펠릭스 과타리, 『안티 오이디푸스』, 415쪽. 아래의 인용문은 416쪽까지 이어진다.

자본주의와 분열증을 같은 것으로 취급하면 안 됩니다. 둘을 구분해야만 합니다. 그다음 문장을 보세요. "확실히 이 양자의 친근성은 크다." 굉장히 가까운 관계예요. 그런데 차이점을 놓치면 안 됩니다.

무엇이 중요한 차이일까요? "왜 자본주의 생산은 말로만 아니라 현실로도 분열자를 병자로 만들까?" 왜냐면 분열자는 원래 그냥 자연인입니다. 이때 자연인은 산속에 있는 사람이 아닙니다. 우주의 생산의 운동 속에서 살아가는 존재가 분열자인데, 이걸 환자로 만든다는 겁니다. "왜 자본주의 생산은 미친 사람들을 자신의 영웅, 자신의 성취로 보는 대신 오히려 감금할까?" 여기서 '자신의 영웅, 자신의 성취'로 보아야 하는 까닭은 자본주의가 분열자를 드러내기 때문입니다. 둘 다 코드가 없으니까요. 하지만 자본주의는 분열자를 감금합니다. 다 이유가 있겠지요. "이들이 혁명적 잠재력을 지닌 채 자신에 대해 위험한 흐름들을 흐르게 할 위험을 무릅쓰기라도 하는 양, 왜 세심한 주의를 기울여 이들을 감시할까?" 이에 대해 들뢰즈와 과타리는 이렇게 답합니다. "앞서 본 바와 같이, 이것은 자본주의가 다른 사회구성체들이 코드화하고 초코드화했던 흐름들의 탈코드화를 시행하는 한에서, 그야말로 모든 사회의 극한이기 때문이다." 그러니까 자본주의가 모든 사회의 가장 바깥쪽에 있다는 겁니다. 조금 더 보겠습니다. "그렇기는 하지만 자본주의는 모든 사회의 상대적 극한들 내지 절단들이다. 왜냐하면 자본주의는 극단적으로 엄격한 공리계로 코드들을 대체하기 때문"이다. "반대로 분열증은 그야말로 절대적 극한으로, 자유로운 상태에서 흐름들을 탈영토화된 기관 없는 몸 위로 지나가게 한다." 이제 둘의 관계가 규정됩니다. "따라서 분열증은 자본주의 자신의 외부 극한 또는 자본주의의 가장 깊은 경향성의 종결점이지만, 자본주의는 이 경향성을 억제하거나 이 극한을 밀어내고 치환한다는 조건 아래서만 기능한다고 말할 수 있다. 그러면서 자본주의는 자신이 확장된 규모로 끊임없이 재생산하는 자본주의 고유의 내재적인 상대적 극한들로 분열증의 절대적 극한을 대체한다."

이 구절들에서 요점은 무엇이냐? 원래 존재의 운동은 분열증의 운동입니다. 그런데 그 운동은 끝 간데없이 미친 운동입니다. 그것을 절대적 탈코드화라고 부를 수 있습니다. 아무런 규범도 규칙도 남지 않은 상태까지 갑니다. 그런데 자본주의는 거기에 모종의 제약을 가합니다. 그 제약의 핵심에는 이윤이 있습니다. '이윤이 증가되는 한에서…' 이게 자본주의의 원리입니다. 자본주의는 항상 이윤의 극대화를 위해 다른 모든 것을 제어하기 때문에 이 이윤이라는 극한 앞에서 멈출 수밖에 없습니다. 이윤에 위배되면 더 이상 가지 않는 거예요. 그 밖의 나머지 것들은 다 탈코드화하고 탈영토화합니다. 자본주의는 공리계를 만들어서 이른바 가두리 양식장 같은 걸 구축합니다. 이게 분열증(절대적 탈코드화)과 자본주의(공리계, 상대적 극한)의 차이입니다. 따라서 들뢰즈와 과타리의 돌파구는 자본주의의 가장 극한인 분열증을 도입하는 것이 핵심입니다.

'자본주의는 이윤이라는 극한에 부딪힐 때마다 분열증의 극한을 밀어낸다.' 이게 핵심입니다. 분열증은 자본주의의 극한인데, 자본주의는 이윤이라는 또 다른 극한을 가지고 있어서 분열증적 흐름을 계속 밀어냅니다. 분열증적 흐름이 이윤 극대화에 방해가 될 수 있기 때문입니다. 따라서 자본주의는 한편으로는 모든 것을 탈코드화하면서도, 다른 한편으로는 이윤이라는 새로운 코드를 만들어 냅니다. 이게 자본주의의 모순적인 특징이에요. 모든 것을 허물어뜨리면서도 동시에 이윤이라는 새로운 벽을 세우는 거죠. 이런 맥락에서 보면 정신분석이 왜 자본주의와 친화적인지도 이해할 수 있습니다. 정신분석 역시 무의식의 흐름을 특정한 방식으로 통제하려고 하기 때문이죠. 무의식을 오이디푸스 콤플렉스라는 틀을 통해 해석하고, 그것을 통제 가능한 형태로 만들려고 하는 겁니다. 이게 바로 들뢰즈와 과타리가 비판하는 지점입니다. 그들은 무의식의 자유로운 흐름, 즉 분열증적 흐름을 긍정적으로 보고, 그것을 억압하는 자본주의와 정신분석을 비판하는 거죠. 하지만 동시에 이런 비판이 실천적으로 어떻게 가능한지에 대한 문제도 제기됩니다. 왜 비판이 잘 이루어지지 못하느냐의 문제도 함께 답해야 하겠고요. 이 주제가 억압과 연관됩니다.

8. 억압의 세 층위: 존재론적-무의식적, 정신적-무의식적, 사회적

억압이 사회에서 가족 범위로, 그리고 가족에서 개인 범위로 각각 전이되는 방식에 대한 구체적 연구가 필요합니다. 우리 사회는 이미 가족을 통해 작동하고 있기 때문이죠. 우리가 처음 만나는 사회적 관계가 가족이고, 그 안에서 특정한 규범과 규칙을 배우게 됩니다. 이때 배우는 게 억압의 메커니즘입니다.

여기까지 가면 굉장히 어려워지고 골치 아파집니다.[12] 그래도 이 대목은 조금 이야기할 필요는 있을 것 같아요. 들뢰즈와 과타리는 억압의 세 층위를 정밀하게 구별합니다. 억압에 해당하는 말을 나눠서 구별할 수 있어요. 우선 '탄압'이라고 번역한 레프레시옹répression이 있습니다. 독일어 레프레시온Repression입니다. 그다음 프랑스어 르풀르망refoulement이 있습니다. 독일어 페어드렝웅Verdrängung을 번역한 말인데, 저는 '억압'으로 번역했습니다. 들뢰즈와 과타리는 레프레시옹과 르풀르망을 엄밀하게 구별합니다. 일본어에서는 전자를 억제, 후자를 억압으로 번역합니다. 그런데 흥미로운 것은, 영어에서는 이 구분이 제대로 안 되어 있습니다. 그래서 대충 리프레션repression

---

12　자세한 내용은 김재인, 『들뢰즈의 비인간주의 존재론』, 서울대학교 대학원, 서울대학교 박사학위논문, 182-187쪽 참조. 곧 단행본으로 출간할 예정이다.

으로 번역한 후, 구별이 필요할 때 전자를 소셜 리프레션social repression, 후자를 사이킥 리프레션psychic repression이라고 합니다. 하지만 영어에서의 이 구분은 부적절합니다. 무슨 뜻인지 분명히 알지 못한 채 번역한 것으로 보입니다.

이 둘이 구별된다까지는 말했는데 설명하자면 너무 복잡해집니다. 앞서 소개한 제 박사논문을 찬찬히 한번 살펴보기를 바랍니다. 르풀르망을 구별하면 '원초적 억압' 또는 '1차적 억압'이라는 게 한편에 있고 '고유한 의미의 억압' 또는 '2차적 억압'이 다른 한편에 있습니다. 그다음에 사회적인 수준의 억압인 '탄압'이 있고요. 프로이트는 1차적 억압과 2차적 억압을 구별했습니다. 흥미로운 건 2차적 억압이 고유한 의미의 억압이라는 점입니다. 왜냐하면 심리 세계에서 무의식 안에 일어나는 억압, 즉 쾌가 예상되는데 뭔가 불쾌가 동시에 유발될 것 같으니까 누르는 현상, 이런 종류의 억압이 관찰된 것입니다. 그래서 심리 현상 속에서 그것을 고유한 의미의 억압이라고 불렀는데, 프로이트는 그런 억압이 가능하려면 그 바탕에 뭔가 또 다른 더 원초적인 억압이 있어야 한다고 보았습니다. 프로이트는 그것을 가설로 도입했지만, 들뢰즈와 과타리가 보기에 프로이트는 이걸 제대로 설명하지 못했습니다.

들뢰즈와 과타리는 원초적 억압 또는 1차적 억압을 존재의 운동 속에서 작동하는 억압이라고 보았습니다. 한편 2차적 억압을 심리에서 작동하는 억압으로 보았습니다. 둘은 서로 밀접한 관계가 있어요. 심지어 탄압, 사회적 차원의 억압이 심리적 억압에 영향을 미칩니다. 요점은 원초적 억압은 존재가 파괴와 건설의 운동을 하는데 건설이 막히는 일이 생겨난다는 거예요. 모든 게 다 건설될 수는 없으니까, 어쩔 수없이 건설되지 않는 것들이 남는 거죠. 이 측면이 원초적 억압입니다. 존재론적 수준에서 일어나는 억압, 그게 전제되어야 심리 수준에서의 억압도 가능하다고 본 거죠. 현대 자본주의 사회에서 2차적 억압이 작동하는 것은 핵가족 수준에서 개인이 억압 메커니즘을 내장했기 때문입니다. 그래서 심리적 억압이 일어납니다. 핵가족은 우리의 존재 수준에서 작동합니다. 다시 말해 현대 사회, 자본주의 사회에서는 존재론적인 운동이 현대적 형태로 작동할 때 핵가족이라는 구조를 하나 놓고 그것을 매개로 작동합니다. 핵가족이 사회 전체를 구성하는 기본 요소, 가장 기초가 되는 단위라고 설정된 거예요.

그 핵가족 안에서 콤플렉스를 통해 사람들이 계속 괴로워하게끔 가둬 버렸기 때문에 본래는 사회 전체가 핵가족을 넘나들면서 작동하는 좀 더 사회적인 수준의 운동이 더 이상 작동하지 못하게 함으로써 억압을 유발했다고 큰 틀에서 이해할 수 있습니다. 그것을 『안티 오이디푸스』의 한 구절에서 이렇게 표현합니다. "가족은 사회적 생산에 의해 억압에 위탁된다."[13] 그러니까 자본주의 사회이기 때문에 현재의 핵가족을 성립시켰고, 그 핵가족 속에서 개인은 사회와 직접 만나는 게 아니라 아빠-엄마라는 틀을 경유해서 만나는데, 아빠-엄마와의 관계 속에서 '엄마를 원하는데 아빠한테 혼날까 봐 이러지도 저

---

13 질 들뢰즈, 펠릭스 과타리, 『안티 오이디푸스』, 214쪽.

러지도 못하는 상황'에 처합니다. 그것을 '이중 구속double bind'이라고 합니다. 그레고리 베이트슨이 만든 용어인데 이러지도 저러지도 못하게 만드는 상황, '아빠한테 편하게 대해'라면서도 '아빠를 존경해야지'라고 요구하는 양가적인 명령, 이런 방식으로 구속하는 거예요. 자본주의는 우리를 이중 구속에 놓이게 합니다.

그런 식으로 아무것도 못 하게 하는 이중 구속이 현실의 억압을 낳는 메커니즘입니다. 이 부분은 짧게 설명했는데 훨씬 더 복잡해서, 좀 더 해명되는 작업이 나와야 합니다만, 국내는 물론 외국에서도 이 부분에 대한 연구가 아직 지지부진합니다. 이유 중 하나는 아까 말한 것처럼 영어 번역본 자체가 너무 잘못돼 있기 때문에 영어 책을 읽으면 뉘앙스가 전혀 포착이 안 되고, 영어권 연구자 대부분은 아직도 영어 번역 위주로 보는데, 프랑스어로 보는 연구자가 젊은 층부터 시작해서 생겨나고 있지만 이들이 제대로 보기 전까지는 이 작업이 완수되기 어려울 것 같아요. 문헌의 문제 때문에 프랑스 쪽 연구자도 지지부진한 것 같아요.

9. 공간의 두 유형: 홈 파인 공간 vs 매끈한 공간

그런데 우리가 이런 것들이 있다는 것을 알게 됐다는 것은 우리도 이 문제를 다룰 수 있는 준비가 된 것이라고 생각해 보게 됩니다. 어쨌든 어려운 점은 현대 사회가 점점 더 홈이 파인 공간이 되어 가고 있다는 거예요.[14] 예를 들어 비행기를 타면 자유롭게 하늘을 날 수 있을까요? 절대 그렇지 않습니다. 정해진 길로만 가야 해요. 하물며 드론도 법적으로 규제하고 있습니다. 이런 것들이 우리 사회가 점점 더 홈이 파인 공간으로 간다는 걸 보여 줍니다. 인터넷이라는 공간도 처음에는 되게 매끈한 공간이었는데 이제는 거의 다 홈 파인 공간으로 변했지요. 포털을 통해서만 접근할 수 있고, 포털이 허용하는 범위 내에서만 볼 수 있고, 그 안에서도 또 알고리즘이 추천해 주는 것만 보게 되고, 이런 식으로 점점 더 홈 파인 공간에 갇혀 가고 있어요.

들뢰즈가 보기에 홈 파인 공간은 결국 제도화된 것이고 국가가 만들어 낸 거예요. 국가 장치가 포획을 위해 만들어 낸 건데, 이걸 벗어나는 뭔가가 있어야 하지 않겠느냐? 그래서 '전쟁기계'라는 개념을 제시합니다. 전쟁기계는 『천 개의 고원』에 나오는 중요한 개념 중 하나로, 들뢰즈는 이 개념을 통해 홈 파인 공간을 벗어날 가능성을 찾으려고 했어요. 전쟁기계는 국가의 군대와는 달라요. 전쟁기계는 유목민들이 전쟁하는 방식인데, 유목민들은 정해진 길로 가지 않죠. 어디든 갈 수 있어요. 국가의 군대는 항상 전선이라는 게 있고 거기에 맞춰서 진군합니다. 그런데 들뢰즈는 우리가 완전히 매끈한 공간으로 갈 수는 없다고 봅니다. 항상 어느 정도 홈은 필요해요. 다만 그 홈이 지

---

14 관련된 내용은 김재인, 「매끈한 공간 대 홈 패인 공간: 전쟁기계, 또는 공간을 어떻게 구성할 것인가?—들뢰즈의 공간의 정치철학」, 『모빌리티 사유의 전개』, 앨피, 2019.

금처럼 강제적이고 억압적인 형태가 아닌 다른 방식이 있지 않을까 고민했던 것 같습니다.

홈이 파인 공간과 매끈한 공간의 대비는 현대 사회를 이해하는 데 굉장히 중요합니다. 특히나 디지털 시대에 들어와서는 더욱더 그런 것 같습니다. 디지털이라고 하면 자유롭다고 생각하는데, 실제로는 더욱더 통제된 공간이 되어 가고 있거든요. 지금은 유행이 좀 사그라들었지만, 메타버스 같은 것도 결국 플랫폼이 허용하는 범위 내에서만 움직일 수 있고, 플랫폼이 정한 규칙에 따라서만 움직일 수 있습니다. 우리가 점점 더 통제되고 있다는 걸 인식하면서, 동시에 이걸 벗어날 수 있는 가능성도 같이 찾아보자는 게 들뢰즈의 제안입니다. 이 개념을 문헌을 통해 더 들여다보겠습니다.

『천 개의 고원』에는 이렇게 전쟁기계가 소개됩니다. "공리2: 전쟁기계는 유목민의 발명품이다(그것이 국가 장치의 외부에 있고, 군사 제도와 구별되는 한에서)."[15] 그러니까 군사 제도가 전쟁기계를 자기 걸로 삼아 실제 전쟁을 일으킬 수도 있습니다. 그러나 전쟁기계의 원래 작동은 전쟁이 목적은 아니라는 거죠. 바로 이어 명제 5번을 보면, "유목적 실존은 전쟁기계의 조건들을 공간 속에 반드시 실효화한다." 유목민들이 살려면 반드시 전쟁기계를 실효화해야 한다는 뜻으로 보면 될 것 같아요. 그다음은 명제 9번입니다. "전쟁은 반드시 전투를 목적으로 삼는 것은 아니다. 특히 전쟁기계는 반드시 전쟁을 목적으로 삼고 있

---

15 질 들뢰즈, 펠릭스 과타리, 『천 개의 고원』, 새물결, 471, 729쪽.

는 것은 아니다. (특정 조건들 아래에서는) 전쟁기계에서 전투와 전쟁이 반드시 나올지라도 말이다."[16] 이게 서로 모순되는 것 같아 보이기도 합니다.

들뢰즈가 생전에 인터뷰한 내용들이 많이 나와 있는데 왜 전쟁기계라는 이름으로 개념을 만들었는지는 아무도 묻지 않더라고요. 왜 전쟁과 전투를 목적으로 삼지 않는데 전쟁기계라는 이름을 붙인 걸까요? 니체가 말하는 '가치의 전쟁'을 수행하기 때문일까요? 이 내용도 검토해 봐야 합니다만, 무엇보다 전쟁기계가 결국에는 국가에 전유되어 전쟁을 목적으로 사용되고야 말았다는 역사적 현실을 이해할 필요가 있습니다. 들뢰즈와 과타리가 소개하는 사례들은 사실 발명의 영역에 속하는 것들로, 주로 유목민들에서 유래했습니다. 대표적인 것이 야금술입니다. 야금술을 통해 더 강한 철을 만들 수 있었고, 그것을 칼로 구현하기도 했습니다. 칼은 최첨단 무기였지요. 하지만 야금술이 전쟁을 목적으로 삼고 있다고 할 수는 없습니다. 현대 군산복합체에 이르기 전까지, 대부분의 기술적 성취는 결국은 전쟁 무기로 쓰이게 되었지만 발명 과정에서는 전쟁과 무관한 것이었습니다. 굳이 말하자면 그것은 자유와 해방의 수단이었습니다. 하지만 현대의 군산복합체는 상황을 완전히 바꾸어 놓았습니다. 애초에 전쟁이 목적인 기계들을 만들어 내고 있는 데다, 인력, 자본, 기술, 국방을 총동원하기 때문에 사사로운 노력이나 기술로는 따라잡을 수 없게 되

16　같은 책, 518, 797-798쪽.

었습니다. 상황이 더 어려워진 셈이지요. 전쟁기계는 홈이 파인 공간 속에 살아가면서 매끈한 공간을 구현하려는 그런 활동, 혁명적인 활동으로 이해됩니다. 자본주의마저도 공리계에 의해 홈이 파여 있죠. 칸을 넘어가는, 홈 파인 공간을 가로지르는 분열증적인 운동이 매끈한 공간을 구성하는 운동입니다. 『천 개의 고원』이 출간된 직후인 1980년 10월의 인터뷰에서 들뢰즈는 말합니다.

우리는 "전쟁기계"를 도주선들 위에서 자신을 구성하는 선형 배치체un agencement linéaire라고 정의한다. 이런 의미에서 전쟁기계는 결코 전쟁을 목표로 삼고 있지 않다. 전쟁기계는 자기가 구성하고 차지하고 전파할 아주 특별한 공간, 즉 매끈한 공간을 목표로 삼는다. 유목nomadisme이란 바로 전쟁기계와 매끈한 공간의 이 조합이다. 우리는 어떻게 그리고 어떤 경우에 전쟁기계가 전쟁을 목표로 삼는지 보여 주려고 노력했다(국가 장치가 처음에는 자신에게 속하지 않았던 전쟁기계를 전유할 때 그런 일이 벌어진다). 전쟁기계는 혁명적 또는 예술적일 수 있는데, 전쟁과 관련되기보다 훨씬 더 그렇다.[17]

전쟁기계가 혁명과 예술에 관련되는 이유는 기존의 홈을 뭉개고 가로지르기 때문입니다. 공간을 다시 매끈하게 만드는 것이지요. 첫 구절에서 '도주선들 위에서 자신을 구성하는 선형 배치체'라는 표현

---

17 G. Deleuze, *Pourparlers*, Paris: Minuit, 1990, pp.50-51.

을 썼습니다. 도주선이라는 개념을 한 번 더 강조할 필요가 있습니다. 도주선은 영어로 line of flight, 프랑스어로 ligne de fuite예요. 퓌트fuite라는 단어, 또는 동사형 퓌르fuir라는 단어는 의미심장합니다. 예전에 여러 사람과 논쟁하기도 했는데 이 단어는 '도망간다'는 뜻도 있지만, 같은 인터뷰에서 들뢰즈는 명시적으로 얘기합니다. '내가 도망간다'는 뜻으로 쓴 게 절대 아니라는 거예요. 퓌르가 갖고 있는 '누수'라는 뜻이 중요합니다. 세상에는 아무리 정교하게 구성된 건축물이라 할지라도 항상 누수 지점이 있다는 거예요. 왜 누수가 일어날까요? 세상이 원래 그래요. 쥐들이 갉아먹기도 하고 녹슬거나 썩기도 하거든요. 세상은 완벽하게 건설된 건축물이 아닙니다. 시간이 지나면서 항상 낡아요. 그러니까 누수 지점이 없는 사회는 없고, 자본주의 사회마저도 누수 지점이 있습니다. 그것을 발견하면서 거기로 빠져나가는 거예요. 그게 도주인 거죠. 그러니까 내가 능동적으로 하는 역할은 그다지 크다고 할 수 없습니다. '탈주'라는 개념이 한국에서 아직도 유통되던데, 그건 굉장히 개인적인 도전과 도발에 더 가깝죠. 내가 혼자서 뭔가를 해 보겠다고 해도 들뢰즈는 그럴 수 없다고 말합니다. 사회 조건이 먼저고 그 조건 속에서 할 수 있는 한 해 보겠다는 몸부림이에요. 이것은 능동적인 의미가 거의 없는 궁여지책이에요. 들뢰즈는 막다른 골목이라는 말을 많이 쓰는데, 그 막다른 골목에서 할 수 있는 마지막 수단을 강구하는 것, 발명해 보는 것, 그게 유일한 길이라고 얘기해요. 바로 파르티잔이나 게릴라가 정규군하고 대적할 때 동원할 수 있는 수단 정도에 불과하다는 거예요. 도주선들 위에서 자신을 구성한다는 말이 그런 의미입니다. 어딘가 틈새를 잘 찾아서 거기로 뭔가 빠져나가겠다는 거예요. 물론 거기에는 창의적인 개입이 필요하겠죠. 그냥은 안 되겠죠. 또한 '선형 배치체'라고 했습니다. 선으로 이루어진, 선 모양을 한 배치체. 3차원 입체가 아니라는 거예요. 아마도 선형이어야 빠져나가기 좋다는 뜻 아닐까요?

이제 마무리하겠습니다. 자본주의와 분열증의 여러 공통점과 차이점을 말했는데, 자본주의는 역사적으로 보면 현실에서 가장 해방된 사회이지만, 여전히 이윤이라는 자본주의 내적 운동에 종속되어 있기 때문에 우리를 예속하고 있고, 우리는 홈을 따라서만 살아갈 수밖에 없습니다(설명하자면 길지만, 가장 대표적인 홈이 '빚'입니다). 자본주의가 작동하기 위해서 만든 그 홈을 벗어나는 운동을 결국은 감행해야 하는데, 그게 결코 쉽지 않죠. 그러니까 자본주의의 틈새들을 잘 찾아가면서 빠져나가서 자본주의에 포획되지 않는 방향으로 자기 삶을 발명하는 운동을 해야 하는데 그게 전쟁기계의 역할입니다. 전쟁기계의 '끝판왕'은 분열증입니다. 자본주의 사회에서 '미침'을 완성하는 삶의 형태는 어떤 걸까요?

"어떻게 이 벽을 가로질러야 할까. 강하게 두드려도 아무 소용이 없으니. 이 벽을 파고 줄로 갈아 가로질러야 한다, 내 느낌에 천천히 참을성 있게." 빈센트 반 고흐가 1888년 9월 8일에 쓴 편지의 한 대목입니다.[18]

18 질 들뢰즈, 펠릭스 과타리, 『안티 오이디푸스』, 241-242쪽에서 재인용.

들뢰즈 vs 바디우
: 모矛 vs 순盾?

박정태

1. 프롤로그

언젠가 「들뢰즈 철학에 대한 문제 제기—일자의 철학자 들뢰즈?」
라는 제목의 글을 쓴 적이 있습니다.[1] 들뢰즈가 일자 철학을 강하게
비판하고 있지만 다름 아닌 바로 들뢰즈 자신에게서 일자 철학자의
냄새가 난다고 지적하는 바디우의 주장이 정말 근거가 있는 것인지
따져 보는 글이었습니다. 당시에 글을 쓰면서 생각했습니다. "세상을
보는 눈이 이렇게나 다를 수가 있구나…" 사실 훨씬 이전에 바디우의
저서 『들뢰즈—존재의 함성』[2]을 번역할 때도 똑같은 생각을 했습니
다. 예를 들어 이 책에서 바디우가 들뢰즈와 자신의 정치적 입장 차
이를 가리켜 "파시스트와 그에 맞선 볼셰비키"라고 비유할 정도였으
니 말입니다.[3] 책의 초반부에 등장한 이 과격한 슬로건 하나만 보고

---

1   박정태, 「들뢰즈 철학에 대한 문제 제기—일자의 철학자 들뢰즈?」, 『들뢰즈』, 계간 파란
     2016 가을호, 143-159쪽.
2   A. Badiou, *Deleuze—La clameur de l'Etre*, Paris: Hachette, 1997; 『들뢰즈—존재
     의 함성』, 박정태 옮김, 이학사, 2001.
3   "'파시스트와 그에 맞선 볼셰비키', 그와 나의 입장은 바로 이것이었다!" 알랭 바디우, 『들

서도 세상을 보는 이 둘의 눈이 얼마나 다를지, 그에 따라 사유와 행위에서의 이 둘의 대결이 얼마나 첨예할지에 대해서, 그 당시 책의 본 내용을 읽기도 전에 이미 머릿속에 그림이 충분히 그려졌던 기억이 납니다. "와우~ 파시스트와 볼셰비키라니!" 그렇습니다. 들뢰즈와 바디우, 이 두 철학자의 관계는 이 고전적이면서도 아주 강력한 슬로건의 느낌을 그대로 살려서 말하자면 한쪽이 창이고 다른 쪽은 방패인 관계, 즉 모순 관계라 할 만합니다. 이 글의 제목에 조금 과하다 싶은 표현인 '모 vs 순?'을 굳이 집어넣은 것은, 이 두 철학자 간의 이렇듯 날카로운 대결 양상을 가능한 한 보다 직설적이고 생동감 있게 전달하고 싶어서입니다. 제목이 이미 충분히 알려 주듯이 이 글이 겨냥하는 것은 그래서 분명합니다. 그것은 들뢰즈와 바디우, 두 철학자의 존재론에서 이 모순 관계가 어떻게 드러나는지에 관하여 항목별로 구체적이고 일목요연하게 확인해 보는 것입니다.

2. 형이상학

아리스토텔레스에 따르면 참된 앎이란 만물의 첫 번째 원인과 원리에 대해 아는 것이며,[4] 이것이 곧 형이상학입니다. 따라서 형이상

뢰즈―존재의 함성』, 34-35쪽.

학은 만물이 그것으로부터 생겨나서 마침내 소멸하여 다시 그것으로 되돌아간다고 할 때의 그 무엇,[5] 즉 아르케에 대해 알고자 합니다. 그렇다면 들뢰즈와 바디우는 형이상학자임이 분명합니다. 왜냐하면 아르케를 가리키는 명칭만 다르게 바뀔 뿐, 들뢰즈의 철학과 바디우의 철학 모두 궁극적으로는 아르케에 대해 물으며 아르케에 대해 답하기 때문입니다. 이 점에 대해 바디우는 다음과 같이 명시적으로 확언합니다. "들뢰즈의 철학은 나의 그것과 마찬가지로 고전적인 유형(존재와 기초의 형이상학)에 속한다."[6] 따라서 들뢰즈의 철학과 바디우의 철학 모두에서 '아르케 vs 아르케로부터 비롯된 것들'이라는, 또는 하이데거식의 존재론적 용어로 표현할 경우 '존재 vs 존재자들'[7]이라는 두 항의 대립 구조가 등장하는 것은 극히 자연스러운 일입니다. 이 두 항의 대립 구조는 우리가 아래에서 이 양자의 철학을 파악하고 비교할 때 의존할 수 있는 유용한 준거 틀이 될 것입니다.

---

4   "모든 사람들이 '지혜'란 이름이 붙은 것이 사물들의 으뜸 원인들과 원리들을 다룬다고 생각하고 있기 때문이다." Aristotle, Metaphysics, 981b28-29; 아리스토텔레스, 『형이상학』, 김진성 역주, 서광사, 2022, 37쪽.

5   "그들은 사물들을 이루고 있는 것, 그것들이 생겨 나오는 맨 처음의 것, 그리고 그것들이 마지막에 사라져서 되는 것이(실체는 그대로 남아 있고 오로지 그 양태들만이 변한다) 사물들의 요소 및 원리라고 말한다." *Ibid*, 983b7-12; 같은 책.

6   알랭 바디우, 『들뢰즈—존재의 함성』, 128쪽.

7   "철학은 존재론과 구분되지 않는다." G. Deleuze, *Logique du sens*, Paris: Minuit, 1969, p.210. 들뢰즈에게서는 이처럼 '철학=형이상학=존재론'의 등식이 성립한다. 그리고 이것은 바디우에게서도 마찬가지다. 따라서 이후부터는 특별한 이유가 없는 한 가급적 형이상학을 존재론으로, 아르케를 존재로, 그리고 아르케로부터 비롯된 것들을 존재자들로 통일시켜 표시할 것이다.

3. 철학적 결심

세계에는 무수히 많은 존재자들이 있습니다. 따라서 세계의 아르케에 대해, 즉 존재에 대해 묻는 형이상학자는 당장 다음의 물음에 맞닥뜨릴 수밖에 없습니다. "이 다수의 존재자들을 과연 무엇으로 이해해야 하는가?" 이 물음에 답하기 위한 여정에서 첫걸음을 내딛기 직전 들뢰즈와 바디우는 각자 자기 고유의 철학적 결심을 합니다. 이 결심은 물론 다음의 두 방향 가운데 한 방향을 선택하는 결심입니다. 하나인 존재가 있고 바로 이 하나 아래 다수의 존재자들을 포괄하는 쪽으로 갈 것이냐, 아니면 다수의 존재자들을 포괄할 수 있을 모든 종류의 하나를 배제한 채 말 그대로의 다수 자체를 존재로 보는 쪽으로 갈 것이냐! 바로 이 지점에서부터 두 철학자가 앞으로 나아갈 길이 확연히 갈립니다. 들뢰즈의 철학적 결심이 하나 아래 다수를 포괄하는 길을 선택한다면, 바디우의 철학적 결심은 다수를 포괄할 수 있을 모든 종류의 하나를 배제하는 길을 선택합니다.[8] 한편 이 결심의

---

8 들뢰즈와 자신의 서로 대립하는 철학적 선택에 대해 바디우는 다음과 같이 회고한다. "나는 다수에 관한 존재론을 전개해 나가면서 나의 이러한 시도가 다름 아닌 들뢰즈의 그것과 정면으로 마주한다는 사실을 조금씩 깨닫게 되었다. 왜냐하면 다수에 관한 사유는 들뢰즈 자신이 이미 오래전에 지적한 바 있는 것처럼 (베르그손적 계보 안에서) 개방된 다수성들이 이루는 '생기적인'(또는 '동물적인') 패러다임 아래에서 행해지든지, 아니면 말라르메적 의미의 '별 모양'으로 표현될 수 있는 집합들의 수학화된 패러다임 아래에서 행해지든지 둘 중의 하나이기 때문이다. 이렇게 볼 때, 들뢰즈는 첫 번째의 패러다임에 속하는 현대적인 사상가인 반면, 나는 두 번째의 패러다임을 그것의 극단적인 결과들에까지 밀고 나간다는 주장은 그리 틀린 말이 아니다." 알랭 바디우, 『들뢰즈─존재의 함성』, 37-38쪽.

순간에 양자 모두 반드시 더불어 고려해야 할 것이 있습니다. 그것은 힘입니다. 왜냐하면 우리가 마주하는 세계는 힘을 빼놓고는 결코 생각할 수 없는, 끊임없이 생멸하며 변화하는 세계이기 때문입니다. 들뢰즈는 다수의 존재자들을 포괄하는 하나로서의 존재를 힘 자체로 봅니다. 실제로 들뢰즈가 생명의 철학자, 생기주의 철학자로 거론되는 이유가 이것입니다. 따라서 그의 선택은 다음과 같은 등식으로 표현될 수 있습니다. 존재=힘이 있는 각각의 다수 전체를 포괄하는 유일한 거대 힘. 반면 모든 하나를 배제한 바디우의 선택은 다음과 같은 등식으로 표현됩니다. 존재=그 어떤 하나로도 묶을 수 없는, 힘이 있는 그 모습 그대로의 각각의 다수. 그리고 이와 같은 자기 고유의 철학적 결심을 따라 들뢰즈와 바디우가 각자 자기의 길을 가면서부터 아래에서 보듯이 항목별로 대립하는, 더 나아가 서로 모순되는 결과들이 뒤따르게 됩니다.

4. 존재와 존재자들, 존재론의 패러다임

들뢰즈의 철학적 결심이 분명히 보여 주는 것처럼 그의 존재론은 무엇보다도 먼저 생기주의[9] 존재론입니다. 들뢰즈에게서 존재와 존

---

9   들뢰즈의 존재론은 생기주의와 내재주의에 기반한다. 들뢰즈는 '존재=순수하게 내재적

재자들에 관한 등식이 다음과 같이 성립하는 것은 그래서 자연스럽습니다.

- 존재=하나=힘=생명=접힌(그래서 잠재적이라고 할 수 있는) 주름들의 총체=잠재적인 것
- 존재자들=다수=힘의 표현들=생명의 형식들=펼쳐진(그래서 현실적이라고 할 수 있는) 주름들=현실적인 것들

다음으로 그의 존재론은 또한 내재주의 존재론이기도 합니다. 들뢰즈의 철학적 결심을 따라서 하나인 존재가 다수의 존재자들을 포괄할 때, 존재와 존재자들(하나와 다수, 힘과 힘의 표현들, 생명과 생명의 형식들, 접힌 주름들의 총체와 펼쳐진 주름들, 잠재적인 것과 현실적인 것들)은 서로에게 내재합니다. 그의 존재론 자체라 할 수 있는 존재의 일의성[10]이 유

인 것=생명'의 등식을 제시하며 이 점을 분명히 한다. 들뢰즈에게서 순수 내재성은 존재를 말한다는 것을 염두에 두고 다음의 인용문을 읽어 보자. "우리는 이 같은 순수 내재성을 다른 어떤 것이 아닌 생명(UNE VIE)이라고 말할 것이다. … 생명은 내재성의 내재성이요 절대적인 내재성이다. 말하자면 생명은 완벽한 역능, 완벽한 지복이다." G. Deleuze, "L'immanence: une vie…", *Philosophie* (numéro 47), Paris: Minuit, 1995. 질 들뢰즈, 「내재성: 생명…」, 『들뢰즈가 만든 철학사』, 이학사, 2007, 512쪽. 한편 들뢰즈의 생기주의에 관한 바디우의 구체적 입장에 대해서는 다음을 참고할 수 있다. A. Badiou, *Court traité d'ontologie transitoire*, Paris: Seuil, 1998. 알랭 바디우, 「들뢰즈의 생기적 존재론」, 『일시적 존재론』, 이학사, 2018, 77-93쪽.

10 "오로지 하나의 존재론적 명제, 즉 존재는 일의적이라는 존재론적 명제만 있었다." G. Deleuze, *Différence et répétition*, Paris: PUF, 1968, p.52. "존재론은 존재의 일의성과 구분되지 않는다." G. Deleuze, *Logique du sens*, p.210. "존재의 일의성은 존재는 소리라는 것, 존재는 이야기된다는 것, 그리고 존재는 그가 무엇으로부터 이야기된다고 할 때 바로 그 무엇 모두의 유일하고 같은 하나의 '의미'로 이야기된다는 것을 말한다."

지되기 위해서는 존재와 존재자들 사이에 그 어떤 분리도 있어서는 안 됩니다. 왜냐하면 존재와 존재자들이 분리될 경우 분리된 양쪽을 따라서 존재가 당장 두 개의 의미로 이야기될 것이기 때문입니다. 따라서 들뢰즈의 일의적 존재론에서는 분리의 가능성 자체를 없애기 위해 존재와 존재자들이 반드시 상호 내재적이어야 합니다. 그의 표현을 빌려 말하자면 존재와 존재자들은 서로를 향해 마주한 두 항이라는 점에서 분명히 구분되지만, 또한 서로에게 내재한다는 점에서 식별 자체가 불가능합니다. 그렇다면 우리는 이 모든 것을 고려하여서 들뢰즈의 존재론의 패러다임에 대해 다음과 같은 결론을 내릴 수 있게 됩니다. 요컨대 들뢰즈의 존재론은 존재가 존재자들을, 힘이 힘의 표현들을, 생명이 생명의 형식들을, 잠재적인 하나가 현실적인 다수를 상호 내재적인 방식으로 포괄하는 생기적인 패러다임을 제시합니다. (하지만 들뢰즈의 그것과 반대되는 철학적 결심을 한 바디우의 길 위에는 결코 현실적인 것들을 포괄하면서 그것들의 원천 또는 저장고의 역할을 할 잠재적인 것이 들어설 자리가 없습니다. 바디우가 보기에 들뢰즈가 말하는 잠재적인 것이란 한마디로 말해서 없는 것, 그래서 가상의 것일 뿐입니다. 실제로 바디우는 들뢰즈의 존재론이 가상의 것에 불과한 잠재적인 것에 근거하고 있다고 지적하면서 들뢰즈의 존재론은 그 자체로 매우 취약한 이론이라고 비판합니다.)

그렇다면 바디우가 제시하는 존재론의 패러다임은 무엇일까요? 철학적 결심의 순간에 우리가 목격하는 들뢰즈와 바디우의 결정적인

Ibid., p.210.

차이점은 뭐니 뭐니 해도 생기주의의 수용 여부입니다. 생기주의를 거부하는,[11] 따라서 생기적 저장고 또는 원천과도 같은 잠재적인 것 자체를 거부하는 바디우의 존재론에서는 모든 것이 현실적일 뿐입니다. 바디우에게서 잠재적인 차원이 원천적으로 배제된 존재와 존재자들에 관한 다음의 등식이 성립하는 것은 이 때문입니다.

- 존재=모든 하나(하나-로-셈하기의 체제)로부터 벗어나도록 해 주는 냉철한 수학적 이성의 눈을 통해서만 인지 가능한 현실 세계 속의 순수 다수=그 어떤 하나로도 묶을 수 없다는 점에서 그 자체로 불안정하며 식별이 불가능한 다수=그 어떤 하나로도 식별되지 않기에 하나의 관점으로 보면 결국 없는 것과 마찬가지라는 점에서 무無인 다수=공백(공집합)[12]
- 존재자들=하나 아래 헤아려지고 묶인 현실 세계 속의 불순한 다수 또는 이 다수로 구성된 모임들=안정적이며 식별이 가능한 다수 또는 이 다수로 구성된 모임들=상황들(집합들)[13]

---

11   바디우가 생기주의를 거부한다고 할 때, 그가 거부하는 것은 정확하게 말해서 다수 전체를 포괄하는 생명 같은 거대한 힘이다. 그는 각각의 다수, 특히 각각의 인간 주체가 지닌 힘과 활동성을 거부하지 않는다.

12   "존재론은 그 모습 그대로의 불안정한 다수성에 대한 이론일 수만 있다." A. Badiou, *L'être et l'événement*, Paris: Seuil, 1988, p.36. "결코 일자에 의지함 없이 순수 다수를 사유해야 하기 때문에 존재론은 필연적으로 공리적이다." *Ibid*., p.551. "존재로부터 사유 가능한 것이 있다면, 그것은 근원적인 다수의 형식 속에, 하나가 지닌 능력 아래에 있지 않은 다수의 형식 속에, 말하자면 내가 『존재와 사건』에서 하나가 없는 다수라고 불렀던 것의 형식 속에 있다." 알랭 바디우, 『일시적 존재론』, 35쪽.

13   하나는 "다수가 어떤 조건을 거쳐서 스스로를 다수로서 인지되도록 한다고 할 때의 바로

바디우에 따르면 원래부터 있는 하나란 없습니다. 그럼에도 우리는 현실 세계 속에서 우리의 필요에 의해 만들어진 수많은 하나(하나-로-셈하기의 체제)들 그리고 이 하나들에 의해 헤아려지고 묶인 수많은 모임들을 만납니다. 결국 식별이 불가능한 순수 다수를 이론적으로 설명해야 하는 과제, 아울러 현실 세계 속에서 끊임없이 등장했다가 사라지는 수많은 하나들과 그에 따른 모임들을 이론적으로 설명해야 하는 과제 앞에서 바디우가 취한 존재론의 패러다임은 다른 것일 수가 없습니다. 그것은 순수 다수 그리고 이 다수가 이루는 구성과 해체 또는 이합집산을 집합 이론을 통해 사유하는 수학적 패러다임입니다. [14] (하지만 생기주의 존재론의 길을 걷는 들뢰즈가 보기에 바디우의 존재론은 결코 옳을 수가 없습니다. 그는 바디우의 존재론이 다수를 잠재적인 것에 연결하는 일에, 즉 생명 속에서 사유하는 일에 실패한다고 지적합니다. 그에 따르면 생기성이 배제된 집합 이론을 존재론의 길잡이로 취함으로써 결과적으로 바디우의 존재론은 다수를 무기력한 수와 혼동하고 있습니다.)

그 조건의 체제를 말한다." A. Badiou, *L'être et l'événement*, p.37. 상황은 "… 하나-로-셈하기의 체제 또는 구조와 더불어 이루어진 다수다." *Ibid*., p.557.

14 "수학적인 것은 … 그 모습 그대로의 존재를 절대적으로 '인지'하는 유일한 담론이다." *Ibid*., p.15. 사실 들뢰즈의 존재론도 존재와 존재자들을 이론적으로 설명하기 위해 수학을 수단으로 취한다. 다만 들뢰즈가 취한 수학은 집합 이론이 아니라 미적분론이다. 다음의 등식은 미분과 적분이 들뢰즈에게서 존재론적으로 어떤 의미를 갖는지 단순 명료하게 보여 준다.
• 미분=무한히 나누기=점점 더 감각이 불가능해지는 쪽으로 나아가기→존재론적으로 볼 때 잠재적인 것(접힌 주름들의 총체, 존재) 쪽으로 나아가기
• 적분=무한히 나뉜 것들을 합치기=점점 더 감각이 가능해지는 쪽으로 나아가기→존재론적으로 볼 때 현실적인 것들(펼쳐진 주름들, 존재자들) 쪽으로 나아가기

5. 존재와 존재자들을 잇는 서로 역행하는 두 방향: 존재⇄존재자들

들뢰즈의 존재론에서 존재는 힘이고 힘은 곧 운동입니다. 따라서 들뢰즈의 존재론에서는 힘의 두 방향과 더불어 존재의 두 운동이 자연스럽게 등장합니다. 그것은 존재로부터 존재자들을 향해 나아가는 생산운동과 존재자들로부터 존재를 향해 나아가는 용해운동입니다.

바디우의 존재론 또한 들뢰즈의 존재론과 마찬가지로 두 항의 대립 구조를 갖는 한에서 두 운동이 거론됩니다. 다만 여기에서 운동은 들뢰즈의 생기주의 존재론의 경우처럼 존재 자체인 유일한 거대 힘으로부터 비롯된 운동이 아닙니다. 그것은 생기주의가 원천적으로 배제된 상태에서 힘이 있는 각각의 다수, 특히 인간들이 행하는 활동으로서의 운동입니다. 먼저 존재자들을 향해 나아가는 운동이 있습니다. 그것은 하나(하나-로-셈하기의 체제)들을 세우고 그 하나들 아래 모임(상황, 집합)들을 만드는 운동입니다. 반면 이 운동에 역행하는, 존재를 향해 나아가는 운동이 있습니다. 그것은 하나들을 벗어나는 사건으로서의 운동, 그리하여 본래의 존재란 무엇인지 그 참모습을 있는 그대로 알려 주는 진리를 생산하는 운동입니다.

6. 존재에 대한 인식

들뢰즈의 존재론에서 존재로서의 힘은 가시적인 힘이 아니며, 존재로서의 운동 또한 가시적인 공간상의 운동이 아닙니다. 존재(하나=힘=생명=접힌 주름들의 총체=잠재적인 것)는 우리의 감각기관을 통해 인식되지 않으며, 이성주의적 접근 방식으로도 인식되지 않습니다. 들뢰즈가 존재에 접근하기 위해 특별히 내재주의적 직관의 방법[15]을 권하는 이유, 아울러 예술의 임무를 존재의 감각적 구현[16]이라고 규정하는 이유가 이것입니다.

이처럼 존재에 대한 인식이 무척이나 힘들다는 것은 바디우의 존재론에서도 마찬가지입니다. 다만 그렇게 된 이유가 들뢰즈의 존재론의 그것과 다릅니다. 바디우에 따르면 현실 세계 속에서 우리가 만나는 다수는 언제나 하나 아래 식별되고 헤아려져서 안정적으로 모

---

[15] 주체와 객체의 경계를 무너뜨려서 그 모습 그대로의 객체를 그 어떤 매개도 없이 직접적으로 인식하고자 하는 내재주의적 직관의 방법을 들뢰즈는 베르그손에게 크게 빚지고 있다. 실제로 들뢰즈는 베르그손에 대한 단행본(G. Deleuze, *Le Bergsonisme*, Paris: PUF, 1966)에서 제일 먼저 이 직관의 방법을 거론한다.

[16] 들뢰즈가 예술의 임무를 명시한 다음의 인용문에서 힘은 물론 존재를 말한다. "예술에서는 … 형태를 재생산하거나 발명하는 일이 중요한 것이 아니라 힘을 포착하는 일이 중요하다. 그 어떤 예술도 구상적이지 않은 이유가 바로 이것이다. 클레의 그 유명한 공식 '가시적인 것을 제시하는 것이 아니라 [가시적이지 않은 것을] 가시적이게 한다'가 의미하는 것은 다른 것이 아니다. 회화의 임무는 가시적이지 않은 힘을 가시적이게 하는 시도와 같은 것으로 정의된다. 마찬가지로 음악 또한 들리지 않는 힘을 들리게 하기 위해 노력한다." G. Deleuze, *Francis Bacon—Logique de la sensation*, 1981 réédition, Paris: Seuil, 2002, p.57.

인 다수, 다시 말해 상황들밖에 없습니다. 따라서 우리는 그 어떤 하나로도 묶을 수 없는 불안정하게 펼쳐진 그 모습 그대로의 다수, 즉 존재를 모릅니다. 일상에서 우리는 존재 자체에 대해 무관심한 채로 살아갈 뿐입니다. 또는 설령 하나를 벗어남으로써 비록 짧은 순간이나마 존재의 참모습(진리)에 대해 알려 주는 사건이 발생할지라도, 우리는 그것이 과연 진리를 생산하는 사건인지, 그 사건이 무엇을 의미하는지 모릅니다. 바디우가 특별히 철학의 임무를 사건을 통해 생산된 진리의 인식으로 정의하는 것은 이 때문입니다.

7. 식별 불가능성

들뢰즈와 바디우는 모두 "식별이 불가능하다"는 말을 자주 하지만, 이 말의 용도와 의미는 양자에게서 확연히 다릅니다. 먼저 들뢰즈의 존재론에서 식별 불가능성은 그 말의 용도와 의미가 철저하게 존재론적 일의성에 맞추어져 있습니다. 그의 철학적 결심의 결과물인 존재론적 일의성이 유지되기 위해서는 대립하거나 마주하는 두 항이 반드시 서로에게 내재적이어야 합니다. 다시 말해 두 항이 대립하거나 마주하는 한에서 서로 구분은 되지만, 두 항이 서로에게 내재하여 존재론적으로 하나를 이루는 한에서 서로 식별이 불가능해야 합니다. 따라서 들뢰즈의 존재론에서는 이 식별 불가능성이 대립하거나 마주하는 두 항 사이에, 즉 존재와 존재자들 사이에, 존재의 서로 역행하는 두 운동 사이에, 더 나아가 무수히 많은 존재자들 사이에 엄격하게 적용됩니다. 예를 들어 스피노자의 입을 빌린 스피노자-들뢰즈의 존재론[17]에서는 신(스피노자적 존재)과 신의 생산물인 신의 양태들(스피노자적 존재자들) 사이에, 신으로부터 신의 양태들을 향해 가는 운동과 그 역방향의 운동 사이에, 신의 무수한 양태들 사이에 엄격한 식별 불가능성이 성립합니다.

반면 바디우의 존재론에서는 식별 불가능성의 용도와 의미가 들뢰즈의 존재론의 경우처럼 대립하거나 마주하는 두 항 사이의 존재론적 식별 불가능함을 향해 있지 않습니다. 그것은 사건이 발생하여 기존의 하나가 무너질 때 그 하나 아래 식별되고 묶여 있었던 다수가 식별이 불가능해지고 묶임으로부터 풀려나는 현상을 향해 있습니다. 다수를 포괄할 수 있을 모든 종류의 하나를 배제하는 바디우의 철학적 결심에 따르면, 비록 현실 세계 속에서 우리는 하나 아래 식별되고 헤아려져서 안정적으로 모인 불순한 다수만을 만날 수밖에 없지만, 언젠가는 그 하나가 무너지게 되는 사건을 맞닥뜨리게 됩니다. 왜냐하면 애초부터 하나라는 것은 없기 때문입니다. 그리하여 하나를 무너뜨리는 사건이 발생하는 바로 그때, 다수는 원래 그 모습 그대로의

---

17 들뢰즈는 스피노자, 베르그손, 니체, 푸코… 등을 해석하면서 그들의 입을 통해 자신의 존재론을 이야기하는 자유간접화법을 구사한다. 스피노자-들뢰즈는 바로 이 자유간접화법을 위해 창조된 개념적 인격체다. 이 점은 베르그손-들뢰즈, 니체-들뢰즈… 등에게서도 마찬가지다.

순수 다수로, 그 어떤 하나로도 묶을 수 없다는 점에서 불안정하며 식별이 불가능한 다수로, 식별이 되지 않기에 결국에는 없는 것과 마찬가지라는 점에서 무인 다수로, 즉 그 자체가 공백(공집합)인 다수로 떠오르게 됩니다.

8. 일자

들뢰즈는 명시적으로 일자One를 배제합니다. 예를 들어 들뢰즈가 플라톤주의의 선의 이데아나 기독교의 초월적 신을 부정하는 것은 그의 일관된 일자 배제 입장을 따른 당연한 주장입니다. (하지만 들뢰즈의 존재론이 은밀하게 '존재=내재적 차원의 일자'의 등식에 기반하고 있다고 보는 바디우는 다음과 같이 이의를 제기합니다. 플라톤주의나 기독교에서 볼 수 있는 것과 같은 초월적 차원의 일자가 아닌 내재적 차원의 일자 또한 있지 않은가요? 그리고 들뢰즈의 철학적 결심에 따른 존재, 즉 다수의 존재자들을 포괄하는 유일한 힘으로서의 존재, 현실적인 것들의 원천 또는 저장고와도 같은 잠재적인 것으로서의 존재야말로 다름 아닌 내재적 차원의 일자가 아닌가요? 존재의 일의성("존재는 … 유일하고 같은 하나의 '의미'로 이야기된다")을 주장하는 들뢰즈와 달리 다수를 포괄할 수 있을 그 어떤 종류의 하나도 용납하지 않는 바디우의 엄격하고 깐깐한 눈으로 보면, 들뢰즈의 존재론에서 존재자들의 차이를 일의적으로 결정하는 존재, 그리하여 존재자들의 차이의 위상을 존재의 일의와 비교할 때 순수하게 형식적인 것으로 드러나게 하는 존재야말로 사실 모든 존재자들의 실재적인 원천이요 기초, 즉 일자와 다른 것이 아닙니다.)

어쨌든 일자의 배제라는 측면에서 보면 들뢰즈보다 바디우가 훨씬 더 논리적으로 일관되고 강경한 입장을 취하는 것이 분명합니다. 바디우에게 결코 일자란 있을 수 없습니다.[18] 왜냐하면 그의 철학적 결심 자체가 일자를 포함하여 모든 종류의 하나를 배제하는 것으로부터 출발하기 때문입니다. 바디우의 존재론에는 그 어떤 하나도 없이 오로지 순수하게 분산된 다수만 있을 뿐입니다. 존재는 초월적으로든 내재적으로든, 또는 그 어떤 형태로든 결코 원천이나 기초가 아닙니다. 바디우는 말합니다. 존재론이 증거하는 것은 하나가 아니다, 존재론은 언제나 하나를 벗어나는 순수한 사건성을 증거할 뿐이라고 말입니다. (하지만 바디우와 반대로 생기주의의 길을 선택한 들뢰즈의 눈으로 보면, 오로지 순수하게 분산된 다수만 있는 바디우의 세계는 다수를 생명 속에서 사유하는 일에 실패한 세계입니다. 바디우의 세계 속의 다수는 생명과 무관한 다수, 그래서 전혀 실재적이지 못한 다수, 무기력하기 짝이 없는 수로서의 다수일 뿐입니다.)

---

18 "그 어떤 다수도 그가 포함하고 있는 모든 것에 대해 하나를 행하는 상태에 있지 않다." A. Badiou, *L'être et l'événement*, p.98. "절대적으로 무한한 무한한 것, … 이것은 이제 다음과 같은 말로 표현된다. 신은 존재하지 않는다." *Ibid.*, p.306.

9. 플라톤주의

들뢰즈는 플라톤주의의 전복[19]을 현대 철학의 핵심 과제로 내세울 정도로 반플라톤주의에 진심이고 열심인, 현대 반플라톤주의의 최강 전도사입니다. 우선 단순하게 수적으로 볼 때, 들뢰즈의 일의적 존재론에 따른 단 하나의 세계는 결코 플라톤주의의 둘로 나뉜 세계와 공존할 수 없습니다. 이뿐만이 아닙니다. 내용적으로 볼 때도, 모든 것의 가치가 동등한 들뢰즈의 일의적 존재론의 세계에서는 플라톤주의와 반대로 이데아에 맞선 환영(시뮬라크르)들의 동등함이 선언되고 그에 따라 환영들이 부르는 승리의 찬가가 울려 퍼집니다.[20] 마찬가지로 영원성에 맞선 일시성의 승리, 동일성에 맞선 차이의 승리, 진리에 맞선 관점의 승리가 선언되는 것 역시 반플라톤주의적인 들뢰즈의 존재론에서는 당연한 일입니다. (하지만 바디우는 이 모든 반플라톤주의적 면모에도 불구하고 들뢰즈가 오히려 비자발적 플라톤주의자가 아닌지 의심합니다. 그 이유는 크게 보아 다음의 두 가지입니다. 먼저 플라톤주의에 따르면 선의 이데아가 각

---

19   니체-들뢰즈는 선언한다. "'플라톤주의를 뒤집음'이란 무엇을 말하는가? 니체는 자신의 철학의 과업 또는 보다 일반적으로는 미래의 철학의 과업을 플라톤주의를 뒤집는 것으로 정의한다." G. Deleuze, "Renverser le platonisme(Les simulacres)" *Revue de métaphysique et de morale*, Paris: octobre-décembre, 1966. 질 들뢰즈, 「플라톤주의를 뒤집다(환영들)」,『들뢰즈가 만든 철학사』, 23쪽.

20   "이와 같은 사실로부터 이제 플라톤주의를 뒤집는다는 것은 도상 또는 사본의 권리에 맞서서 환영의 권리, 환상의 권리를 긍정하는 것을 말한다. … 환영은 격하된 사본이 아니다. 그것은 본래적인 것과 그의 사본을, 모델과 그의 재생산을 부정하는 적극적인 역능이다." 같은 책, 47쪽.

각의 이데아들을 통치하고, 각각의 이데아들이 현실 세계의 모든 것들을 통치합니다. 요컨대 플라톤주의의 세계는 선의 이데아의 유일 통치가 관통하는 세계입니다. 그런데 유일 통치라는 측면에서 보면, 들뢰즈의 세계 또한 플라톤주의의 그것과 다르지 않습니다. 왜냐하면 들뢰즈의 일의적 존재론에 따른 세계에서도 선의 이데아의 유일 통치와 다를 바 없는 존재의 일의적 통치가 일관되고 엄격하게 관통하고 있기 때문입니다.[21] 다음으로 플라톤주의에 따르면 이데아 세계는 모방을 매개로 해서 현실 세계의 기초를 이룹니다. 즉 구조적으로 볼 때, 플라톤주의에는 두 개의 세계가 있고, 이때 한 세계는 다른 세계의 기초가 됩니다. 그런데 바디우는 이와 동일한 구조가 들뢰즈의 존재론을 떠받치고 있다고 봅니다. 들뢰즈는 잠재적인 것과 현실적인 것들이 존재론적으로 하나이기 때문에 서로 식별이 불가능하다고 주장합니다. 하지만 잠재적인 것 자체를 부정하는 바디우의 입장에서 보면, 이때 식별 불가능성이라는 말은 아예 존재치도 않는 잠재적인 것을 들여온 다음 그것과 현실적인 것들 사이의 억지스러운 관계를 가리키기 위해 만들어 낸 말에 불과합니다. 바디우가 들뢰즈의 존재론에서 잠재적인 것은 차라리 들뢰즈가 창조해 낸, 현실적인 것들의 세계와 상이한 또 다른 가상의 세계로 보아야 한다고 주장하는 이유가 이것입니다. 바디우에 따르면 들뢰즈의 존재론에는 이렇듯 현실의 세계와 가상의 세계라는 두 개의 세계가 존재합니다. 이뿐만이 아닙니다. 들뢰즈의 존재론에서 잠재적인 것은 (바디우에 따르면 비록 이것이 가상의 세계에 불과할지라도) 현실적인 것들의 원천 또는 저장고에 해당한다는 점에서 그 자체

---

[21] "그런데 [들뢰즈 사유의] 이 같은 결과는 기이하게도 플라톤적인 모습, 더 나아가서는 신플라톤주의적인 모습을 띄게 된다. 왜냐하면 우리는 이 같은 결과 속에서 역설적인 일자 또는 탁월한 일자[존재]가 내재적인 방식으로 존재자들의 행렬을 낳는 모습 … 말하자면 플라톤적인 모습을 보게 되기 때문이다." 알랭 바디우, 『들뢰즈—존재의 함성』, 78쪽.

가 현실 세계의 기초 역할을 합니다. 이렇게 본다면, 들뢰즈의 존재론은 플라톤주의의 이데아 세계를 무너뜨리거나 배제하지 않습니다. 오히려 플라톤주의의 이데아 세계를 자신의 잠재적인 것으로 대체하고 있을 뿐입니다.[22] 구조적으로 볼 때, 이처럼 들뢰즈의 존재론에도 플라톤주의와 동일하게 두 개의 세계가 있으며, 이때 한 세계는 다른 세계의 기초를 이룹니다. 결국 의지의 차원에서는 극렬한 반플라톤주의자이지만 본인도 모르는 가운데 플라톤주의자가 되어버린 들뢰즈, 이것이 들뢰즈의 반플라톤주의에 대한 바디우의 판단입니다.[23])

한편 스스로가 오늘날의 플라톤으로 불리기를 원하는 바디우는 들뢰즈와 정반대로 의심의 여지가 없는 플라톤주의자입니다. 그가 플라톤주의자일 수밖에 없는 이유는 크게 보아 다음의 세 가지입니다. 첫째, 그는 플라톤("수학을 모르는 자, 이곳 아카데미아에 들어오지 말지니!")과 마찬가지로 수학을 강조하며 사유의 수단으로 취합니다. 실제로 바디우의 존재론에서 그 어떤 하나도 없이 순수하게 분산된 다수는 오로지 집합 이론의 수학소의 긍정 속에서만 사유될 수 있습니다. 둘째, 플라톤주의의 두 개의 세계가 비잠재적 세계, 비가능태의 세계(아리스토텔레스적 질료(가능태)를 거부하는 플라톤!)인 것처럼 바디우의 존재론에서 순수하게 분산된 다수 또한 결코 잠재적이지 않습니다. 바디우

---

22 "나는 기꺼이 말할 수 있다. … 들뢰즈는 잠재적인 것에 관한 플라톤주의에 집착하고 있었다. 그는 플라톤으로부터 일자의 일의적인 통치는 물려받지만, 이데아는 언제나 현실적이어야 한다는 점은 버린다. 그에게 있어서 이데아는 잠재적인 전체성을 의미하며, 일자는 서로 상이한 생산물들의 무한한 저장고를 의미한다." 같은 책, 111쪽.
23 "사실 그 근본상 들뢰즈주의는 일종의 재교정-강조된 플라톤주의이다." 같은 책, 78쪽. "이 같은 사실은 들뢰즈를 다시 한번 더 비자발적인 플라톤주의자로 만든다." 같은 책, 141쪽.

의 존재론의 사전에 잠재적인 것이란 없습니다. 셋째, 진리를 부정하는 현대 철학의 주된 흐름에 정면으로 맞서서 마치 고대의 플라톤이 소피스트들에 맞서서 그랬던 것처럼 오늘날 바디우는 거의 유일하게 진리를 명시적으로 주장하는 철학자입니다. (하지만 꼼꼼하게 따져보면, 바디우는 그의 존재론에 무시할 수 없을 정도의 반플라톤주의적 요소가 포함되어 있다는 점에서 일종의 변형된 플라톤주의자로 볼 수도 있습니다. 그 근거는 바디우를 플라톤주의자로 만드는 위의 세 가지 이유 속에 각각 함축되어 있습니다. 첫째, 플라톤이 취한 수학이 기하학이라면, 바디우가 취한 수학은 집합 이론과 무한 이론입니다. 기하학이 체계의 수학이라면, 집합 이론과 무한 이론은 언어의 한계(식별 불가능)와 역설(초과점의 정리)까지 포함한, 그래서 기존의 체계를 넘어서는 사유를 가능케 하는 수학입니다. 둘째, 플라톤주의가 현실 세계와 초월적 이데아 세계라는 두 개의 세계를 제시한다면, 바디우의 존재론에는 오로지 단 하나의 현실적인 세계밖에 없습니다. 셋째, 플라톤의 고전주의적 진리관(말과 사실의 부합, 이데아와 대상의 닮음)과 달리, 바디우의 진리관은 절차주의적 진리관입니다. 바디우의 존재론에 따르면 진리는 과정을 통해서만 존재합니다. 즉 사건의 발생을 통해 진리로 인식될 수 있는 다수가 생산되면, 이 다수는 철학에 의해서 명명, 충실, 검열의 과정을 거쳐야만 비로소 진리로 인식될 수 있습니다.[24] 따라서 진리는 플라톤주의에서처럼 원래부터 실체를 가지고 있는 무엇이 아니라 사건과 더불어 찾아 나가고 발명하는 무엇입니다. 진리는 사건을 통해

---

24 진리는 하나(기존의 체제)를 무너뜨리는 사건에 의해 생산된 다수, 하나를 벗어난다는 점에서 식별이 불가능한 다수, 그렇지만 철학에 의해 명명된 후 충실의 과정과 검열의 과정을 통해 모인 다수다. "진리란 [사건의 발생 이후…] 충실성의 과정에 의거하여 항들을 긍정적으로 검열할 경우, 바로 이 검열을 통해서 얻게 될 모든 항들을 다시 한곳으로 모은 것을 말한다." A. Badiou, *L'être et l'événement*, p.561.

도래하며 철학에 의해 인식될 뿐입니다. 따라서 사건이 일어나지 않는다면, 또 사건이 일어나더라도 철학이 작용하지 않는다면, 진리는 없습니다.)

10. 진리

고전주의적 진리관은 현실 세계 속의 다양한 것들, 달리 말해 다의적인 것들을 대상으로 삼아 말들과 그것들 사이의 부합을 따지거나 설정된 모델들과 그것들 사이의 닮음을 따집니다. 따라서 고전주의적 진리관은 필연적으로 말들과 다의적인 것들 사이의 부합 여부에 근거한 다의적 진리 개념, 모델들과 다의적인 것들 사이의 닮음 여부에 근거한 유비적 진리 개념을 내놓습니다. 들뢰즈는 많은 현대 철학자들과 마찬가지로 이 같은 고전주의적 진리관을 격렬하게 거부합니다. 그 이유는 이번에도 당연히 그의 존재론에서 찾을 수 있습니다. 먼저 들뢰즈의 존재론 자체라 할 수 있는 존재의 일의성에 따르면 일의적 존재로부터는 그 어떤 다의적 진리 개념도, 유비적 진리 개념도 나올 수 없습니다. 들뢰즈의 일의적 존재론에서는 오로지 단 하나의 의미만 있을 뿐이기 때문입니다. 다음으로 들뢰즈의 존재론에서 일의적 존재로부터 비롯된 다의적 존재자들은 그들의 존재론적 위상이 환영들이라는 점에서 이 다의적인 환영들을 통해서는 결코 진리에 도달할 수 없습니다. 환영과 진리는 서로에 대해서 말 그대로 상극의 자리에 위치해 있기 때문입니다. 실제로 들뢰즈가 인정하듯이 환영들인 다의적 존재자들은 니체적 전통 속에서 거짓된 것의 가장 높은 힘(역능)만을 증거할 뿐입니다.[25] (하지만 바디우는 고전주의적 진리관에 대한 들뢰즈의 이 같은 거부가 그만의 또 다른 진리관을 위해 은밀하게 매개 역할을 하고 있다고 봅니다. 왜냐하면 들뢰즈가 철학적 결심을 통해 선택한 생기주의 존재론(생명의 존재론)에서는 궁극적으로 무게 중심이 환영들에 불과한 다의적 존재자들(생명의 형식들) 쪽보다 그것들의 원천 역할을 하는 일의적 존재인 힘(생명) 쪽에 있을 수밖에 없다는 점에서 그곳에서는 결국 자연스럽게 힘으로서의 존재가 진리의 모티브로서 주어지게 되기 때문입니다. 따라서 들뢰즈가 실제로 그렇게 하고 있듯이 환영들인 존재자들을 존재로서의 힘의 긍정에 연결한다든지 또는 존재자들의 차이들을 생기적이고 내재적인 방식으로 힘으로서의 존재 속에서 전체화하는 일은 결국 존재로서의 힘 또는 힘으로서의 존재와 같은 외연을 지닌 진리를 함축하게 된다고 바디우는 지적합니다. 요컨대 바디우에 따르면 힘으로서의 존재가 곧 진리의 들뢰즈적 이름입니다. 분명히 들뢰즈는 고전주의적 진리관을 거부합니다. 하지만 바디우는 말합니다. 들뢰즈는 "진리란 저 너머에 있다"고 말하는 낭만주의적 진리관과 유사한 진리관 또한 제시하고 있다고 말입니다.)

바디우의 철학적 결심은 그의 존재론에서 모든 종류의 하나를 몰

---

25 "그리고 이것은 곧 거짓된 주장자의 승리를 의미한다. … 왜냐하면 이때의 거짓된 주장자는 니체가 거짓됨이 지니는 가장 높은 역능을 말할 때의 바로 그 역능으로서의 거짓됨에, 허위로서의 거짓됨에 관계하고 있기 때문이다. 환영은 동일자와 유사자, 모델과 사본을 거짓됨의 역능 아래에로(즉 환영 고유의 역능 아래에로) 추락시켜버리며, 분배의 고정성과 계급의 결정을 불가능한 것으로 만든다. 달리 말해서 환영은 유목적인 분배의 세계 또는 왕위에 오른 아나키의 세계를 세우는 것이다." 질 들뢰즈, 「플라톤주의를 뒤집다(환영들)」, 『들뢰즈가 만든 철학사』, 48쪽.

아내는 것으로부터 출발합니다. 다수를 포괄할 수 있을 그 어떤 하나도 없이 존재는 그저 불안정하게 펼쳐진 순수 다수일 뿐입니다. 그리고 다름 아닌 바로 이 그 모습 그대로의 존재, 즉 그 어떤 하나도 없이 불안정하게 펼쳐진 순수 다수야말로 바디우에게는 참된 것이요 진리입니다. 따라서 바디우에게 진리는 결코 들뢰즈의 존재론에서 볼 수 있는 것과 같은 하나로서의 힘, 생명, 잠재적인 것에서 찾을 수 있는 것이 아닙니다. 진리는 현실 세계 속의 우리가 이런저런 상황(하나 아래 식별되어 안정적으로 묶인 불순한 다수)으로부터 벗어나 존재의 참모습을 인지할 수 있도록 이끌어 주는 것들을 세우는 과정을 통해서만 도래합니다. 바디우가 그의 대표적 저서 『존재와 사건』에서 안정적인 상황을 무너뜨리는 사건과 이 사건으로 인해 만나게 되는 불안정하게 펼쳐진 순수 다수를 집합 이론에 근거하여 이론적으로 설명하는 일에 매달리는 이유가 이것이며, 그의 진리관이 절차주의적 진리관인 이유가 이것입니다.

11. 진리와 시간

들뢰즈의 존재론에서 시간은 존재의 또 다른 이름에 해당합니다. 그 직접적인 근거는 자유간접화법의 방식으로 베르그손의 입을 통해 자신의 존재론을 이야기를 할 만큼 들뢰즈와 베르그손이 동일한 사유를 한다는 사실에서 찾을 수 있습니다. 들뢰즈는 베르그손과 함께 어깨동무를 하면서 같은 길을 걸어갑니다. 이때 이 두 철학자를 묶어 주는 결정적인 계기는 물론 둘의 공통된 기반인 생기주의와 내재주의지만, 또한 그것은 생명 개념과 시간 개념이기도 합니다. 왜냐하면 이 둘에게서 생기주의와 내재주의를 개념의 차원에서 한곳에 모아 놓은 결정체가 곧 생명 개념이요 시간 개념이기 때문입니다. 실제로 들뢰즈의 존재론에서 시간(순수 지속 또는 전체적인 거대 과거)은, 생명이 그런 것과 마찬가지로, 다수의 존재자들을 포괄하는 유일한 힘으로서의 존재, 현실적인 것들의 원천 또는 저장고와도 같은 잠재적인 것으로서의 존재에 해당합니다. 따라서 앞에서 제시했던 존재에 관한 들뢰즈적 등식에 이제 시간이 추가됩니다. 존재=하나=힘=생명=접힌 주름들의 총체=잠재적인 것=시간. 그렇다면 들뢰즈의 존재론에서 진리와 시간의 관계에 대해 다음과 같은 결론이 뒤따르는 것은 당연한 일입니다. 그것은 삼단논법이 보장해 주는 매우 단순한 당연함입니다. 1) 들뢰즈의 존재론에서 시간은 존재를 표현하고 설명하는 일을 하는, 존재의 또 다른 이름입니다(시간=존재). 2) 들뢰즈의 존재론에서 존재는 진리의 들뢰즈적 이름입니다(존재=진리). 3) 따라서 들뢰즈의 존재론에서 시간은 들뢰즈적 진리 자체에 해당합니다(시간=진리).

반면 그의 철학적 결심을 따라서 존재는 그 어떤 하나도 없이 오로지 순수하게 분산된 다수일 뿐이라고 믿는 바디우는 진리를 추구하는 데 결코 이 같은 시간의 길을 따를 수가 없습니다. 시간의 길의 종착지는 결국 다수를 포괄하는 유일한 힘으로서의 존재, 다수의 원천 또는 저장고와도 같은 잠재적인 하나로서의 존재이기 때문입니다. 그 길은 그 어떤 하나도 없이 순수하게 분산된 다수로 우리를 인도하는 바디우적 진리의 길에 완전히 반대되는 길입니다. 이 지점에서 다시 한번 더 반복해서 강조하자면, 바디우의 존재론은 그 어떤 생기주의도, 그리고 생기주의로부터 비롯된 그 어떤 잠재적인 것도 인내하지 못합니다. 설령 그 잠재적인 것이 들뢰즈의 존재론에서처럼 시간으로 불릴지라도 말입니다. 따라서 바디우의 존재론에서 진리는 시간을 모릅니다. 또는 진리는 시간의 근원적인 멈춤이자 시간 자체에 대한 망각입니다. 밤하늘에 빛나는 무수히 많은 별들! 바디우는 이 별들을 존재의 참모습인 그 어떤 하나도 없이 순수하게 분산된 다수의 시각적 비유의 사례로 제시합니다. 물론 시각적 비유에 불과하지만, 이 빛나는 별들에는 영원성이 있으며, 이 영원성에는 시간이 삭제되어 있습니다. 플라톤주의의 진리의 세계, 영원한 이데아 세계는 시간이 배제된 세계임을 상기시키면서 바디우는 말합니다. 진리의 영원성은 시간의 소멸 속에서 빛이 난다고 말입니다.[26]

---

[26] 진리의 영원성과 관련해서 특별히 수학이라는 학문 자체가 시간이 배제된 학문이라는 사실을 눈여겨볼 만하다. 실제로 플라톤이 기하학을 자기 세계관의 길잡이로 취한 것, 바디우가 집합 이론을 자기 존재론의 길잡이로 취한 것은 그래서 자연스러우며 더 나아가 필연적이기까지 하다.

12. 진리의 운동

들뢰즈와 바디우는 공통적으로 진리를 향해 나아가기를 원하며, 또 누구에게나 이 진리의 운동을 권유합니다. 그 근본적인 이유는 무엇보다도 먼저 이 둘 모두가 형이상학자요 존재론의 철학자라는 단순하면서도 명백한 사실에 있습니다. 즉 들뢰즈와 바디우는 형이상학자로서 아르케를, 존재론의 철학자로서 존재를 추구하는 크나큰 열정을 가지는데, 바로 이 아르케 또는 존재 추구의 큰 열정이 이 둘로 하여금 진리를 향해 나아가는 운동을 하도록 추동하기 때문입니다. 이 진리의 운동과 관련하여서 들뢰즈가 힘으로서의 존재를 참되고 순수한 것으로 여기면서 그것에 집착한다는 사실,[27] 바디우에게서 진리란 존재의 본래 모습과 다르지 않다는 사실을 상기토록 합시다.

그리고 두 철학자 모두가 이처럼 진리로서의 존재를 추구한다는 사실로부터 이제 이 둘 사이의 (드물지만 또한 분명한) 공통점이 다음과

---

27 들뢰즈가 진리라는 용어를 거부하는 것은 분명하다, 하지만 그가 힘으로서의 존재를 참된 것, 순수한 것, 원초적인 것 등으로 고려하면서 추구하는 것 또한 그 이상으로 분명하다. 요컨대 들뢰즈 역시 어김없이 참을 사랑하며 추구하는 전형적인 애지자(愛智者), 즉 철학자다. 예를 들어 들뢰즈가 화가 베이컨의 작품을 분석한 그의 저서(『감각의 논리』)에서 베이컨이 일반적 닮음이 아닌 참된 닮음, 일반적 재현이 아닌 참된 재현, 일반적 구상이 아닌 참된 구상, 다시 말해 일반적 참이 아닌 진짜 참을 구현했다고 극찬하는 것은 그의 이런 애지자의 본성을 확실히 보여 주는 것이라고 할 수 있다. 바로 이런 점을 강조하면서 바디우는 들뢰즈의 존재론에서는 힘으로서의 존재가 곧 진리라고 주장한다. 우리 또한 바디우의 이 주장을 받아들여서 들뢰즈의 존재 추구 노력을 진리 추구 또는 진리의 운동으로 부르고자 한다.

같이 부각됩니다. 첫째, 이 둘 모두가 진리로서의 존재를 추구할 때, 그리하여 그 추구의 결과로 존재가 개방될 때 일어날 수 있는 무너짐, 붕괴, 몰락 등을 (대부분의 프랑스 현대 철학자들과 마찬가지로) 긍정적으로 봅니다. 실제로 이 무너짐의 현상을 가리켜서 들뢰즈는 탈영토화라고 부르고 바디우는 벗어나기라고 부릅니다. 둘째, 이 둘 모두가 무너짐, 붕괴, 몰락이 야기하는 고통뿐만 아니라 존재의 개방이 몰고 오는 환희, 기쁨, 희열 또한 강조합니다. 이 둘에게서 존재의 개방에 따른 고통과 환희는 동전의 양면과 같이 하나이면서 둘, 둘이면서 하나입니다. 셋째, 이 둘 모두가 진리로서의 존재에 대한 인식을 어렵고 힘들지만 그럼에도 달성해야 할 의무 또는 과업으로 여깁니다. 따라서 이 둘이 볼 때 "말할 수 없는 것에 대해서는 침묵해야 한다"[28]고 선언하는 비트겐슈타인은 직무에 태만한 철학자입니다. 직무에 충실한 철학자 들뢰즈는 감각이 불가능한 존재를 감각 가능하게 해야 한다고 주장(예술의 과업)하며, 마찬가지로 직무에 충실한 철학자 바디우는 존재를 드러내는, 그래서 식별이 불가능해 뭐라고 말할 수 없는 사건을 불법적으로라도 명명해야 한다고 주장(철학의 과업)합니다. [29]

28 L. Wittgenstein, *TRACTATUS LOGICO-PHILOSOPHICUS*, proposition 7, reprinted in 1981, London: Routledge & Kegan Paul.

29 "사건은 이름-없음을 자신의 이름으로 지닌다. 그리고 우리는 일어나는 모든 것과 관련하여서 그것을 오로지 무명용사에 [불법적으로] 위탁할 때만이 그것이 무엇인지를 이야기할 수 있다." A. Badiou, *L'être et l'événement*, p.227.

13. 반진리의 운동=진리의 필연적인 세속화 운동

들뢰즈의 존재론과 바디우의 존재론은 이처럼 모두가 진리로서의 존재를 추구합니다. 그렇다면 이때 자연스럽게 제기되는 물음이 하나 있습니다. 존재를 향해 나아가는 운동이 진리의 운동이라면, 그것의 역행 운동인 존재자들을 향해 나아가는 운동은 어떤 운동일까요? 먼저 두 존재론 모두에게서 존재와 진리는 불가분의 관계에 있음을 상기토록 합시다. 그리고 두 존재론 모두가 두 항의 대립 구조를 갖는 한에서 두 존재론 모두에게 존재의 서로 역행하는 두 운동, 즉 존재를 향해 나아가는 운동과 존재자들을 향해 나아가는 운동이 필연적임을 상기토록 합시다. 그렇다면 들뢰즈의 존재론과 바디우의 존재론 모두에게서 존재의 서로 역행하는 두 운동과 맞물려서 진리의 차원에서도 동일하게 서로 역행하는 두 운동이 거론되는 것은 지극히 당연한 일이 됩니다. 요컨대 두 존재론 모두에게는 존재론의 차원과 진리의 차원에서 동일하게 작동하는 일종의 순환 회로가 있습니다. 존재를 향해 나아갔다가 다시 존재자들을 향해 되돌아오는 존재론의 순환 회로, 진리를 향해 나아갔다가 다시 그 이전의 모습으로 되돌아오는 진리의 순환 회로! 그럼 이때 순환 회로를 따라서 진리를 향해 나아갔다가 다시 그 이전의 모습으로 되돌아오는 두 번째 운동을 과연 무슨 운동이라고 부를 수 있을까요? 첫 번째 운동이 진리의 운동이라면, 그것의 역행 운동인 두 번째 운동은 당장 반反 진리의 운동으로 불리는 것이 맞을 것입니다. 왜냐하면 첫 번째 운동이 우리에게 개방된 존재를 넘겨준다면 두 번째 운동이 그 개방된 존재, 즉 진리를 다시 닫아 버린다는 점에서 두 번째 운동은 명백하게 진리를 감추는 일을 하기 때문입니다.

하지만 이 두 번째 운동을 단순하게 반진리의 운동으로 명명하고 그친다면, 우리는 중요한 것을 놓치고 맙니다. 그 이유는 다음과 같습니다. 첫째, 반진리의 운동이라는 밋밋한 이름은 그 반진리의 운동 자체가 진리의 운동과 더불어 존재론의 필연적인 순환 회로 속에서 필연적으로 작동할 수밖에 없는 운동이라는 사실을 제대로 알려주지 않기 때문입니다. 들뢰즈와 바디우 모두에게서 존재를 향해 나아갔다가 다시 존재자들을 향해 되돌아오는 존재론의 순환 회로, 진리를 향해 나아갔다가 다시 그 이전의 모습으로 되돌아오는 진리의 순환 회로는 필연적으로 작동하는 회로입니다. 따라서 반진리의 운동은 반진리라는 이름이 주는 좋지 않은 뉘앙스 때문에 우리가 피해야 하거나 또 피한다고 해서 피할 수 있는 그런 운동이 아닙니다. 그것은 순환 회로의 필연적 작동을 따라서 (단지 일어나는 시기가 문제일 뿐) 반드시 일어날 수밖에 없는 운동입니다. 둘째, 반진리의 운동이라는 추상적인 이름은 그 반진리의 운동이 우리에게 구체적으로 무엇을 건네는지 제대로 알려 주지 않기 때문입니다. 존재와 존재자들을 오가는 순환 회로(존재⇄존재자들)는 들뢰즈의 용어로는 잠재적인 것과 현실적인 것들을 오가는 순환 회로(잠재적인 것⇄현실적인 것들)로, 바디우의 용어로는 순수한 다수와 불순한 다수의 모임들(상황들)을 오가는 순환 회로(순수한 다수≒불순한 다수의 모임들)로 번역될 수 있습니다. 이때 존재, 잠재적인 것, 순수한 다수가 일상에서 인지가 안 되는 원초적인 무엇을 가리킨다면, 존재자들, 현실적인 것들, 불순한 다수의 모임들은 일상에서 인지가 가능한 일반적인 무엇을 가리킵니다. 그리고 우리는 이 일상에서 인지가 가능한 일반적인 무엇을 우리의 어법을 따라서 세속적인 무엇이라고 부릅니다. 예를 들어 일상에서 우리가 흔히 만나는 체제, 질서, 관습 등이 바로 세속적인 무엇들입니다. 따라서 우리는 이제 위에서 제시한 반진리의 운동의 두 가지 속성, 필연적이라는 속성과 세속적이라는 속성을 함께 고려하면서 반진리의 운동에 관하여 다음과 같이 말할 수 있을 것입니다. 존재를 향해 나아가는 진리의 운동과 반대로 존재자들을 향해 나아가는 반진리의 운동은 단순한 의미로 진리에 반하는 운동이 아닙니다. 반진리의 운동은 진리가 다시 세속화되어서 우리에게 새로운 체제, 질서, 관습 등을 건네는, (그리고 바로 이런 의미에서 개방된 존재와 진리를 다시 닫아 버리는) 그 자체로 반드시 일어날 수밖에 없는 필연적인 운동입니다. 요컨대 '반진리의 운동=진리의 필연적인 세속화 운동'의 등식이 성립합니다.

우리는 들뢰즈와 바디우 모두에게서 이 반진리의 운동, 즉 진리의 필연적인 세속화 운동을 그것의 역행 운동인 진리의 운동과 더불어 분명하게 확인할 수 있습니다. 먼저 들뢰즈의 경우, 존재를 향해 나아가는 진리의 운동이 탈영토화의 운동을 가리킨다면, 존재자들을 향해 나아가는 반진리의 운동은 재영토화의 운동을 가리킵니다. 다시 말해 진리의 운동이 세속적인 옛 영토(체제, 질서, 관습…)로부터 벗어나 혼돈을 향해 나아가는 탈영토화의 운동을 말한다면, 반진리의 운동은 혼돈을 거친 다음 세속적인 새 영토를 구획하고 그 새 영토 속으로 되돌아오는 진리의 필연적인 세속화 운동으로서의 재영토화의 운동을 말합니다. 실제로 들뢰즈에 따르면 제한 없는 탈영토화의 운동은 단지 무한한 혼돈 속으로 빠져들기만 하는 죽음 충동의 운동입니다. 따라서 그는 결코 혼돈 속으로 무한정 빠져 들어가서는 안 되고, 옛 영토와 다른 새 영토를 다시 구획하여 그곳으로 되돌아와야 한다고 주장합니다. 즉 존재론의 순환 회로(탈영토화-재영토화-탈영토화-재영토화…)를 따라서 진리와 관련된 운동을 계속해야만 합니다. 그리고 이것은 바디우의 경우에도 마찬가지입니다. 바디우에게서 존재를 향해 나아가는 진리의 운동이 사건을 통해 하나를 무너뜨리고 그로부터 벗어나는 운동을 가리킨다면, 존재자들을 향해 나아가는 반진리의 운동은 새로운 하나를 세우고 그 새로운 하나 아래 상황을 만드는 운동을 가리킵니다. 다시 말해 진리의 운동이 세속적인 옛 하나(체제, 질서, 관습…)로부터 벗어나 불안정을 향해 나아가는 하나 벗어나기 운동을 말한다면, 반진리의 운동은 불안정을 거친 다음 세속적인 새 하나를 세우고 그 새 하나 속에서의 안정을 향해 되돌아오는 진리의 필연적인 세속화 운동으로서의 하나 세우기 운동을 말합니다. 실제로 바디우에 따르면 사건을 통해 생산된 식별이 불가능한 다수가 진리로 인식되기 위해서는 불안정 속에 머물러 있기만 해서는 안 되고 안정을 향해 되돌아와야 합니다.[30] 즉 존재론의 순환 회로(하나 벗어나기-하나 세우기-하나 벗어나기-하나 세우기…)를 따라서 진리와 관련된 운동을

218

계속해야만 합니다. 그렇다면 우리는 이 존재론의 순환 회로, 진리의 순환 회로를 주목하면서 들뢰즈와 바디우 사이의 (드물지만 또한 분명한) 공통점을 다시 한번 더 거론할 수 있게 됩니다. 그것은 적어도 겉으로 드러난 모습만 놓고 볼 때, 이 둘 모두에게서 진리를 향한 운동의 동일한 원칙을 다음과 같이 목격하게 된다는 점입니다. 기존의 체제에 고착되지 말고 끊임없이 새로운 체제를 창조하라!

14. 사건

들뢰즈의 존재론에서 사건이란 존재와 존재자들을 오가는 순환 회로(존재⇄존재자들)의 작동, 들뢰즈의 용어로 말하면 잠재적인 것과 현실적인 것들을 오가는 순환 회로(잠재적인 것⇄현실적인 것들)의 작동을 말합니다. 즉 존재를 향해 나아가는 첫 번째 운동과 존재자들을 향해 나아가는 두 번째 운동이 실제로 일어나는 것이 사건입니다. 다만 들

30　바디우에 따르면 진리의 주체(인간 주체)가 하나(기존의 체제)를 무너뜨리는 사건을 일으키고, 그로 인해 하나를 벗어나는 식별이 불가능한 다수가 생산될 때, 다시 한번 더 진리의 주체가 등장해서 이 사건에 불법적인 이름을 붙이는 명명 과정, 그리고 이렇게 붙여진 불법적인 이름을 중심으로 식별이 불가능한 다수를 한곳으로 모으는 충실의 과정과 검열의 과정을 행해야지만 비로소 진리가 도래한다. 진리의 도래를 위해서는 이처럼 안정을 향해 되돌아오는 진리의 필연적인 세속화 운동이 있어야 하며, 이 운동은 다음의 인용문에서 보듯이 그 자체가 불법적이다. "사건에 대해 존재론은 할 말을 가지고 있지 않다." *Ibid.*, p.212. "진리의 모든 공정이 비롯되는 것은 그 어떤 정원외적인 비존재의 말로 표현할 수 없는 경우 안에서다." *Ibid.*, pp.314-315.

뢰즈가 사건의 발생을 거론할 때, (비록 존재의 일의성을 따라서 두 운동이 결국에는 하나의 운동을 이룸에도 불구하고) 주된 설명은 첫 번째 운동보다 두 번째 운동에 몰려 있습니다. 따라서 이러한 경향성을 존중하여 그의 존재론에서 사건은 다음과 같이 공식화될 수 있습니다. 존재에서 존재자들로, 하나에서 다수로, 힘에서 힘의 표현들로, 생명에서 생명의 형식들로, 접힌 주름들의 총체에서 펼쳐진 주름들로, 잠재적인 것에서 현실적인 것들로 나아가는 운동의 발생.[31]

반면 바디우의 존재론에서 사건이란 존재와 존재자들을 오가는 순환 회로(존재⇄존재자들)에서 단지 존재를 향해 나아가는 운동만, 바디우의 용어로 말하면 순수한 다수와 불순한 다수의 모임들을 오가는 순환 회로(순수한 다수⇄불순한 다수의 모임들)에서 단지 순수한 다수를 향해 나아가는 운동만을 말합니다. 왜냐하면 그의 존재론에서 사건은 들뢰즈의 존재론과 달리 현실 세계 속에서 일어나는 모든 일이 아니라 그 가운데 기존의 하나를 무너뜨림으로써 궁극적으로 우리를 존재의 참모습으로 인도할 수 있는 일의 발생만을 가리키기 때문입니다. 요컨대 바디우의 존재론에서 사건은 언제나 진리의 사건을 말하고, 따라서 사건의 발생은 곧 진리의 운동이 실제로 일어나는 것을

---

[31] 이와 관련하여 들뢰즈의 존재론에서 내재성의 평면 개념이 어떻게 등장하는지 간단하게 요약하면 다음과 같다. 1) 존재=생명=내재성=무한히 많은 접힌 주름들의 총체=(무한히 많은 접힌 주름들이 너무나도 촘촘하게 병렬되어서) 매끈하게 된 평면→존재=생명의 평면=내재성의 평면=(그 표면 위에서 사건이 일어난다는 점에서) 사건의 평면. 2) 사건의 발생=내재성(생명)의 매끈한 평면 위에서 홈이 파이는 일(무한히 많은 접힌 주름들 가운데 어떤 주름이 펼쳐지는 일).

말합니다. 따라서 이러한 사건의 개념에 따르면 바디우의 존재론에서 사건은 다음과 같이 공식화될 수 있습니다. 존재자들에서 존재로, 하나 아래 묶인 안정적인 불순한 다수 또는 이 다수로 구성된 모임들에서 그 어떤 하나로도 묶을 수 없는 불안정한 순수 다수로, 상황들(집합들)에서 무 또는 공백(공집합)으로 나아가는 운동의 발생.[32]

15. 사건의 개별성

위에서 보았듯이 들뢰즈의 존재론에서 사건은 접힌 주름들의 총체 가운데 어떤 주름들이 펼쳐지는 일을 말합니다. 이때 주름들은, 그것들이 사건 발생 이전의 잠재적인 접힌 주름들이든 사건 발생 이후의 현실적인 펼쳐진 주름들이든 상관없이, 그들끼리 서로 분명히 구분은 되지만 식별이 안 됩니다. 왜냐하면 주름들은 모두가 하나의 유일하고 동일한 존재(주름들의 총체)의 잠재적이거나 현실적인 표현들이라는 점에서, 그들끼리 서로 분명히 구분됨에도 불구하고, 오로지 일

---

32 한편 사건을 보다 이해하기 쉽도록 과정이 아니라 결과의 관점에서 정리하면 다음과 같다. 사건=상황 속의 사건적 장소로부터 비롯된 식별이 불가능한 다수=하나-로-셈하기의 체제를 벗어나는 다수=철학이 진리로서 파악하게 될 새로운 다수. 실제로 다음의 인용문에서 보듯이 바디우 자신도 사건을 과정보다는 결과에 가중치를 두어 정의하기도 한다. "사건이란 [상황 속에] 주어진 사건적 장소로부터 비롯된 다수이되, 한편으로는 사건적 장소의 원소들[즉 상황의 입장에서 보면 공백들]로 구성된, 그러나 이와 동시에 다른 한편으로는 자기 자신(즉 사건 자신)으로 구성된 다수를 말한다." *Ibid.*, p.542.

의적 존재의 드러남이라는 단 하나의 의미만을 갖기 때문입니다. 확실히 주름들은 개별적입니다. 주름들은 서로 분명히 구분되기 때문입니다. 하지만 궁극적으로 주름들 간의 이 개별성은 존재론적 하나로 통합되는 개별성입니다. 주름들은 그들 간의 개별성에도 불구하고 존재론적 일의성을 따라서 오로지 하나의 의미만을 갖기 때문입니다. 그리고 들뢰즈의 존재론에서 사건은 접힌 주름들이 펼쳐지는 일을 말한다는 점에서 주름들 간의 개별성에 관한 이 이야기는 곧 사건들 간의 개별성에 관한 이야기이기도 합니다. 따라서 우리는 다음과 같이 말할 수 있습니다. 들뢰즈의 존재론에서 사건들은 (심지어는 발생하지도 않은 잠재적인 사건들까지 포함해서) 확실히 개별적이지만 결국 이 개별성은 존재론적 하나로 통합되는 개별성입니다. (하지만 바디우는 바로 이 하나로 통합됨을 지적하면서 들뢰즈의 존재론이 말하는 사건의 개별성은 그 자체가 결핍된 불완전한 개별성이라고 비판합니다. 존재의 일의성을 따라서 결국에는 하나로 통합되는 개별성, 또는 식별이 불가능한 구분을 자신의 속성으로 하는 개별성으로는 결코 진정한 의미에서 사건의 개별성을 확보할 수 없기 때문입니다.)

반면 바디우는, 사건들은 개별적이지만 존재론적으로 볼 때 하나라고 주장하는 들뢰즈와 정반대로, 사건들은 존재론적으로 볼 때 절대적 다수라고, 즉 절대적 개별자들이라고 주장합니다. 우선 바디우의 존재론에서 사건들은 형식적으로 볼 때 그 어떤 개별성도 누리지 못합니다. 바디우의 존재론에서는 모든 사건의 형식(과정)이 동일하기 때문입니다. 반면 사건들은 존재론적으로 볼 때 절대적으로 구분된 다수입니다. 바디우의 존재론에서 사건들은 그 사건들 하나하나가 그 어떤 하나로도 묶을 수 없는 절대적 다수, 절대적 개별자들이기 때문입니다. 이처럼 들뢰즈의 존재론이 사건들은 개별적이되 존재론적으로 하나라고 주장한다면, 반대로 바디우의 존재론은 사건들은 형식적으로 동일하되 존재론적으로 완전하게 개별적이라고 주장합니다.

16. 사건의 우연성

들뢰즈의 존재론에서 사건은 접힌 주름들이 펼쳐지는 일이라는 점에서 그 자체가 주름들의 펼침을 통해 무언가를 드러내는 표현 행위이기도 합니다. 따라서 들뢰즈의 존재론에서 사건의 우연성은 말 그대로 무한히 많은 접힌 주름들 가운데 일부가 펼쳐질 때의 우연성, 무한히 많은 잠재적 표현들 가운데 일부가 현실적으로 표현될 때의 우연성입니다. 요컨대 사건의 우연성은 존재(접힌 주름들의 총체)의 무한히 많은 주름들이 벌이는 펼침 놀이의 우연성이요, 무한히 많은 표현들이 벌이는 표현 놀이의 우연성입니다. (하지만 바디우는 사건이 이처럼 존재의 펼쳐짐이요 표현이라면, 들뢰즈의 존재론에서 말하는 사건에 진정한 의미의 우연성은 없다고 주장합니다. 왜냐하면 오로지 단 하나의 의미만 있을 수 있는 들뢰즈의 일의적 존재론에서는 존재의 펼쳐짐과 표현 또한 결국에는 단 하나의 의미 속으로 통합되고 마는 일의적 펼쳐짐과 표현일 수밖에 없기 때문입니다. 따라서 들뢰즈의 존재론에서는 사건의 우연성과 관련하여 다음의 등식이 성립합니다. 사건의 우연성=존재의 일의적 주름들이 벌이는 펼침 놀이의 우연성=존재의 일의적 표현들이 벌이는 표현 놀이의 우연성. 그래서 바디우는 묻습니다. 이와 같이 존재의 일의성을 따라서 단 하나의 의미만 있는 곳, 단 하나의 소리만 들리는 곳에서, 제아무리 무한히 많은 주름 가운데 어떤 주름들이 펼쳐지고 그 펼쳐짐을 따라서 무언가가 표현된다고 한들, 이 펼쳐짐과 표현에 우연이라는 말을 붙일 수 있는가, 그 우연이라는 것이 이미 단 하나의 의미만을 가리키는 우연, 이미 단 하나의 의미 속에 통합되어 있는 우연인데도, 라고 말입니다.)

한편 바디우에게서 진리는 그 어떤 하나로도 묶을 수 없는 불안정하게 펼쳐진 순수 다수고, 또 이 같은 진리를 생산하는 사건들 또한 그것들 자체로는 그 어떤 하나로도 묶을 수 없는 불안정하게 펼쳐진 순수 다수입니다. 바디우의 존재론에서 사건들은 그것들을 묶을 수 있는 그 어떤 하나도 없는 것들, 그리고 이처럼 모든 하나가 배제되었다는 점에서 그것들을 엮을 아무런 연결고리도 없는 것들, 즉 그것들 자체가 말 그대로 우연에 의한 것들일 수밖에 없습니다. [33]

---

[33] 바디우는 말한다. "결국 한쪽이 우연에 대한 유희적이고 생기적인 개념을 이야기한다면, 다른 한쪽은 우연의 우연에 대한 별 모양의 개념을 이야기한다. 결론적으로 말해서 니체냐 말라르메냐 하는 선택의 문제가 자리 잡고 있는 것이다." 알랭 바디우, 『들뢰즈―존재의 함성』, 170-171쪽.

17. 사건의 새로움

들뢰즈의 존재론에서 사건의 새로움은 사건의 우연성이 그런 것과 마찬가지로 말 그대로 무한히 많은 접힌 주름들 가운데 일부가 펼쳐질 때의 새로움, 무한히 많은 잠재적 표현들 가운데 일부가 현실적으로 표현될 때의 새로움입니다. 요컨대 사건의 우연성이 그런 것처럼 사건의 새로움 또한 존재(접힌 주름들의 총체)의 무한히 많은 주름이 벌이는 펼침 놀이의 새로움이요, 무한히 많은 표현이 벌이는 표현 놀이의 새로움입니다. (하지만 바디우는 사건의 우연성을 부정했을 때와 마찬가지 논리로 들뢰즈의 존재론에서 말하는 사건에 진정한 의미의 새로움은 없다고 주장합니다. 왜냐하면 들뢰즈의 일의적 존재론에서 말하는 사건의 새로움은 궁극적으로 이미 단 하나의 의미만을 가리키는 새로움, 이미 단 하나의 의미 속에 통합되어 있는 새로움일 뿐이기 때문입니다. 이뿐만이 아닙니다. 바디우에 따르면 들뢰즈의 존재론에서 말하는 사건의 새로움을 부정할 수밖에 없는 보다 근본적인 이유가 또 있습니다. 바디우는 들뢰즈의 존재론에서 말하는 사건의 새로움이 말 그대로 이전에 정말로 없었던 것이 생겼을 때의 새로움이 맞는지 묻습니다. 왜냐하면 들뢰즈의 존재론에서 말하는 사건의 새로움은 접힌 주름들의 총체인 존재가 이미 존재 자신 속에 잠재적으로 보존하고 있었던 주름들이 현실적으로 펼쳐질 때만 거론될 수 있는 새로움이기 때문입니다. 바디우에 따르면 이처럼 잠재적으로 이미 결정되어 있던 주름들이 현실적으로 펼쳐질 때의 새로움은, 이렇게 말할 수 있다면 일종의 결정론 또는 운명론에 근거한 새로움이요, 따라서 그것은 진정한 의미의 새로움이 될 수 없습니다.[34]

한편 잠재적으로 접혀 있던 주름들이 현실적으로 펼쳐지는 것을 통해 사건의 발생을 설명하는 들뢰즈와 달리, 바디우는 사건의 발생을 그 어떤 체계 속으로 환원시켜 설명할 수 있을 모든 가능성을 원천적으로 배제합니다. 실제로 바디우가 공백의 이론을 통해서 사건의 절대적인 시작(즉 무에서의 시작)을 개념화하는 이유가 이것입니다. 그의 존재론에서 사건은 공백(무) 속에서 발생합니다. 왜냐하면 사건이 발생하는 사건적 장소는, 그 사건적 장소를 자신 속에 지니는 상황(하나의 체제 아래 식별되어 모인 안정적인 다수)의 관점에서 볼 때, 전혀 식별이 되지 않는 물음표 그 자체요, 따라서 없는 것, 즉 공백(무)과 같은 것이기 때문입니다.[35] 바디우의 존재론에서 사건의 시작은 기존의 그 어

---

34 예를 들어 기독교의 묵시적 역사관에 따른 예정조화론이 이런 식의 결정론 또는 운명론을 보여 준다고 할 수 있다. 전지, 전능, 지선한 신은 세상의 창조 전에 이미 완벽하게 결정된 계획(주름들의 총체)을 수립하여 역사 속에서 이 계획을 한 치의 오차도 없이 실현시켜(주름들을 펼쳐) 나간다. 그렇다면 역사는 우리가 흔히 생각하듯이 과거로부터 현재를 거쳐 미래로 나아가는 것이 아니라, 오히려 반대로 미래의 마지막 날까지 이미 완벽하게 결정된 계획(주름들의 총체)이 미래로부터 현재를 향해 밀고 들어오는 것(펼쳐지는 것)이라고 볼 수 있을 것이다. 물론 이 계획은 (설령 불완전한 인간의 시각으로는 그것의 실현 결과가 전혀 선하지 않더라도) 그 자체로 가장 선한 계획이다.

35 "… 모든 하나-로-셈하기의 비-하나로서의 공백은 일종의 지정할 수 없는 점이라고 할 수 있다. 현시되고 있는 것이 셈을 벗어난 형태 아래에서 현시 속을 배회함이 확인되는 것은 바로 이 지정할 수 없는 점을 통해서다." A. Badiou, *L'être et l'événement*, p.561. "상황 속에 놓인 하나의 다수가 있되 만약 그 다수가 전체적으로 특이하다면, 즉 다수 자체는 [상황 속에서] 현시되고 있지만 다수 자신의 원소들 중 그 어느 원소도 [상황 속에서] 현시되고 있지 않다면, 이 다수는 하나의 사건적 장소다. 따라서 사건적 장소는 [상황에] 귀속은 하지만 근본적으로 포함은 되지 않으며, 또 그것은 [상황의] 원소이지만 결코 상황의 부분[부분집합]은 아니다." *Ibid.*, p.556. "사건이란 [상황 속에] 주어진 사건적 장소로부터 비롯된 다수이되, 한편으로는 사건적 장소의 원소들[즉 상황의 입장에서 보면 공백들]로 구성된, 그러나 이와 동시에 다른 한편으로는 자기 자신(즉 사건 자신)으로 구성된 다수를 말한다." *Ibid.*, p.542.

떤 체제나 근거 없이 일어나는 공백(무)에서의 시작이라는 점에서 문자 그대로 절대적인 시작이며, 따라서 사건에는 진정한 의미의 새로움이 있습니다. 바디우는 역설합니다. 들뢰즈의 존재론에는 하나(일자)에 포획된 새로움이 있고, 자신의 존재론에는 하나가 배제된 말 그대로의 새로움이 있다고 말입니다.

18. 주체

　주체에 관한 담론에서는 먼저 들뢰즈와 바디우의 공통점부터 눈에 띕니다. 그것은 크게 보아 다음의 두 가지입니다. 먼저 첫 번째 공통점은 들뢰즈의 존재론과 바디우의 존재론 모두 주체를 진리의 운동과의 연관 속에서 파악한다는 점입니다. 우리는 앞에서 두 존재론은 공통적으로 진리를 향해 나아가기를 원하며 또 누구에게나 진리의 운동을 권유한다는 것을 보았습니다. 따라서 두 존재론 모두에게서 진리의 운동을 행하는 주체가 강조되고 권유되며 중요하게 부각되는 것은 매우 자연스러운 일입니다. 실제로 두 존재론이 공통적으로 진리를 향한 운동의 동일한 원칙(기존의 체제에 고착되지 말고 끊임없이 새로운 체제를 창조하라!) 아래에서 존재론의 순환 회로(탈영토화-재영토화-탈영토화…하나 벗어나기-하나 세우기-하나 벗어나기…)를 따라가며 끊임없이 진리와 관련된 운동을 행하는 주체를 적극적으로 강조하는 것은 이 때문입니다. 두 번째 공통점은 들뢰즈의 존재론과 바디우의 존재론 모두 주체를 두 종류로 구분하여 제시한다는 점입니다. 왜냐하면 한쪽에 진리의 운동을 하는 주체가 있다면, 다른 쪽에는 진리의 운동에 무관심한 주체, 더 나아가 진리의 운동을 방해하는 주체가 있기 때문입니다. 들뢰즈가 유목적 주체와 정주적 주체(또는 아기 주체와 어른 주체, 기관 없는 신체와 유기체, 탈근대적인 선先인격적(비非인격적) 주체와 근대적인 인격적 주체…)를 구분하는 이유, 바디우가 인간 주체(진리의 생산과 인식에 관련된, 그래서 인간다운 주체)와 동물 주체(진리의 생산과 인식에 무관심하거나 역행하는 주체, 기존의 체제와 법칙을 벗어날 줄 모른다는 점에서 본능을 벗어날 줄 모르는 동물과 같은 주체)를 구분하는 이유가 이것입니다.

하지만 주체에 관한 담론에서는 양자 간의 이 같은 공통점 못지않게 아래에서 보는 것처럼 양자 간의 차이점 또한 극명합니다. 그중에서도 가장 큰 차이점은 들뢰즈의 존재론이 진리의 운동을 하는 주체의 실체성을 긍정하는 반면, 바디우의 존재론은 진리의 운동을 하는 주체의 실체성을 부정한다는 점입니다. 들뢰즈의 존재론에서 진리의 운동을 하는 주체는, 비록 우리가 일상에서는 그런 주체가 있는지조차 인식하지 못하더라도, 끈질기게 존속하는 실체로서 주체입니다. 예를 들어 유기체 밑에는, 유기체보다 앞선 원천적인 주체로서 기관 없는 신체가 존속합니다.[36] 반면 바디우의 존재론에서 진리의 운

---

36 "사건들은, 심리적이거나 언어적인 모든 인격주의에 맞서서, 특이한 것에 함축된 그 어떤 제3의 인격의 격상을, 더 나아가 그 어떤 '제4의' 인격의 격상을, 즉 비-인격 또는 [3인칭] 그의 격상을 이끌어낸다. 실제로 우리가 나와 너 사이의 덧없는 교환 속에서 인식하였

동을 하는 주체는 실체성을 지닌 주체가 아니라 단지 일시적으로 나타났다가 사라지는 주체일 뿐입니다. 왜냐하면 바디우의 존재론에서 진리는 오로지 식별이 불가능한 다수가 사건을 통해 생산된 후 명명, 충실, 검열의 과정을 통해 인식될 때만 도래한다는 점에서 진리의 운동을 하는 주체 또한 오로지 사건의 발생과 진리의 인식 과정에 관련될 때만 존재할 수 있기 때문입니다.[37] 진리를 생산하는 사건이 일어나지 않는다면, 사건이 일어나더라도 명명, 충실, 검열의 과정을 통해 그 사건을 제대로 인식하지 않는다면, 진리도 없고 따라서 진리의 운동을 하는 주체 또한 당연히 없습니다. 바디우가 역사 속에서 인간 주체가 사라진 시기가 아주 오랫동안 있을 수 있다고 말하는 것은 이런 의미에서입니다. 진리의 운동을 하는 주체, 인간 주체는 이처럼 일시적 주체입니다. 두 번째 차이점은 진리의 운동을 하는 주체가 들뢰즈의 존재론에서는 비이성적, 비합리적 주체로 거론되지만, 반대로

던 것보다 우리 자신과 우리 사회에 대하여 훨씬 더 잘 인식하게 되는 곳이 바로 이곳, 즉 비-인격 속에서이다.” G. Deleuze, “Réponse à une question sur le sujet”, *Deux régimes de fous-Textes et entretiens 1975-1995*, Paris: Minuit, 2003. 질 들뢰즈, 「주체의 질문에 대한 답변」, 『들뢰즈가 만든 철학사』, 529쪽. “체험된 신체의 경계이기도 한 유기체 너머에는 아르토가 발견하여 기관 없는 신체라고 명명한 것이 있다.” G. Deleuze, *Francis Bacon Logique de la sensation*, p.47. “유기체 아래의 기관 없는 신체의 현존, 유기적 재현 아래의 덧없는 기관들의 현존 또한 마찬가지다. 베이컨의 형상은 옷을 입고 있으면서도 거울 속이나 화폭 위에서 벌거벗은 자신을 본다.” *Ibid*., p.52. “유기체에 존속하는 [기관 없는] 신체의 집요함, 질이 부여된 기관들에 존속하는 덧없는 기관들의 집요함.” *Ibid*., p.53.

37   “주체란 [진리의] 유적인 공정으로부터 비롯된 하나의 유한한 국지적인 짜임새를 말한다.” A. Badiou, *L'être et l'événement*, p.558. “주체는 [진리의] 산출적인 공정의 유한한 순간이다.” A. Badiou, *Manifeste pour la philosophie*, Paris: Seuil, 1989, p.91.

바디우의 존재론에서는 지극히 이성적 주체로 거론된다는 점입니다. 들뢰즈의 존재론에서 진리의 운동을 하는 주체는 탈근대적인 선(先)인격적(비인격적) 주체 또는 기관 없는 신체라는 점에서, 근대적인 인격적 주체의 눈 또는 유기체의 눈으로 볼 때 그것은 전혀 이해할 수 없는 비이성적, 비합리적 주체요 히스테리컬한 주체입니다. 반면 바디우의 존재론에서 진리의 운동을 하는 주체는, 비록 자신이 지금 수많은 하나들에 속해 있다고 할지라도, 모든 하나로부터 벗어나도록 해주는 냉철한 수학적 이성의 눈을 가진 주체, 그래서 사건이 발생할 때 그 사건이 생산한 진리를 명명, 충실, 검열이라는 지극히 이성적인 과정을 통해 인식해 내는 주체입니다. 바디우가 인간 주체와 동물 주체를 구분할 때, 인간 주체는 동물이 가지고 있지 못한 것을 가진 주체, 그중에서도 특히 이성을 가진 주체입니다.

19. 에필로그

지금까지 존재론의 전선에서 그리고 이 전선의 각 고지에서 들뢰즈와 바디우가 어떻게 충돌하는지 구체적으로 확인해 보았습니다. 이 글의 제목 속의 물음표("들뢰즈 vs 바디우: 모矛 vs 순盾?")가 이제는 다음에서 보듯이 느낌표로 확실히 바뀌었으리라고 기대해 봅니다. "모矛 들뢰즈 vs 순盾 바디우!" 어떤가요, 이 두 철학자의 만남이 정말 첨예하고 치열하지 않은가요? 이 첨예하고 치열한 만남을 두고서 바디우는 말합니다. 그것은 하나의 정면 대립이었다고 말이죠.[38] 이제 글을 마무리하면서 도대체 무엇 때문에 들뢰즈와 바디우는 이토록 서로 반대되는 길을 걷는지에 대해서 개인적인 생각을 짧게 정리해 보고자 합니다. ‘철학적 결심La décision philosophique’은 1987년 프랑수아 라뤼엘François Laruelle이 중심이 되어 발행을 시작한 6개월마다 발행되는 프랑스 철학 잡지의 이름입니다.[39] 아주 오래전 프랑스의 헌책방에서 우연히 이 잡지를 처음 접했는데, 정말이지 그 이름이 참으로 마음에 들었습니다. “철학적 결심!” 우리에게는 너무나도 근본적인 물음이어서 그런지 오히려 잘 묻지 않게 되는 물음들이 있습니다. 행복이 무엇인지에 대해서는 그나마 묻는 편이지만, 왜 행복해야 하는지에 대해서는 거의 묻지 않는 것처럼 말입니다. 아마도 철학의 영

---

38 “분명히 말하건대, 이러한 우리의 대립과 논쟁은 양자 간의 동일성을 다루는 것도, 양자 간의 절충적이 수렴을 추구하는 것도 아니었다. 그것은 하나의 정면 대립이었다.” 알랭 바디우, 『들뢰즈—존재의 함성』, 38쪽. “생각하건대, 우리의 서신 교환은 분명 논쟁이었지 토론이 아니었다.” 같은 책, 64쪽.

39 ‘철학적 결심’은 어떤 식으로든 이분법에 근거하여 세계에 접근하려는 철학의 경향, 그리고 이분된 두 쪽 중 한쪽에 가치의 우위를 부여하려는 철학의 경향을 말한다. 라뤼엘에 따르면 플라톤주의 같은 전통적인 초월적 철학은 물론이고, 초월적 철학을 비판하는 들뢰즈의 철학 같은 현대의 내재적 철학까지도 암암리에 바로 이 ‘철학적 결심’에 따른 이원화된 구조를 재생산한다. 즉 현대의 내재적 철학은 전통적인 초월적 철학의 무비판적 토대(예를 들어 플라톤주의의 이데아 세계처럼 이분된 두 쪽 중에서 가치의 우위가 부여되어서 기초의 역할을 하는 쪽)를 비판하고 공격하지만, 사실은 현대의 내재적 철학 또한 은연중에 자기만의 근원적 토대를 설정하고 있으며, 따라서 철학의 이원화된 구조를 전혀 극복하지 못하고 있다. (다만 이 글에서는 라뤼엘이 말하고자 하는 의미의 ‘철학적 결심’이 아니라, 글쓴이가 단순히 잡지의 이름만을 보고 떠올린 개인적 의미의 ‘철학적 결심’을 적고 있다.)

역에서는 다음의 물음이 그런 유의 물음들 가운데 하나일 것입니다. "인간들이 동일한 세계 속에서 동일한 세계를 사유하지만 종종 그 사유의 결과가 서로 다른 이유, 심지어 서로 대립하는 이유가 무엇일까?" 사실 따지고 보면, 최초의 철학자들이 활동했던 고대 그리스에서부터 이미 세계, 인간, 행복… 등의 동일한 대상을 놓고 사유함에도 불구하고 서로 대립하는 사유의 두 흐름 또는 두 진영이 존재했습니다. 몸의 인식 능력에 가중치를 둔 탈레스 같은 자연철학자들 또는 경험주의 계열의 철학자들이 한편에 있었다면, 정신의 인식 능력에 가중치를 둔 피타고라스 같은 이성주의 계열의 철학자들이 맞은편에 있었으니 말입니다. 서양철학사에 따르면 이런 식의 양분된 사유의 두 흐름은 이성주의 계열의 대표 철학자로서 플라톤, 경험주의 계열의 대표 철학자로서 아리스토텔레스가 등장하면서 고대부터 확고하게 자리를 잡았고, 이후 두 흐름은 중세와 근대를 거쳐서 현대에 이르기까지 이어집니다. 라파엘로의 작품 〈아테네학당〉에서 손가락으로 위를 가리키는 플라톤과 앞을 가리키는 아리스토텔레스! 도대체 플라톤은 왜 저 높은 곳의 초월 세계(이데아 세계)에서 진리를 찾았으며, 반대로 아리스토텔레스는 왜 바로 눈앞의 현실 세계에서 진리를 찾았을까요? 중세 최대의 교부철학자 아우구스티누스와 중세 스콜라철학의 왕 아퀴나스! 아우구스티누스는 왜 플라톤주의의 전통에서 신의 문제에 접근했으며, 반대로 아퀴나스는 왜 아리스토텔레스주의의 전통에서 신의 문제에 접근했을까요? 플라톤의 근대적 계승자 합리주의와 아리스토텔레스의 근대적 계승자 경험주의! 데카르트를 비롯한 근대의 합리주의자들은 왜 이성을 통해서만 세계에 대한 올바른 인식에 도달할 수 있다고 주장했으며, 반대로 로크를 비롯한 근대의 경험주의자들은 왜 경험이야말로 세계에 대한 올바른 인식의 필연적 출발점이라고 주장했을까요? 그리고 이 글의 두 주인공인 현대 철학자 들뢰즈와 바디우! 들뢰즈는 왜 반플라톤주의를 그의 철학의 모토로 내세우며, 바디우는 왜 스스로가 오늘날의 플라톤으로 불리기를 원하는 걸까요? 잘 묻지 않는 이런 물음들에 대한 절대적이고 객관적이며 보편적인 답변, 그래서 만인 모두가 만족할 수 있는 답변은 사실 애석하게도 없습니다. 참으로 말하기도 민망한 비유지만, 위의 물음들은 "너는 왜 짬뽕을 먹지 않고 짜장면을 먹어?"라는 물음과 본질에 있어서 다르지 않습니다. 왜냐하면 위의 물음들처럼 그 근본 바닥에서의 사유의 방향성을 묻는 물음들은 결국 음식에 관한 개인의 원초적인 취향에 대해서 묻는 물음들과 마찬가지로 사유의 출발점 역할을 하는 사유의 근본적인 성향과 선택 그리고 그에 따른 결심에 대해서 묻는 물음들일 수밖에 없기 때문입니다. 그래서 "짜장면을 먹는 것이야 내 마음이지, 뭐"라는 개인의 취향에 근거한 원초적인 답변 외에 다른 할 말이 없는 것처럼, 위의 물음들에 대한 답변도 결국에는 그(들)의 성향, 그(들)의 선택, 그(들)의 결심에 대해서 말하는 것 외에 딱히 다른 것이 될 수 없습니다. 아리스토텔레스가 2년도 아닌 자그마치 20년가량을 위대한 철학자 플라톤 밑에서 교육받았음에도 불구하고 거의 모든 면에서 플라톤과 반대되는 사유를 한 것도 생각해 보면 참으로 미스터리 중의 미스터리입니다. 하지만 다시 한번 더 이런 식으로 말하는 것이 참으로 민망한 일이지만 너무 복잡하게 생각할 것 없습니다. 그냥 이것도 아리스토텔레스의 사유의 성향이요 선택이자 결심입니다. 조금 멋을 내서 고상하게 말하자면 아리스토텔레스의 철학적 결심, 바로 이것입니다. 낭중지추囊中之錐라고 했던가요. 재능이 뛰어난 사람은 언젠가 그 재능이 저절로 눈에 띄게 되는 것처럼, 타고난 사유의 성향 또한 아무리 숨기려고 해도 언젠가 저절로 드러나는 것 아닐까요? 더구나 아리스토텔레스처럼 그리고 덧붙여 들뢰즈와 바디우처럼 대단한 사유의 역량을 갖춘 철학자들이라면 말입니다. "도대체 무엇 때문에 들뢰즈와 바디우는 이토록 서로 반대되는 길을 걷는가?" 이 물음에 대한 답변은 따라서 각자의 철학적 결심이 될 수밖에 없습니다. 다음과 같은 바디우의 진솔한 고백처럼 말이죠. "어쩌면 들뢰즈 역시, 지금 그를 향해 논쟁을 제기하는 나와 꼭 마찬가지로, 나를 향한 논쟁의 끈, 설득하고 동의시키기고자 하는 의지의 끈을 곧바로 다시 취할 목적으로 다음과 같이 말했을지도 모르지만 말이다. 그렇다면 이 모든 것은 결국 각자의 취향의 문제가 아니겠는가라고."[40]

<hr>

40 같은 책, 198쪽.

들뢰즈의 존재론과
신유물론의 '물질' 개념

박준영

1. 시작하며

'신유물론New Materialism'은 매우 넓은 스펙트럼의 현대 사상입니다. 이 사상은 페미니즘, 철학적 존재론, 기술과학철학 등의 분야에서 '물질matter'에 대한 새로운 개념을 정립하면서 20세기 말에 등장했습니다. 이를 보통 '물질적 전회material turn'라고 부릅니다. 이 사상의 최초 세대에는 캐런 바라드Karen Barad, 로지 브라이도티Rosi Braidotti, 엘리자베스 그로스Elizabeth Grosz, 제인 베넷Jane Bennett, 비키 커비Vicki Kirby 그리고 마누엘 데란다Manuel DeLanda가 속합니다. 또한 다이애나 쿨Diana Coole, 사만다 프로스트Samantha Frost, 스테이시 알라이모Stacy Alaimo와 수전 헤크먼Susan J. Hekman도 중요한 인물들입니다. 주디스 버틀러는 '수행성performativity' 개념으로 신유물론에 강력한 영향을 미쳤습니다. 또한 도나 해러웨이도 이 그룹으로부터 예외가 될 수 없습니다. 해러웨이는 (그가 부인함에도 불구하고) 신유물론 사상의 원류인 들뢰즈와 상당히 친연성을 가진 개념들과 사유를 펼칩니다. 이 외에도 많은 학자들이 물질성의 새로운 개념을 탐색하면서 많은 논문과 책을 내고 있습니다. 최근에 두드러지는 연구자들로는 토머스 네일Thomas Nail과 크리스토퍼 갬블Christopher N. Gamble, 조슈아 하넌Joshua S. Hanan이 있습니다. 이들은 최근에 낸 공동 논문에서 '수행적 신유물론performative materialism'을 옹호하고 있습니다.

특기해야 할 점은 초기부터 신유물론은 간학제성interdisciplinarity을 표방했기 때문에 굳이 철학에만 국한된다고 볼 수도 없다는 것입니다. 이 분야에서는 인문학과 사회과학 그리고 자연과학 전반이 학제 간 개념적 소통을 통해 조우합니다. 또한 다른 방면의 철학 사조와도 접속합니다. 예컨대 초기 학자들을 이어 최근에는 퀑탱 메이야수Quentin Meillassoux와 일군의 '사변적 실재론자'들(그레이엄 하먼Graham Harman, 레이 브래시어Ray Brassier, 이안 해밀턴 그랜트Ian Hamilton Grant)이 신유물론과 근접한 논지를 펼치기도 합니다. 그러나 신유물론과 사변적 실재론 사이에는 많은 차이점이 있으며, 사변적 실재론자들 사이에도 일정한 이론적 거리가 존재합니다.

이번 강의에서는 이와 같이 최근 활발하게 전개되고 있는 신유물론의 논의에서 들뢰즈(와 과타리) 철학이 어떤 식으로 영향을 미쳤는지에 대해 탐구할 것입니다. 탁월한 철학자들이 늘 그렇듯이 분과적인 잣대로 들뢰즈 사상을 재단하기는 어렵습니다. 그렇다고 해도 그가 존재론의 분야에서 어떤 식으로든 혁신을 일으켰다는 것은 분명합니다. 그는 자신도 말했다시피 '형이상학자'였고 이는 존재론에서 가장 잘 드러납니다. 이와 마찬가지로 신유물론자들은 자신들의 철학 사상을 "새로운 형이상학"이라고 부릅니다.[1] 그의 대표서인 『차이

와 반복』(1968, 박사논문) 그리고『스피노자와 표현의 문제』(1968, 박사 부
논문)는 그의 전 저작에 걸쳐 작동하는 존재론적 기계 장치입니다. 이
번 강의에서는 이러한 주요 저작들의 어떤 개념들과 장치들이 지금
의 신유물론에 영향을 미쳤는지 살펴보고자 합니다. 그리고 결론에
서 신유물론에서 '물질적 전회'란 어떤 의미인지 논할 것입니다.

2. 신유물론에 대한 들뢰즈의 영향

신유물론에 대한 들뢰즈의 영향은 그 용어의 유래에서부터 드러
납니다. 신유물론자들은 그 용어의 연원에 들뢰즈의 텍스트『스피노
자와 표현의 문제』를 놓는 것에 동의합니다.[2] 들뢰즈적 의미에서 '신
유물론'은 자연에 대한 새로운 관점을 통해 존재론을 일신하고, 새로
운 논리를 발명하는 것에 놓입니다. 이것은 들뢰즈의 스피노자주의
와 밀접한 연관하에 제시되는 것이기도 합니다. 이를 피어슨Keith An-
sell-Pearson은 "신자연주의new naturalism"라고 칭합니다.[3] 들뢰즈의 신

---

1   R. Dolphijn, I. Tuin (eds.), *New Materialism: Interviews and Cartographies*, A.
    Arbor, Michigan: Open Humanities, 2012, p.13.
2   G. Deleuze, *Spinoza et le problème de l'expression*, Paris: Minuit, 1969, p.299.
3   K. A. Pearson, "Deleuze and New Materialism: Naturalim, Norms and Ethics",
    The New Politics of Materialism: History, Philosophy, Science, eds. S. Ellenz-
    weig, J. H. Zammito, London: Routledge, 2017, p.96.

자연주의는 라이프니츠와 스피노자의 존재론에 대한 그의 연구에서부터 주로 유래하는데, 그보다 유력한 영향을 미친 쪽은 스피노자입니다. 이를 '표현주의'로서의 '자연주의'라고도 할 수 있을 것입니다. 이것은 자연 자체가 존재하는 것의 근원으로서, 모든 존재자가 가진 긍정적 역능의 터전이 되는 그런 의미에서 자연주의라고 할 수 있습니다. 하지만 이것은 고전적 의미의 자연주의, 즉 자연과 인공을 가르고 여기서 자연을 취사선택하는 자연'중심'주의가 아닙니다. 들뢰즈의 신자연주의는 '자연과 인공 사이의 구별'이 사라지는 지점에서 존재와 사유 사이에 존재하는 외견상의 분리 너머에 위치함으로써 그것들을 식별 불가능하게 만드는 것입니다. 이렇게 자연과 인공 양자에서 일어나는 이념적 사건을 들뢰즈는 '탈신비화démystification'라고 부릅니다. 이는 뒤에서 논할 '횡단성transversality'의 이론적 실행의 한 예라고 할 수 있습니다.

이러한 신자연주의적 의미의 신유물론의 함축은 최초로 '신유물론'이라는 개념을 본격적으로 사용한 데란다의 짧은 에세이에 그대로 전승됩니다. 데란다는 여기서 지질학적 의미의 지층과 생물학적인 종들 그리고 사회적 위계를 모두 통틀어 횡단하는 어떤 물질적이면서 체계적인 구도를 "유물론 철학의 새로운 형태a new form of materialist philosophy"라고 칭합니다.[4] "이 철학은 자기-조직화하는 과정과 형태

---

4   M. DeLanda, "The Geology of Morals: A Neo-Materialist Interpretation." http://www.t0.or.at/delanda/geology.htm (accessed June 16, 2020).

발생의 강도적 힘의 다양성을 통해 날것 그대로의 물질-에너지가 우리를 둘러싼 모든 구조를 발생시킨다고 주장한다."[5] 이때 발생된 구조들은 구조주의나 후기구조주의에서처럼 근본적인 실재가 아니라 파생된 것으로 드러나며, 그보다 근본적인 실재성은 '물질-에너지 흐름'입니다. 따라서 이 근본적인 물질-에너지의 흐름은 인간 역사와 자연사를 구분하지 않는 일종의 '피진화pidginization'를 만들어 냅니다. 데란다는 이와 같은 것을 바로 들뢰즈(와 과타리)의 실재에 대한 "신유물론적 해석Neo-Materialist interpretation"이라고 부릅니다.[6]

브라이도티의 경우 들뢰즈의 신자연주의, 즉 신유물론은 신체성의 되기becoming(생성)와 관련하여 이해됩니다. 들뢰즈의 '신유물론'은 현대의 기술적 지향 안에서 신체성에 대한 새로운 이해를 가져온다는 것입니다.[7] 브라이도티는 주체화의 과정에서 "감응들의 배치와 구성 요소들의 선별"이 관련적이라고 보고, 이때 인공적인 기술적 대상과 신체들의 배치가 이루어지며, 주체의 특이성이 발생한다고 봅니다.[8] 여기서 중요한 것은 주체성의 발생 장소로서 신체가 내면적인 것도 아니고 순수하게 사회적인 구성물도 아니라는 점을 이해하는 것입니다. 감응들이란 신체라는 표면에서 활성화된다. 그것은 일종

---

5   *Ibid.*

6   *Ibid.*

7   R. Braidotti, 'Teratologies', Deleuze and Feminist theory, eds. I. Buchanan, C. Colebrook, Edinburgh: Edinburgh University Press, 2000, p.160.

8   *Ibid.*, pp.160-61.

의 "사이에 있음in-between"입니다. [9]

브라이도티는 이보다 이른 1991년에 이미 '신유물론'의 들뢰즈적 함축을 간파하고 있었습니다. "주체의 구체화된 본성"이란 "물질의 한가운데에서 대안적으로 성적 차이나 젠더의 문제를 정립"하는 것을 통해 밝혀진다고 논합니다. 이것은 "유물론의 급진적인 재독해"로 이어지면서 전통적인 마르크스주의 해석, 즉 의식에 대한 물질의 선차성과 반영이론으로부터 떨어져 나아가, 어떤 횡단성을 성취해 냅니다. 이것이 바로 들뢰즈에 의해 제안된 "새로운 물질성"입니다. [10] 이것은 1994년의 텍스트에서도 발견됩니다. [11] 따라서 신유물론의 자연주의는 고대에서부터 근대에 이르기까지 인위와 자연을 가르던 이분법 넘어서서 그것을 하나의 일의적 평면에 배치하게 됩니다. 이 평면은 '물질'의 평면입니다. 즉 신유물론은 물질 일원론에 근거한 신자연주의라고 할 수 있습니다.

들뢰즈의 존재론에서 신유물론의 함축은 또 다른 중요한 텍스트인 『차이와 반복』에서 잘 드러납니다. 여기서 그는 'défférent/ciation'이라는 신조어를 만들어 내는데, 이것은 '미/분화'정도로 번역할 수 있습니다. 그리고 여기에 '개체'의 생성 과정을 드러내기 위해 'indi-'를 덧붙이고, 그 생성 과정의 강도적 특징을 드러내기 위해 'drama'를

9   *Ibid.*, p.159.
10 R. Braidotti, *Patterns of Dissonance: A Study of Women and Contemporary Philosophy*, Cambridge: Polity Press, 1991, 263-266.
11 R. Braidotti, *Nomadic Subjects: Embodiment and Sexual Difference in Contemporary Feminist Theory*, New York: Columbia University Press, 1994, p.199.

부가하여, 'indi-drama-différent/ciation'라는 최종적인 조어가 완성됩니다. 이 말은 '개체-극-미/분화'로 번역될 수 있을 것입니다. 이것은 어떻게 보면 단어라기보다 오히려 '도상icon'에 가까워 보입니다. 왜냐하면 각각의 분절들이 어떤 생성의 과정을 '그려 주기' 때문입니다.[12] 이 도상에서 중요한 것은 잠재적인 차원에서 현실적 또는 현행적 차원으로 이루어지는 개체화 또는 분화 과정입니다. 이 개체화 과정은 두 가지 특성을 가지는데 하나는 '본질의 개체화'라고 불리고, 다른 하나는 '존재의 개체화'라고 일컬어집니다. 전자의 경우 그 개체가 가진 능력의 내포에 해당하고, 후자는 운동과 정지라는 시공간적 외연에 해당합니다.[13] 이 개체는 "무한히 많은 외연적 부분들로 구성"[14] 되어 있는 것으로서, '외적인 결정론'에 따르는 양태의 본질을 지닙니다. 그런데 이 양태는 하나의 코나투스, 즉 '능력'입니다. 자신의 힘을 결정하고 확장할 수 있는 능력이라는 뜻에서, 이 개체들은 분명 신유물론에서 말하는 '물질'이라고 할 수 있습니다. 기본적으로 신유물론에서 '물질'은 능동적인 자기-조직화의 과정을 통해 창발하고, 창발되기 때문입니다. 들뢰즈에 따르면 이것은 "현실화 과정과 분리할 수 없는 이념의 운동"[15]이며, "잠재적으로 감싸고 있던 것을 설명하

<hr>

12 질 들뢰즈, 『차이와 반복』, 김상환 옮김, 민음사, 2004, 451, 523-524, 531, 533, 585쪽, 질 들뢰즈, 『의미의 논리』, 이정우 옮김, 한길사, 1999, 531쪽 참조.
13 질 들뢰즈, 『스피노자의 철학』, 박기순 옮김, 민음사, 2001, 123-124쪽 참조.
14 같은 책, 123쪽.
15 질 들뢰즈, 『차이와 반복』, 522쪽.

고 발전"시키는 "물질로 향해 가는 이완의 운동", 즉 분화différentiation, 分化입니다.[16] 다른 방면에서 이것은 미분화différentiation, 微分化가 함께 이루어지는 과정이기도 합니다.[17] 이것은 베르그손의 '지속'과 관련된 '긴장의 운동'입니다. 이를 들뢰즈는 문제와 해의 관계라고 칭하기도 한다.[18] 하지만 이 분화와 미분화라는 물질화, 잠재화의 과정은 동시적이며 이질적입니다. 저 도상에서 보이는 '/'는 바로 이것을 의미합니다. 수학적으로 미분 과정과 적분 과정은 서로 대응 관계로 발생하지만, 결코 동일할 수 없는 것과 마찬가집니다. 이 둘은 오로지 '비율적 관계'로서만 드러납니다. 이렇게 되는 이유는 잠재성이 미분화되어différentiée 있으면서 "동시에 분화되어différenciée 있기" 때문입니다.[19] "하나는 잠재적 이미지이고 다른 한쪽은 현실적 이미지"입니다.[20]

잠재적 이미지는 앞서 말한 비율적 관계들의 변화양상을 드러내는 역동적 활력 또는 에너지이며, 현실적 이미지란 이 변화양상에 의존하여 표현되는 '값'에 해당되는 '특이점'입니다.[21] 여기에는 항상 '비대칭성'이 작동합니다. 잠재적인 것에서 현실적인 것으로의 분화과정은 하나의 물질적 개체라는 '해'를 얻는 과정이며, 잠재성은 언제나 현

16 질 들뢰즈, 『베르그손주의』, 김재인 옮김, 문학과지성사, 1996, 134쪽.
17 같은 책, 134, 141쪽 참조
18 질 들뢰즈, 『스피노자의 철학』, 446쪽 참조,
19 질 들뢰즈, 『의미의 논리』, 532쪽(번역 수정).
20 질 들뢰즈, 『차이와 반복』, 451쪽.
21 같은 책, 452쪽 참조.

실성보다 무한하게 풍부하기 때문입니다.

위에서 언급한 것과 같은 들뢰즈의 철학을 '잠재성의 철학'이라고 부릅니다. 이것은 철학사에서 새로운 존재론의 출현을 알리는 말이기도 합니다. 이 존재론에는 이전의 철학적 성과는 물론 현대 과학과 수학의 성과들이 집약된 개념들이 배치됩니다. 마누엘 데란다의 신유물론은 여기서 등장합니다. 그에게 위에서 말한 '개체-극-미/분화'의 과정은 지금까지 철학과 과학에서 등장했던 본질주의, 즉 범주, 그리고 법칙 우선성을 파괴하는 힘을 가집니다. 즉 여기에는 어떤 우발적 도약과 범주를 벗어나는 모호함, 본질을 특정할 수 없는 특이성이 모든 것에 앞선다는 것입니다. 그런데 여기서 잠재성은 "초시간적 본질들을 위한 새로운 이름label이 되어서는 곤란"합니다.[22] 데란다에 따르면 들뢰즈는 본질주의적 실재론자가 결코 아니며, 초월적 실재론자는 더더욱 아닙니다. 그럼에도 시간 속에서 지속되는 사물/사태들의 동일성 또는 정체성을 보증해 주는 무언가가 있다면 일종의 '역동적인 과정dynamical process'이라고 할 수 있습니다. 이 '과정'이야말로 물질적, 또는 같은 말이지만 '에너지적'입니다. 그렇다면 이 물질적, 에너지적 과정에서 관건은 무엇일까요? 바로 "온도, 압력, 속도, 화학적 농도에서의 차이들 같은 강도적 차이들"입니다.[23] 따라서 이 강도적 차이들이 들뢰즈적 의미에서 물질을 형성합니다. 이러한 특이한

---

22 마누엘 데란다, 『강도의 과학과 잠재성의 철학』, 김영범, 이정우 옮김, 그린비, 2009, 95쪽.
23 같은 책, 8쪽.

물질은 개체화 과정에서 표현되는 세 가지 요소 중 하나입니다. 세 가지 요소란 "강도 혹은 역능의 정도인 특이적 본질essence; 언제나 무한히 많은 외연적 부분들로 합성되는 특수한 실존existence; 개체적 형식form, 다시 말해 (한편으로는 양태의 본질에 영원히 대응하는 것이지만, 다른 한편으로는 무한히 많은 부분들이 그 본질에 일시적으로 관계되는 장소이기도 한) 특징적 혹은 표현적 관계"를 말합니다.[24] 여기서 '실존'이라는 요소가 사라지면 그 표현적 관계인 형식도 현행화의 가능성이 사라집니다. 하지만 "신체의 실존 또는 외연을 상실하고서도 '존속하는' 것은 바로 강도들"입니다.[25]

주의해야 할 것은 이 강도들의 과정으로서의 물질이 결코 "일자의 동일성이나 전체의 통일성"이 아니라 "강렬한 복수성과 형태변이의 능력"에 기여한다는 점입니다.[26] 즉 앞서 말한 그 동일성과 전체성의 보증이라는 물질의 기능은 다만 변화 자체의 동일성, 즉 차이 나는 것들의 소통 즉 감응의 동일성일 뿐입니다. 이 차이 나는 것들이 출현할 때 그것들을 연결하는 어떤 전조, 섬광, 불꽃이 이 강도적 물질인 것입니다. 그리고서 이 물질은 소멸합니다. "강도로서의 차이는 연장 안에서 밖-주름 운동을 펼치면서 소멸"됩니다.[27] 하지만 이 강도적 물질은 잠재성의 차원에서 여전히 존속합니다. "차이는 자신의 주름

24 질 들뢰즈,『스피노자와 표현의 문제』, 권순모, 이진경 옮김, 인간사랑, 2003, 284쪽.
25 질 들뢰즈,『의미의 논리』, 467쪽.
26 같은 곳.
27 질 들뢰즈,『차이와 반복』, 489쪽.

을 바깥으로 펼칠 때조차 끊임없이 그 자체 안에서 존재하고 그 자체 안으로 함축되기 때문이다.”[28]이 함축된 존재, 이것은 들뢰즈에게 바로 ‘다양체mutiplicité’입니다. 요컨대 물질은 다양체이며, 이것은 수학적이기도 하고 생물학적이기도 하며 당연히 물리학적이기도 합니다.

이 부분이 중요합니다. 잠재적인 양상으로서의 n차원 또는 무한한 차원의 다양체는 실재 과정과 매우 깊은 연관이 있습니다. 위상공간에 놓인 수학적 다양체와 상태공간의 물리적 다양체는 특이성이 형성하는 끌개attracter에 의해 연결되는 것으로 보입니다. 이 특이성의 끌개가 형성하는 ‘최종 상태’는 안정된 물리적 실재입니다(그렇다 하더라도 이 끌개가 현행화를 완수하는 것은 아닙니다. 즉 이 실재는 여전히 개체‘화’ 과정 안에 있습니다). 즉 “하나의 위상학적 형식(한 수학적 다양체에서의 단일한 한 점)이, 각각 상이한 기하학적 성질들을 가진 구들이나 입방체들을 포함해, 상이한 물리적 형식들을 낳는 하나의 과정을 이끈다.”[29] 마찬가지로 생물학적인 배아 상태는 분화과정을 통해 생장하면서 유기체로 전개됩니다. 우리는 이 생물학적 ‘분화’ 과정이 수학적으로 규정될 수 있다는 것을 알고 있습니다. (수리 생물학) 이것은 ‘개체화’에서 작동하는 물리-생물학적, 그리고 수학적 과정이며, 따라서 어떤 물질적 개체가 창발하는 이 모든 과정은 저 도상적 문자인 ‘개체-극-미/분화’로 다시 수렴됩니다. 따라서 이 도상에서 표현되는 ‘개체화’는 바로

---

28 같은 곳.
29 마누엘 데란다, 『강도의 과학과 잠재성의 철학』, 40쪽.

'물질'의 능동적 특성을 드러내는 것이며, 고대 유물론에서부터 근대 유물론에 이르기까지 견지되었던 '물질-수동성 대 인간-능동성'이라는 이분법과 분할을 넘어갑니다.

들뢰즈-과타리의 '횡단성'은 앞선 논의들에서도 얼핏 도입되었거니와 신유물론과 관련하여 매우 중요합니다. 들뢰즈의 철학에서 이 개념은 『프루스트와 기호들』의 2판에서 등장합니다.[30] 여기서 들뢰즈는 메제글리즈와 게르망트라는 공간적 방향성을 "소통되지 않는 횡단선들"의 누증으로 규정하는 것으로 보입니다. 다시 말해 '횡단성'이란 수렴되지 않고, 소통되지 않는 방향성을 가로지르는 불균형한 또 다른 '선들'의 중첩을 의미합니다. 이 선은 이질적인 방향과 공간을 방행적으로pedetically 연결접속시키는 운동적인kinetic 탈주선입니다. 그런데 신유물론적 횡단성이라는 차원에서 보다 중요한 구절은 그 뒤에 나옵니다. "마찬가지로 사람들의 얼굴에는 '서로 전혀 통하지 않을 정반대의 두 길'처럼 불균형한 측면이 적어도 두 개는 있다. … 그러므로 두 개의 길이나 두 개의 방향이란 통계적 방향directions statistiques일 뿐이다. … 주인공이 키스하려고 알베르틴의 얼굴을 품안에 끌어안았다고 생각할 때, 알베르틴의 얼굴은 주인공의 입술이 그녀의 뺨에까지 다가가는 동안 하나의 모습에서 다른 모습으로 건너뛴다. 그러면서 … '열 개의 알베르틴'이 보이게 된다. … 살아가고, 지각하고, 욕망하고 추억하며, 밤을 새거나 잠을 자고, 죽고 자살하고

30 G. Deleuze, *Proust et signes*, Paris: PUF, 1964, p.150 참조.

단번에 부활하는 [알베르틴의] 자아 … 다시 말해 '분산émiettement', '분열fractionnement'되는 알베르틴에 대응하여 자아들은 증식된다une multiplication du moi." [31]

여기서 들뢰즈는 마르셀의 시점에서 알베르틴과의 키스라는 상황을 완연하게 '물질적으로' 분석합니다. 마르셀이 키스하기 위해 알베르틴에게 다가가는 그 시공간적 운동 상황에서 알베르틴의 얼굴은 피부 위에서 조각나면서 확대됩니다. "하나의 모습에서 다른 모습으로 건너" 뛰는 표면의 이동을 통해 마르셀은 '열 개의 알베르틴'을 횡단하면서 종합에 이르지만, 그 모습은 하나의 뭉그러진 형상, 다른 모든 피부와 구분 불가능한 알베르틴의 피부가 됩니다. ("특유한 통일성과 전체성l'unité et la totalité singulières" [32]) 이 구분 불가능의 지점에서 들뢰즈는 그것이 '일반적인 통일성'이 아니라 '분산'이며 '분열'이고, 이를 통해 자아가 증식한다는 것을 깨닫는 것입니다. 이 '자아의 증식'은 횡단선들의 누증 외에 다른 것이 아닙니다.

일종의 물리적인 운동 분석kinetic analysis에 해당하는 프루스트의 분석 바로 다음에 들뢰즈는 "횡단적 곤충인 꿀벌le bourdon, l'insecte transversal"이라는 생물적인 대상의 예시를 듭니다. [33] 꿀벌이 꽃들의 수정을 도와주면서 격리된 성 사이를 돌아다니듯이 횡단성이란 이렇게 서로 다른 세계를 연접시킵니다. 이 세계는 문학이 가지고 있는 구

---

31   *Ibid*., pp.150-151, 189-191.
32   *Ibid*., p.202.
33   *Ibid*.

조이자 언어적 규약입니다. 이렇게 해서 이 개념은 문학 기계의 생산성과 관련하여 사용되는데, 이때 '횡단적 차원'이란 거기 적합한 일련의 소통을 함축합니다. 이 차원은 초월적이고 변증법적인 플라톤적인 '상기' 모델을 벗어나는 현대적인 글쓰기 모델에 해당합니다. 즉 '횡단성'이란 내재적으로 특이성을 산출하는 어떤 것으로 여겨집니다.

신유물론은 들뢰즈-과타리의 이 '횡단성' 개념을 존재 인식론적 맥락과 사회정치적 맥락 모두에서 수용합니다. 이 개념은 이분법을 돌파하고자 하는 신유물론의 이론적 욕망에 맞닿아 있습니다. 그렇게 함으로써 사유의 '소수 전통'(들뢰즈)을 복권하고, 주류이자 왕립적 사유인 "플라톤주의, 기독교 그리고 근대적 규율로부터 해방되고자" 합니다.[34] 이 사유들은 모두 횡단적 활동과 사유에 위계와 중심(수직성)을 설정함으로써 삶/생명을 파국으로 몰아붙입니다. 두 개의 대립항이라는 사유의 관습이자 존재에 잘못 투사된 욕망은 근본적으로 환원에 대한 욕망입니다. 즉 이것은 이분법이 인간중심주의적 이원론의 포악한 적자라는 것을 알려 줍니다.

데란다는 이러한 이원론이 언어성에서부터 비롯된다는 것을 강조합니다. 그는 세계에 언어성Linguisticality이 부과되는 순간 범주적 사고가 작동하게 되고, 그것은 곧 본질주의에 이르게 된다고 경고합니다.[35] 사회구성주의의 맹점이 여기에 놓여 있습니다. 사회구성주의

---

34 R. Dolphijn, I. Tuin (eds.), *New Materialism: Interviews and Cartographies*, p.95.

35 마누엘 데란다, 『새로운 사회철학-배치이론과 사회적 복잡성』, 김영범 옮김, 그린비, 2019, 84쪽 참조.

는 우리가 생각하는 일반 범주(예컨대, 남성과 여성)가 편향된 관념임을 폭로함으로써 본질주의를 예방하지만, 그 스스로 언어적 구성주의에 기대자마자 다시 본질주의로 회귀합니다. 신유물론은 언어성을 결코 거부하지는 않습니다. 하지만 그것이 어떤 대표성, 다시 말해 재현성 representationality을 띠면 그때부터 신유물론은 그것을 거부합니다. 이러한 반재현주의는 실재론적 본질주의와 사회구성주의적 본질주의 둘 모두를 논파하는 힘이 됩니다. 데란다에게 이러한 반재현주의는 언어성을 '표현성'으로 대체하는데, 이것은 "언어나 상징으로 환원될 수 없"[36]는 배치의 이론이 됩니다.

들뢰즈와 과타리가 말하는 '표현성'은 의미가 탈영토화되는 것을 말하는데, 이는 정확히 데란다의 직관과 통합니다. 두 사람에 따르면 사실상 언어는 본래적으로 재현으로써 영토화된 것은 아니었습니다. 하지만 글쓰기의 출현은 본래 음성적이고 물질적인 언어를 탈영토화 하는 동시에 영토화했습니다. 매체의 발달이 여기서 결정적이라는 것이 드러납니다. 라디오와 TV, 그리고 인터넷의 발달은 선형적 역 사 안에서 언어의 탈영토화와 영토화 모두를 작동시킵니다. 들뢰즈 는 이 영토화된 언어를 어떻게 재전유할 것인지에 대해 말하는데, 이 때 중요한 계기가 되는 언어 요소들이 부정사, 고유명사, 부정관사입 니다. 이것들은 모두 '사건'을 표현하는 언어 요소들입니다. ("부정관사+

---

36 같은 책, 29쪽.

고유명사+부정사 동사는 표현의 기본적인 연결을 구성한다.”[37]

이에 따라 신유물론은 사회구성주의와 실재론적 본질주의를 그저 극복하고자 하거나 그것을 무화하고자 하는 것이 아닙니다. 중요한 것은 그것들을 구성하는 언어성, 즉 재현성을 그것으로부터 빼는 것입니다. 그리고 거기 신유물론적인 '운동'과 '표현'의 요소를 수혈해야 합니다. 그렇게 했을 때 사회구성주의는 끊임없이 변용되는 섹슈얼리티와 문화적 요소들을 마주하게 되고, 실재론적 본질주의는 비로소 해체되고 변모할 것입니다.

따라서 신유물론적 맥락에서 횡단성은 비범주적이고 비결정적인 의미를 담고 있습니다. 예컨대 이것은 어떤 학제적 구분을 가로지르는 간-학제성을 의미하기도 하고, 아카데미와 비아카데미의 구분을 중첩시킴으로써 구분 불가능성의 생성 지대로 만드는 실천을 의미하기도 하는 것입니다. 이와 같은 시도는 페미니즘에도 마찬가지로 적용됩니다. 해러웨이는 다음과 같이 말합니다. “젠더 범주, 젠더 연구 범주는 결코 홀로 있지 않아요. 젠더는 언제나 그것을 반대로 밀어붙이는 많은 다른 범주들의 부분으로 복잡하게 존재하지요. 그 모든 이슈는 페미니즘 이론가들을 모든 종류의 것들에 대해 쓰도록 이끌어갑니다. 처음에는 페미니즘 안의 주제처럼 보이지 않아 황당했던 것이라 해도 이제는 아닙니다. 페미니즘 이론의 감수성은 그러한 다른

---

37   G. Deleuze, F. Guattari, *A Thousand Plateaus: Capitalism and Schizophrenia*, trans. B. Massumi, Minnesota: University of Minnesota Press. 1987, p.263.

주제들로 이끌려 들어갑니다. 그리고 그런 다른 주제들은 입장 짓기 positioning, 젠더 지속성, 섹슈얼리티, 종적 존재와 관련된 사물/사태의 심장부로 밝혀지지요."[38]

이 때문에 해러웨이의 사유는 결코 어떤 한 분야나 분과, 학제에 머물지 않고 거의 모든 것들에 대해 말합니다. 그래서 그녀의 책은 하나의 논조나, 그것으로 수렴되는 논리적 일관성을 요구하기보다, 여러 층위의 배치와 충돌을 고스란히 드러내는 쪽으로 쓰이는 것입니다. 이것은 학문적 담론으로서의 이론 보다, 일종의 구술적 측면까지 포괄하는 "구체적인 세계(상)화하는 예시들concrete worldly examples"로 이루어집니다.[39]

이렇게 봤을 때 이론과 실천, 학제 간에 그리는 횡단선과 같이, 이전의 평평하고 평행한 선들에 그리는 긴 대각선, 또는 클리나멘의 선, 양식화된 물질들의 응고를 관통하는 우발성이 바로 횡단성입니다. 따라서 과타리가 수직성과 수평성 모두를 건너가고자 할 때 말한 선은 따라서 어떤 '사선', '편위', 클리나멘입니다. 과타리로부터 해러웨이까지 살펴보면서, 우리가 간파할 수 있는 것은 이 횡단성이 바라드가 말한 그 '존재인식론ontoepistemology'의 개념이라는 점입니다. 해러웨이의 그 세계(상)화하는 예시들은 바로 존재론적 측면의 변형을 가

38 D. Haraway, *Staying with the Trouble: Making Kin in the Chthulucene*, Durham /London: Duke University Press, 2016, pp.131-132.

39 N. Goodeve, D. Haraway, *How Like a Leaf: An Interview with Thyrza Nichols Goodeve*, New York: Routledge, 2000, p.108.

져오는 것으로서, 이론과 실천 간의 간극을 횡단하는 것이며, 과타리의 임상적 실천들도 그러합니다. 결정적으로 횡단성은 이 모든 이분법적 구별들을 가로지름으로써 생겨날 수 있는 또 다른 이분법적 응결조차 피해 가고자 하는 것입니다. 그렇다면 횡단성은 언제나 횡단선 자체를 가로질러 가야 합니다. 그것은 언제나 자기 자신보다 더 빨리, 더 이르게, 도래해야 합니다. 여기에 횡단성의 우월함이 있습니다. 달리 말하면 이것은 이분법의 '자기포획성'을 회피하는 것이기도 합니다.

결론적으로 횡단성은 이분법을 비껴가면서 그것을 (파괴하는 것이 아니라) 무능력하게 만듭니다. 다시 말해 이분법을 죽이지 않고, 그것을 표면에서 확장시키면서 이분법을 n분하되, 거기서 이분법을 빼는 것입니다(n-1). 이분법을 극단으로 밀어붙인다는 것은 이와 같이 이분법 자신의 결정론적인 범주적 권력을 매번 빼서 더 멀리 던져두고, 그 빈자리에 늘 미분적 차이를 새겨 넣는 과정을 의미합니다(이것은 'n/n-1'과 같이 쓸 수 있다). 이것은 들뢰즈의 용어법에 따르면 '미분화하는 차이 생성' 외에 다른 것이 아닙니다. 이때 n과 n-1은 선후관계가 아니라 갈마들고 뒤얽히는 관계입니다. 즉 수행적인 것입니다. n분이 계속해서 이루어지기 위해서는 n-1이 요구되고, 그 역도 타당합니다. 횡단성은 이렇게 함으로써 어떤 것을 '죽이거나' 소멸시킨다기보다, 그것의 역능을 자기화하면서, 거기서 새로운 것을 생성시킵니다. 그러므로 신유물론과 관련하여 이 개념은 그 실천적 역량을 확장하기 위한 조건을 교육하고, 정치적으로 고무하는 기능을 가지게 됩니다.

따라서 신유물론은 '횡단-유물론transversal-materialism'입니다. 첫째로 신유물론은 학제들 간의 횡단입니다. 그것은 페미니즘과 과학, 기술, 미디어, 문화 연구들을 가로지릅니다. 둘째, 신유물론은 아카데믹한 주류 인식론을 존재론과 횡단시킴으로써 새로운 소수 전통을 복원한다(존재인식론). 주류 학계의 권위를 탈영토화함으로써 신유물론은 초월론과 이원론 둘 모두를 탈구시킵니다. 셋째, 신유물론은 과타리의 횡단성이 함축하고 있는 미시정치적 방법론을 수용합니다. 이것은 '비판'이라는 방법보다 더 근원적인 것으로서, 계보학적인 지식에 근거하는 실천 철학입니다.

3. 물질적 전회

이제 '물질적 전회'의 모습이 무엇인지, 그것이 들뢰즈-과타리와 어떤 관련성이 있는지를 종합적으로 논할 때가 되었습니다. 대체 들뢰즈는 신유물론의 '물질' 개념에 어떤 기여를 한 것일까요? 또는 신유물론은 들뢰즈로부터 어떤 '물질' 개념의 요소들을 도입한 것일까요? 그것이 '전회'라는 사상사적 의미를 지닌다면 왜 그럴까요?

우선 신유물론은 '물질'을 고대로부터 근대에 이르기까지 무비판적으로 통용된 수동성으로 정의하지 않습니다. 이와 반대로 물질은 자기-조직화와 형태 발생적 힘을 지닌 능동적 '주체'입니다. 여기서 들뢰즈는 '강도intensity'와 '잠재성virtuality'이라는 개념으로 기억합니다. 물질이 '강도적'이라는 것은 개체화하는 흐름이라는 것입니다. 유기적이든 무기적이든 간에, 세포든 입자든 거기에는 이러한 흐름으로서의 강도적 생성의 과정이 물질의 핵심에 자리 잡게 됩니다. 이 강도적 과정, 흐름은 물질의 잠재적 차원을 개방함으로써, 개체화를 개시하는 형태 발생적 차원과 연결됩니다.

이를 이어 둘째로 형태 발생적이며, 개체적인 과정은 들뢰즈가 '개체-극-미/분화' 개념을 통해 드러낸 것처럼 자연과 인위의 이분법을 구분 불가능하게 합니다. 물질은 이 구분 불가능성의 영역에 본질적으로 스스로를 놓습니다. 이렇게 함으로써 인간중심주의를 해체하고, 포스트 휴먼의 가능성을 선취하는 것입니다. 그런데 이때 포스트 휴먼의 '포스트'는 인간 '이후'의 어떤 단일한 형상으로 수렴되지 않습니다. 그것은 단적으로 복수성이며 다양체입니다. 달리 말해 포스트 휴먼은 혼종성으로 발산하는 물질성 그 자체입니다. 이는 아리스토텔레스 이후 이어져 온 존재론의 명제인 '존재인 한에서의 존재ens in quantum ens'로서의 그 단일성을 해체합니다. 그러므로 '물질적 전회'란 다른 말로 '존재론적 전회'라고 할 수 있다. 이러한 전회를 의미하는 형이상학은 이제 포스트-메타피직스post-metaphysics, 들뢰즈의 용어로 '순수 형이상학métaphysique pur'입니다. 이런 의미에서 저 메타피직스의 '메타meta'와 '피직스physics'의 의미와 관계도 갱신되어야 합니다. 즉 형이상학은 'meta'에 대한 전통적 이해에서와 같이 한 번도 자연학 '뒤behind'나 '위above'에 온 적이 없습니다. 이는 아리스토텔레스 자신의 본래 의도와도 부합하지 않습니다. 오히려 이것은 온전히 그의 백 년 뒤의 제자이자 편집자인 안드로니코스Andronicus의 것입니다. 아리스토텔레스에게는 오직 피직스만이 있었을 뿐이며, 그것은 언제나 메타피지컬mtaphysical한 것이었습니다. (이와 관련하여 아바네시안의 분석은 저의 분석과 일치합니다. "자연학에 대한 아리스토텔레스의 주제의식과 성찰들은 또한 총체적으로 '형이상학적인 것'durch und durch 'metaphysisch'이다."[40]) 그래서 그는 본래적으로 메타피지컬한 자연학을 '제일 철학φιλοσοφία πρώτη'이라고 불렀으며, 이것이 바로 '존재인 한에서의 존재ὄντος ᾗ ὄν'를 밝히는 것이었습니다.[41] 그에게 자연학은 '운동'에 관한 것이지만, 제일 철학으로서의 자연학은 '존재인 한에서의 존재' 즉 그 운동의 '제일 원인'에 대한 것이었습니다. 이 제일 원인은 물론 '운동하지 않는 것οὐσία ἀ κίνητος'이지만, 이것과 자연은 분리될 수 없습니다. 그래서 아리스토텔레스는 '부동의 제일 원동자'가 개별적인 실체들의 원동자들과 이어지고, 이것이 개별적인 것들을 운동하게 한다고 한 것입니다.[42] 이때 자연학은 제일 철학과 반드시 연결되어야 하며, 결코 분과적으로 분리될 수 없습니다. 이 분과적 분리는 학문의 분야를 가르고 거기서 전문가들을 길러 내고자 한, 근대적 훈육 체계의 허상일 뿐입니다.

셋째로 이러한 포스트-메타피직스는 그 자체의 특유한 통일성의 원리를 가지고 있는데, 그것이 바로 '횡단성'입니다. 횡단성은 단순히

---

40 A. Avanessian, *Metaphysik zur Zeit*, Leipzig: Merve Verlag, 2018, p.18.
41 Aristoteles, *Metaphysics*, 1026a 29-30 참조.
42 *Ibid*., 1073a 25-35 참조.

무언가 선재하는 항들을 건너뛰어 간다거나, 그 항들의 놀이라는 의미가 아닙니다. 그것은 규율적이고, 규칙적인 범주들이 부재한 '운동'이며, '관계항 없는 관계'의 놀이, 'n/n-1'의 놀이입니다. 포스트-메타피직스는 방행적인pedetic 운동의 탈주선으로 이루어지는 수행적이면서, 실천적인 과정으로서의 유물론입니다. 여기서 '포스트post'란 라틴어 'postis'의 원뜻 그대로, '서 있는-stare' 곳으로부터 '밖으로por-' 나아가는 과정으로만 존재하는 어떤 경계 지대를 의미합니다. 이 경계 지대는 늘 움직이면서 사물이나 사태의 배치를 바꿉니다. 그러므로 포스트-메타피직스는 결코 범주적인 이분법의 그물에 걸리지 않으며, 이 때문에 횡단적입니다.

요컨대 '물질적 전회'란 '포스트-메타피직스'로의 전회이며, 이것이 바로 '신유물론'입니다. 이런 의미에서 "유물론은 언제나 '신'유물론"입니다. 왜냐하면 유물론은 언제나 물질성에 대한 이해를 시기마다 경계 지대로 끌고 가서 새롭게 하기 때문입니다. 이런 의미에서 신유물론은 그 자신의 생성하는 학문적 담론 안에서 항구적이지, 이론 자체의 보편성이나 개념들의 영원성을 주장하지 않습니다. 그것은 언제나 당대의 과학과 교전encounter, engagement하면서, 그로부터 나오는 개념을 통해 새로워지며 발전해 나가는 것입니다. 피직스(자연학)는 언제나 제일 철학으로서의 형이상학, 또는 '순수 형이상학'과 함께 가며 그 역도 마찬가지입니다. 그러므로 이 둘은 늘 횡단적인 관계에 놓여 있습니다. 우리는 자연physis, 즉 물질에 대한 이해가 어떻게 되는가에 따라 형이상학이 창발해 가는 그 과정이 신유물론의 개념 작업을 조형한다는 것을 알고 있습니다. 마찬가지로 이 신유물론의 개념들은 자연에 대한 총체적이고 유일한 이해를 가능하게 합니다.

들뢰즈와 스피노자:
표현, 양태, 아펙투스

진태원

1. 머리말

질 들뢰즈는 독창적인 철학자이기 이전에 매우 탁월한 철학사 연구자이기도 했습니다. 들뢰즈 철학사 연구의 독창성은 그가 서양 철학사를 이해하는 새로운 관점을 제시했다는 점에서 찾을 수 있습니다. 하이데거는 서양 철학의 역사를 형이상학의 역사(또는 하이데거 자신의 개념대로 하면 '역운歷運, Geschick')으로 이해하고 니체에 이르러 이러한 형이상학이 완성됨과 더불어 변형될 수 있는 계기에 이르게 되었다고 보았습니다. 데리다는 하이데거의 영향 아래 서양 형이상학의 역사를 현존(또는 '현전')의 형이상학métaphysique de la présence의 흐름으로 파악하면서 그 핵심을 로고스중심주의와 음성중심주의로 이해했습니다. 곧 플라톤에서부터 아우구스티누스, 데카르트, 루소에 이르는, 또한 헤겔과 후설, 소쉬르와 레비-스트로스에 이르는 서양 철학사의 유구한 전통에서는 모두 도구적인 표현 수단으로서의 문자 이전에 이미 진리로서의 로고스가 그 자체로 성립해 있으며, 음성을 중심으로 한 언어(구어)는 이러한 로고스를 있는 그대로 생생하게 표현해 주는 진정한 기호라고 간주해 왔다는 것입니다. 또한 말년의 알튀세르는 서양 철학사에서 '유일한 유물론의 전통'을 제시하는데, 그것은 에피쿠로스, 루크레티우스에서 마키아벨리, 스피노자, 마르크스를 거쳐 하이데거, 데리다, 들뢰즈 등으로 이어지는 마주침의 유물론 내지 우발성의 유물론이었습니다.

반면 들뢰즈는 서양의 철학사를 초월성의 철학과 내재성의 철학, 곧 그가 일의성univocité의 존재론이라고 부른 철학 사이의 갈등에 입각하여 이해했습니다. 그러면서 들뢰즈는 고대 스토아학파에서 중세의 둔스 스코투스, 근대의 스피노자와 현대의 니체에 이르는 일의성의 존재론의 계보를 진정한 내재성의 철학적 계보로 파악했습니다.[1] 이러한 철학사에 대한 관점에 입각하여 들뢰즈는 니체와 스피노자, 베르그손, 칸트, 흄 같은 고전 철학자들에 대한 탁월한 연구를 남겼는데, 그중에서도 가장 주목할 만한 작품이 바로 니체와 스피노자에 대한 연구라고 할 수 있습니다. 1963년에 출간된『니체와 철학』이 그가 "니체의 가장 체계적인 저작"이라고 간주했던『도덕의 계보학』을 중심으로 귀족과 노예의 윤리적 차이에 입각하여 니체 사상을 재구성하고 있다면,[2] 그의 국가박사학위 부논문이었던『스피노자와 표현 문제』[3]에서는 일의성의 존재론의 관점에서 스피노자의 존재론을

---

1 질 들뢰즈,『차이와 반복』, 김상환 옮김, 민음사, 2004 참조.

2 G. Deleuze, *Nietzsche et la philosophie*, PUF, 1962;『니체와 철학』, 이경신 옮김, 민음사, 1999. 국역본은 오역이 많아서 들뢰즈의 논의를 이해하기 어렵다.

3 질 들뢰즈,『스피노자와 표현 문제』, 권순모, 현영종 옮김, 그린비, 2019. 이제는 폐지된 국가박사학위(doctorat d'État) 제도에서는 연구자 자신의 독자적인 철학적 관점을 담

재구성하면서 유한 양태의 역량에 기반을 둔 스피노자 독해의 가능성을 제시했으며, 이는 스피노자의 인간학과 윤리학을 일반 행동학éthologie의 관점에서 새롭게 사고할 수 있는 길을 열어 놓았습니다. 또한 1981년에 나온 『스피노자: 실천철학』[4]에는 스피노자 철학에 관한 작은 '용어사전'이 수록되어 있어 스피노자 철학을 이해하는 데 많은 도움을 주고 있습니다.

들뢰즈의 스피노자 해석은 1960년대 후반 프랑스에서 일어난 새로운 스피노자 연구, 곧 마르샬 게루Martial Gueroult, 알렉상드르 마트롱Alexandre Matheron 등의 철학사 연구와 루이 알튀세르와 그 제자들의 스피노자 마르크스주의와 더불어 "스피노자 르네상스"를 가능하게 한 지적 원동력 중 하나였으며, 이 새로운 사상적 흐름은 오랫동안 스피노자 연구를 지배해 왔던 범신론적 해석의 시각에서 벗어나 스피노자 철학을 좀 더 정확하게 이해하는 데 크게 기여했습니다.[5] 특히 스피노자 철학을 사회 및 정치 문제와는 무관한 사변적 관조의 철학으로 이해하는 관점을 깨뜨리고 『윤리학』을 비롯한 그의 후기 사상을 새로운 실천 철학의 풍부한 원천으로 부각시키는 데 중요한 발판

은 주논문과 철학사에 대한 연구인 부논문 두 편을 제출해야 했다. 들뢰즈의 주논문은 『차이와 반복』이었다. 푸코의 경우에는 『광기의 역사』(1961)가 주논문이었고 부논문은 칸트의 『실용적 관점에서 본 인간학』에 대한 번역과 해제였다. 이 해제는 우리말로 번역되어 있다. 미셸 푸코, 『칸트의 인간학에 관하여』, 김광철 옮김, 문학과지성사, 2012 참조.

4　우리말로는 다음과 같은 제목으로 번역되었다. 질 들뢰즈, 『스피노자의 철학』, 박기순 옮김, 민음사, 1999 참조.

5　1960년대 이후 새로운 스피노자 연구의 계보와 주제에 관해서는 진태원, 「범신론의 주박에서 벗어나기: 프랑스에서 스피노자 연구 동향」, 『근대철학』 2권 2호, 2007 참조.

을 제공해 주었습니다. 이는 들뢰즈가 『윤리학』 3부, 곧 「정서의 기원과 본성에 대하여」에 중심을 두고 『윤리학』 전체를 재구성하려고 시도했기 때문입니다.

독일 관념론, 특히 헤겔의 스피노자 해석의 요체는 스피노자 철학은 절대자로서의 실체만을 중시하고 있기 때문에 인간의 주체성 및 윤리적 실천의 가능성을 찾을 수 없다는 것이었습니다.[6] 반면 들뢰즈는 실체와 양태 사이에는 초월적인 관계가 존재하는 것이 아니라 내재적인 관계가 존재하며, 속성은 실체와 양태의 내재성을 보증해 주는 공통 형식이라고 주장함으로써 실체의 절대적 역량이 인간을 포함한 유한 양태들의 실천 역량을 근거 짓는다는 것을 보여 줍니다. 더 나아가 들뢰즈는 이전의 스피노자 연구에서 제대로 주목받지 못했던 양태modus, mode 개념을 표현주의의 논리에 근거하여 재해석하면서, 인간을 포함한 유한 양태를 역량과 해방의 토대로 재구성합니다. 이때 인간과 같은 유한 양태의 역량의 구체적인 모습은 정서affectus, affect를 통해 표현됩니다. 곧 정서 개념은 역량의 증대(기쁨)와 감소(슬픔)를 표현하는 개념이며, 수동적인 정서들 가운데서도 기쁨의 정서는 인간의 행위 역량을 증대시킴으로써 우리가 우리의 행위 역량을 감소시키는 슬픔의 정서의 상황에서 벗어나 어떻게 우리의 윤리적 역량을 보존하고 증대할 수 있는지 그 방향을 제시해 줍니다.

---

6   헤겔의 스피노자 해석과 그 난점에 관해서는 피에르 마슈레, 『헤겔 또는 스피노자』, 진태원 옮김, 그린비, 2010 참조.

이 장에서는 『스피노자와 표현 문제』를 중심으로 이 세 가지 측면에서 들뢰즈가 스피노자를 어떻게 전유하고 있으며, 이러한 전유에서 주목할 만한 쟁점이 어떤 것인지 살펴보겠습니다.

2. 범신론과 역량론: 현대 스피노자 연구의 특징

들뢰즈의 스피노자 해석의 특징을 파악하기 위해서는 스피노자 연구에서 오랫동안 큰 영향력을 행사해 온 범신론적 해석과 들뢰즈를 포함한 현대 프랑스 및 이탈리아 연구자들(특히 안토니오 네그리)이 제시하는 역량론적 해석의 차이점을 유념할 필요가 있습니다. 헤겔을 비롯한 독일 관념론에서 제출된 범신론적 해석은 스피노자 철학을 다음과 같이 파악합니다.

범신론적 해석의 요점

1) 실체의 부동성

범신론적 해석은 스피노자의 실체를 철학사에서 보기 드문 절대자에 대한 사변적 표현으로 평가합니다. 곧 자신과 다른 타자들을 갖고 있지 않으며 다른 어떤 것으로부터 생산되지 않고 자기 자신에 의해 산출되는 자기원인으로서 스피노자의 실체는 순수한 실정성posi-tivity의 개념 그 자체라는 것입니다. 그러나 그는 이처럼 실체를 절대적으로 실정적인 존재자로 제시함으로써 동시에 그 대가로, 실체를 아무런 운동도 인과 작용도 수행하지 않는 정태적 존재자로 간주하게 됩니다. 운동은 변화를 상정하며 변화는 타자성과 부정성을 전제하는 데 반해, 이러한 실체는 절대적으로 실정적이라는 그 이유 때문에 아무런 타자성과 부정성도 지니고 있지 않으며, 이는 결국 실체를 정태적인 것으로 만들기 때문입니다. 따라서 실체는 만물의 원인으로서의 절대자이면서도 아무런 운동이나 변화도 수행할 수 없는 부동적이고 불활성적인 존재자라는 자기모순에 빠져 있습니다.

2) 유출론적 체계인 스피노자 철학

범신론적 해석은 이처럼 실체가 태초에 정립된 부동적인 절대자이기 때문에 스피노자 철학은 또한 유출론적 성격을 지니고 있다고 간주합니다. 이미 절대적으로 완성되고 충만한 실체가 존재하므로 남은 것은 이러한 실체로부터 내려오는 존재론적 하강의 운동뿐이라는 것입니다. 예컨대 헤겔은『윤리학』서두에 나오는 실체(자기원인), 속성, 양태들에 대한 정의는 이러한 하강의 운동이 이루어지는 순서를 가리킨다고 주장합니다. 곧 자기원인인 실체가 절대적으로 충만한 존재자를 가리킨다면, 속성은 실체의 본질을 표현하는 주관적 관점(따라서 이미 실체에 대해 외재적이고 부차적인 관점)을 지칭하고, 양태는 다시 이것들보다 훨씬 더 존재론적인 실재성을 결여한, 사실은 거의 아무런 실재성도 지니지 않는 존재자들을 나타냅니다.

3) 양태의 비실재성과 주체성의 부재

이처럼 양태들이 존재론적 실재성을 지니고 있지 않기 때문에 스피노자 철학에는 아무런 주체성의 여지도 존재하지 않으며, 인간을 비롯한 개별 존재자들은 자유는커녕 실재성을 박탈당하고 맙니다. 스피노자 철학에는 이중적인 측면에서 주체성이 부재합니다. 우선 실체는 내적 부정성의 계기를 결여한 부동적인 존재자이기 때문에 주체로 간주될 수 없습니다. 또한 인간들은 자연의 필연적 질서의 일부에 불과하므로 자유의 가능성을 부정당하고 주체성도 결여하게 됩니다. 따라서 스피노자 철학은 데카르트의 사유와 연장, 정신과 신체의 이원론을 실체의 일원론을 통해 극복하려는 이론적 시도의 산물이지만, 데카르트가 확립해 놓은 주관성의 철학을 거부한 대가로 능동성과 자유의 여지를 전혀 남겨 놓지 못한 것으로 간주됩니다.

역량론적 해석의 요점

'범신론 논쟁'을 거치면서, 그리고 독일 관념론, 특히 헤겔의 스피노자 해석을 거치면서 정형화된 이러한 해석에서 벗어나 스피노자 철학을 일종의 역량의 철학이자 해방의 철학으로 제시하고자 했던 것이 1960년대 이후 프랑스와 이탈리아 철학계에서 시작된 새로운 스피노자 연구의 한 가지 방향이었습니다. 들뢰즈와 네그리의 스피노자 해석에서 크게 영향을 받은 이러한 해석은,[7] 범신론적 해석과 조목조목 대립하는 스피노자상을 제시해 줍니다. 그리고 역량론적 관점은 오늘날 이른바 '정동이론affect theory' 및 신유물론에서 잘 표현되고 있습니다.

1) 역동적 원인인 실체

우선 이러한 관점은 스피노자의 신 또는 실체를 부동적인 것으로 간주하는 범신론적 관점과 달리 실체는 본질적으로 역동적이라고 주장합니다. 이들에 따르면 이는 『윤리학』이 "자기원인"에 대한 정의에서 시작하고 있다는 점에서 이미 잘 드러납니다. 더욱이 신은 무한하게 많은 실재들을 무한하게 많은 방식으로 생산한다는 점을 증명하는 1부 정리 16이나 신의 본질과 신의 역량을 동일시하는 1부 정리 34에서 신 또는 실체의 동역학적 본성은 좀 더 뚜렷하게 나타납니다.

---

7 하지만 들뢰즈와 네그리의 스피노자 해석에는 적지 않은 차이가 있다는 점을 유념해야 한다. 양자 사이에 이론적 연속성을 설정하는 마이클 하트의 관점은 네그리주의적인 입장에서 비롯한 결과일 뿐이다. 마이클 하트, 『들뢰즈 사상의 진화』, 김상운, 양창렬 옮김, 갈무리, 2004 참조.

따라서 범신론적 해석은 관념론과 어깨를 겨룰 수 있는 역동적인 실체의 철학인 스피노자 철학의 잠재력에 대한 (무의식적인) 두려움의 발로이자 체계적인 왜곡이라는 것이 이들의 평가입니다.[8]

2) 유한 양태들의 존재론적 근거인 실체의 역량

그러나 이러한 신의 절대적 역량 때문에 양태들, 특히 독특한 실재들로서의 유한 양태들은 아무런 내재적 역량이나 능동성을 지닐 수 없는 것 아닌가? 범신론적 해석은 이런 이유로 스피노자의 철학을 유출론 철학으로 해석했습니다. 하지만 들뢰즈, 마트롱, 마슈레 등과 같은 새로운 스피노자 연구의 대표자들은 이러한 해석을 정면으로 거부합니다. 왜냐하면 스피노자를 유출론의 철학자로 간주하기 위해서는 실체와 속성, 양태 사이에 상호 외재적인 관계가 성립해야 하지만, 스피노자 철학에서 이는 불가능하기 때문입니다. 곧 속성들은 실체의 본질을 구성하고 그것을 (객관적으로) 표현하기 때문에 실체와 외재적인 관계를 맺을 수 없습니다. 마찬가지로 양태들은 실체 안에 존재하며, 바로 그런 이유로 실체에 대해 외재적이지 않습니다. 그리고 이들은 실체가 절대적인 인과역량을 지니고 있다는 사실이 유한 양태들의 능동성이나 인과적 역량을 배제하기는커녕 오히려 그것의 존재론적 기초를 제공해 준다고 주장합니다.

8   피에르 마슈레,『헤겔 또는 스피노자』참조.

들뢰즈는 스피노자의 철학을 "표현주의"로 규정하면서 이러한 해석의 가능성을 옹호하고 있습니다. 그에 따르면 실체는 "자기 자신을 표현하는 것", 원초적이고 절대적인 역량을 아무런 제약 없이 표현하는 것이며, 각각의 양태들은 이러한 실체의 본질을 양태의 수준에서 이어받아 다시 표현합니다. 곧 양태들은 각자 원인으로서 어떤 결과들을 생산해 냅니다(『윤리학』1부 정리 36). 양태들이 지닌 이러한 능동성, 원인으로서의 역량은 그것들이 실체의 절대적인 역량을 표현한다는 사실에 존재론적으로 의거하고 있습니다. 이런 의미에서 실체의 절대적 역량, 원초적인 자기표현은 양태들의 능동성을 배제하지 않고 오히려 그것을 가능하게 해 준다는 것이 들뢰즈를 비롯한 역량론적 주석가들의 관점입니다.

3) 윤리적·정치적 실천의 기초로서 역량

유한 양태에 속하는 인간의 윤리적·정치적 실천 역시 이러한 실체의 절대적 역량에 근거를 두고 있습니다. 범신론적 해석가들이 지적하듯이 스피노자에서 인간을 비롯한 모든 개별 실재들은 유한한 양태라는 지위를 부여받고 있습니다. 그리고 (유한) 양태는 다른 것 안에 존재하고 다른 것에 의해 인식된다는 점에서(『윤리학』1부 정의 5의 양태에 대한 정의) 존재론적으로 비자립적입니다. 하지만 범신론적 해석에서 생각하듯이 존재론적 비자립성이 실존과 행위의 차원에서 양태들의 자율성과 능동성의 여지를 박탈하는 것은 아닙니다. 오히려 이러한 존재론적 비자립성, 의존성은 양태들의 역량의 원천 자체가 됩니다.

3. 표현: 일의성의 존재론과 역량

들뢰즈의 철학은 초기부터 말년에 이르기까지 초월성에 대한 집요한 비판 위에 구축되어 있는데, 이는 그가 보기에 초월성에 기초한 철학들이야말로 뿌리 깊은 지배의 표현이자 원천이기 때문입니다. 초월성의 철학에 대한 들뢰즈의 비판은 특히 두 가지 대상에 초점을 맞추고 있습니다. 하나는 동일성의 철학(플라톤 철학)이고, 다른 하나는 부정성의 철학(헤겔 철학)인데, 이 양자는 실은 그가 '초월성의 구도plan de transcendance'라고 부르는 하나의 뿌리에서 유래한 것들입니다.

들뢰즈가 초월성의 구도 또는 신학적 구도라고 부르는 사유의 '독단적 이미지'는 근거와 근거지어지는 것들 사이의 존재론적 양의성equivocité, 존재론적 분리를 상정합니다. 이에 따르면 근거지어지는 것들, 곧 유한한 개체들은 초월적 근거와의 닮음의 정도에 따라 위계화되고 정돈되지만, 초월적 근거는 항상 유한한 존재자들의 세계로부터 은폐되고 분리되어 있습니다. 이러한 구도에서는 주어진 것들(스피노자의 표현대로 하자면 유한 양태들)은 스스로를 배치할 만한 역량을 갖고 있지 못하기 때문에, 항상 주어진 것들을 질서지어 주는, 그러나 또한 주어진 것들을 초월해 있는 어떤 근거를 가정하게 됩니다. 이렇게 되면 근거와 근거지어지는 것들이 분리되는 이외에도, 다시 근거지어지는 것들 사이에서 분할이 발생합니다. 곧 초월적 근거를 충실하게 반영하고 이 근거가 설정한 질서에 따라 적절하게 분류되는 '좋은 모상들'과, 그렇지 못한 나쁜 모상들 또는 모의물(시뮬라크르simulacre)들로 나뉘는 것입니다.[9]

그러나 들뢰즈에 따르면 이러한 초월성의 구도는, 그가 이를 '신학적' 구도라고 부르는 데서 알 수 있듯이, 철학의 진정한 지반이 아니며 철학 이전의 종교적 유산이 철학 내에서 지속되고 재생산되어 온 흔적일 뿐입니다. 이는 근대 이전의 '초월적 신'의 형상에서부터 근대의 '도덕법'의 형상에 이르기까지 초월성의 원칙을 보존하고 재생산하면서, 실제로 존재하는 다양한 존재자들의 권리와 역량을 부인하고 억압하는 데 기여해 왔습니다.

들뢰즈에게 철학의 진정하고 유일한 지반은 고대의 스토아학파와 중세의 둔스 스코투스Duns Scotus, 스피노자에서 니체에 이르는 철학자들이 전개시켜 온 '내재성의 평면plan d'immanence'(초월성의 '구도'와 내재성의 '평면'의 프랑스어 원어는 똑같이 plan이지만, 의미는 전혀 상이합니다)입니다. 이 평면에서는 무한자와 유한자 사이에 아무런 존재론적 분리도 발생하지 않으며, 따라서 이들은 각각 근거와 근거지어지는 것들

---

9 모의물/시뮬라크르 개념은 특히 들뢰즈가 『차이와 반복』, 『의미의 논리』에서 플라톤주의의 재해석 및 전복을 위한 하나의 준거로 도입한 개념이지만, 들뢰즈 철학에서 핵심적인 위치를 차지하고 있지는 않다. 들뢰즈 자신은 특히 『천개의 고원』 이후에는 명시적으로 이 개념을 더 이상 사용하지 않는다. 여기에서는 초월성의 철학의 문제점을 부각하려는 목적에 따라 이 개념을 사용한다.

로 설정되지도 않습니다. 하나의 의미, 하나의 목소리를 갖는 일의적 존재는 존재하는 다양한 것들이 스스로를 분배하는 유목민적 배치에 따라 차이들을 생산해 냅니다.[10]

아무런 근거도 지니고 있지 않은 것들이 어떻게 자기 자신들을 분배하고 배치할 수 있는가, 이는 최악의 아나키즘적 혼란이나 약육강식이 지배하는 '자연상태'로의 회귀를 철학적으로 옹호하는 것에 불과한 것이 아닌가라는 질문들이 제기될 수도 있으나, 들뢰즈에 따르면 이는 초월적 근거에 의해서만 존재론적 질서가 가능하다는 부당한 전제를 깔고 있습니다.

여기에서 가능한 것le possible과 잠재적인 것le virtuel을 구분하는 베르그손의 용법이 유용해집니다. 이 구분법에 따르면 초월성의 철학은 가능한 것과 실재적인 것le réel을 구분한 뒤, 다시 가능한 것과 잠재적인 것을 뒤섞습니다. 이렇게 되면 잠재적인 것은 그 자체로는 실재적인 것이 아닌 가능한 것에 불과한 것이 되어 버리며, 이에 따라 자기 자신을 실현시켜 줄 수 있는 초월적 근거에 존재론적으로 의존하게 됩니다. 하지만 베르그손에 따르면 **잠재적인 것은 실재적인 것과 대립하는 것이 아니라 그 자체가 전적으로 실재적인 것**이며, 다른 한편으로 초월성의 철학이 실재적인 것과 혼동하고 있는 현행적인

---

10 "일의성의 본질은 존재가 단 하나의 똑같은 의미로 말해진다는 점이 아니다. 그 본질은 존재가 자신의 모든 개체화하는 차이들 또는 내적 양상들을 **통해** 단 하나의 같은 의미로 말해진다는 점이다." G. Deleuze, *Différence et répétition*, PUF, 1968, p.53; 질 들뢰즈, 『차이와 반복』, 102쪽(강조는 들뢰즈).

것l'actuel은 이 잠재적인 것의 자기생산 운동의 **우발적인** 결과인 것입니다.

스피노자 철학의 경우 이는 역량 개념의 문제로 집약됩니다.[11] 스피노자 철학의 핵심 개념 중 하나인 역량 개념은 전통적으로 가능한 것 내지 가능태라는 의미로 사용되어 온 개념입니다. 이런 의미에서의 가능태란 그 자체로는 비실재적이며, 실재하기 위해서는 외부의 원인, 근본적으로는 초월적 원인을 필요로 하는 것을 지칭합니다. 이에 따라 가능태라는 개념은 중세 철학 이후 근대 철학까지 신의 존재를 증명하고 창조 개념을 정당화하는 논거로 사용되었습니다. 신학적 논변에서 본다면 신의 지성은 어떤 사물의 가능적 본질을 형성하고 파악하는 역할을 담당하고, 신의 의지는 이러한 가능적 본질을 현실화하는 역할을 담당합니다. 그리고 신과 피조물 사이에는 근본적인 차이(존재론적 양의성)가 존재하기 때문에 우리는 신의 본질을 온전하게 파악할 수 없으며 기껏해야 유비적으로 파악할 수 있을 뿐입니다. 이에 따라 가능적인 본질이 현실화되느냐 않느냐 하는 것은 초월적인 신의 의지에 따라 결정됩니다.

그러나 스피노자는 베르그손의 '잠재적인 것'의 개념과 마찬가지

---

11 스피노자 철학에서 역량 개념에 관한 좋은 논의로는 질 들뢰즈, 「5장. 역량」, 『스피노자와 표현 문제』, 참조; A. Matheron, "Physique et ontologie chez Spinoza"(1991), *Études sur Spinoza et les philosophies de l'âge classique*, ENS Éditions, 2011; C. Ramond, "Le noeud gordien. Pouvoir, puissance et possibilité dans les philosophies de l'âge classique", *Spinoza et la pensée moderne. Constituions de l'Objectivité*, Harmattan, 1998; P. Sévérac, *Le devenir actif chez Spinoza*, Honoré Champion, 2005 참조.

로 역량을 가능태와 구별합니다. 스피노자에게서 "신의 역량은 신의 본질 자체"(『윤리학』 1부 정리 34)이며, 역량은 항상 "현행적actualis"입니다(이는 현행성과 잠재성을 대립시키는 전통적 관점에서는 용어모순적인 주장입니다). 따라서 스피노자에게서 역량은 실현되기 위해 다른 외부 원인을 필요로 하는 가능적인 능력이 아니라, 오히려 결과들을 생산하는 **원인의 활동 자체**를 가리킵니다. 곧 현행적 역량은 활동하는 역량, 원인으로서의 역량이며, 이런 의미에서 스피노자는 "신의 역량은 신의 활동하는 본질essentia actuosa 이외의 것이 아니다"(『윤리학』 2부 정리 3의 주석)라고 말하고 있습니다.

이 테제는 신 또는 실체만이 아니라 유한 양태들에 대해서도 타당한 것입니다. 코나투스에 대한 스피노자의 정의가 이를 잘 보여 줍니다. 스피노자에 따르면 "어떤 사물이 존재 속에서 스스로 존속하려는 역량 또는sive 코나투스는 이 사물의 주어진 또는 현행적 본질 자체"(『윤리학』 3부 정리 7의 증명)입니다.[12] 범신론적 관점에 따라 스피노자를 해석하는 사람들은 산출하는 자연과 산출된 자연의 관계를 외재적·대립적으로 파악하며(이때 주요한 전거는 "존재하는 모든 것은 자신 안에 있거나vel 다른 것 안에 있다"는 『윤리학』 1부 공리 1입니다), 이에 따라 "산출하는 자연natura naturans"의 능동성은 곧 "산출된 자연natura naturata"의 수동성을 함축하는 것으로 간주합니다. 하지만 이는 텍스트 자체에 의해

---

12 다음 정리도 참조. "정신의 코나투스 또는(sive) 역량은 정신의 본질 자체이다." (『윤리학』 3부 정리 54의 증명).

지지받을 수 없을 뿐만 아니라, 스피노자 철학의 기본 원리와도 어긋나는 관점입니다. 스피노자에게 유한자의 자율성은 다름 아니라 산출하는 자연의 절대적 무한성 또는 절대적 능동성에 기초를 두기 때문입니다.

스피노자에게 자기원인으로서의 신, 또는 더 정확하게 말하자면 절대적으로 무한한 존재자로서의 신(『윤리학』 1부 정의 6)은 일체의 부정을 포함하지 않는다는 바로 그 이유에 의해, "존재하는 모든 것은 신 안에 있으며 신 없이는 아무것도 존재하거나 그리고 인식될 수 없다"(1부 정리 15)는 이유에 의해 일체의 구속 및 갈등관계에서 벗어나 있습니다. 구속 및 갈등은 존재의 유한성을 전제하며, 따라서 타자와의 관계를 전제하는 데 비해 절대적으로 무한한 존재자인 신은 본질상 외재성 및 타자성을 포함할 수 없기 때문입니다. 다시 말하면 이는 신은 무한하게 많은 방식으로 무한하게 많은 것을 생산한다는 것(1부 정리 16), 곧 "특수한 실재들은 신의 속성들의 변용들 또는 신의 속성들이 일정하게 규정된 방식으로 **표현되는** 양태들"(1부 정리 25의 따름정리)이라는 것을 의미합니다.

여기 사용된 "표현"이라는 개념이 들뢰즈 스피노자 해석의 주도적인 동기를 이루는 표현주의의 구체적인 의미를 잘 보여 줍니다. 여기서 "신의 본성 또는 본질을 … 표현한다"는 말은 **신 또는 실체의 본성을 나누어 갖는다**는 뜻입니다. 그리고 유한한 양태들이 나누어 갖는 신의 본성은 바로 원인으로서의 신의 역량입니다. 이는 스피노자가 활용하는 또 다른 논거인 1부 정리 34에서 알 수 있습니다. 정리 34에 따르면 "신의 역량은 신의 본질 자체"입니다. 곧 신의 본질은 무한하게 많은 것을 무한하게 많은 방식으로 생산할 수 있는 절대적으로 무한한 원인의 역량과 같습니다. 그렇다면 1부 정리 25의 따름정리에서 인간을 포함한 독특한 실재들이 "신의 본성 또는 본질을 … 표현한다"고 말하는 것은, 바로 이 독특한 실재들이 신의 무한한 원인의 역량을 나누어 갖는다는 것을 의미함을 알 수 있습니다. 정리하자면, 인간을 포함한 유한 양태들이 결과들을 산출할 수 있는 원인으로서의 역량을 갖는 것은, 독특한 실재들이 신의 본질을 이루는 원인으로서의 역량을 일정하게 규정된 방식으로 표현하기 때문에, 곧 그러한 역량을 나누어 갖기 때문에 가능한 것입니다.

이렇게 본다면 신이 무한하기 때문에 인간을 포함한 유한 양태들은 자유롭지 않다는 헤겔의 비판은 그릇된 비판이라는 점을 알 수 있습니다. 왜냐하면 우리가 앞에서 본 것처럼 무한한 것은 유한한 것과 직접 작용하거나 교섭하지 않기 때문에, 무한한 실체가 유한한 양태의 자유를 제약하거나 한정한다는 것은 불가능하기 때문입니다. 더욱이 실체가 지닌 무한한 원인으로서의 역량은 그것이 무한하다는 바로 그 이유로 인해 인간을 포함한 유한한 양태들이 지닌 원인의 역량, 다른 말로 하면 능동적 역량의 원천 내지 근거가 되는 것입니다. 스피노자가 『윤리학』 3부 정리 6과 정리 7에서 독특한 실재의 본질을 코나투스로 규정할 때, 1부 정리 36의 명제를 논거로 삼는 것은 우연이 아닙니다. 이런 의미에서 신은 **절대적으로 무한하다는 바로 그 이유에 의해** 모든 사물의 능동성의 근거가 됩니다. 여기에서 "신은 자기 자신의 원인이라고 불리는 것과 같은 의미에서 모든 사물의 원인이라 불려야 한다."(1부 정리 25의 주석)는 스피노자의 주장이 따라 나옵니다.[13] 따라서 스피노자의 역량 개념은 내재적 인과성과 상호함축관계에 있으며, 이를 통해 유한자의 능동성의 존재론적 기초가 마련됩니다.

우리의 논의와 관련하여 중요한 것은 이 개념이 지니고 있는 실천적 함의들입니다. 우선 다음과 같은 질문을 던져 볼 필요가 있습니다. 들뢰즈가 말하듯이 초월성의 구도가 진정한 철학적 지반이 아니라면, 왜 철학의 본래 지반도 아닌 것이 이처럼 오랫동안 철학을 지배해 올 수 있었을까요? 그리고 역으로 내재성의 평면이 유일한 철학의 지반이라면, 왜 이는 그처럼 오랫동안 철학사에서 주변적이고 부차적인 위치에 머물러 있었을까요?

그 이유는 존재하는 것들, 또는 이 경우에는 인간 자신들의 존재론적·윤리적·정치적 역량이라는 문제와 긴밀하게 결부되어 있습니다. 곧 인간들이 자신들의 역량을 능동적으로 조직해 내지 못하고 수동적 조건 속에서 **자신의 역량**potentia**으로부터 분리**되면, 언제든지 초월적 권력potestas이 실행되며, 이들은 이 권력에 따라 조직되고 이에 예속되는 것입니다. 또는 좀 더 정확하게 말하자면 초월적 권력은 그 자체로는 존재론적으로 기생적이며 자기 자신의 본래적인 역량을 갖고 있지 못하기 때문에, 이는 존재하는 것들의 내재적 역량을 활용하

---

13 질 들뢰즈, 「10장. 데카르트에 반대하는 스피노자」, 『스피노자와 표현 문제』 참조.

여 존재하는 것들 자신을 통치하고 지배하는 것입니다.[14]

따라서 일의성의 존재론이 다양한 존재자들, 또는 인간들의 능동화-차이화의 운동과 분리될 수 없다면, 이는 이들의 내재적 역량을 강화하고 적절하게 배치하는 것을 자신의 핵심적인 실천적 과제로 갖게 됩니다. 이렇게 되면 초월성의 철학에 대한 비판은 존재하는 것들-인간들 자신의 내재적 역량이라는 문제와 연결되어 인간학과 윤리학의 문제로 넘어가게 됩니다.

4. 양태: 개체와 코나투스

전체 3부로 구성된 『스피노자와 표현 문제』에서 1부("실체의 삼항관계")가 존재론의 문제를 다룬다면, 2부("평행론과 내재성")는 평행론 및 관념 이론을 다루고 있으며, 가장 분량이 많은 3부는 유한 양태 이론을

---

[14]　스피노자 철학에서 포텐샤(역량, potentia)와 포테스타스(권능, 권력, potestas)라는 두 개념을 구별하는 것은 매우 중요한 주제 중 하나다. 일반적인 용법에서 두 개념은 모두 '권력' 내지 '능력'을 뜻하지만, 스피노자는 존재론과 신학, 인간학 및 정치학에 이르기까지 두 개념에 상이한 의미를 부여한다. 하지만 정확히 두 개념 사이에 어떠한 차이가 존재하는가에 관해 연구자들 사이에 공통된 의견이 존재하는 것은 아니다. 제일 강하게 구별하는 안토니오 네그리의 경우에는 포텐샤/역량 개념은 다중의 해방적인 역량의 존재론적 기초로 간주하며, 포테스타스/권력의 경우에는 다중의 역량에 기생하는 지배 계급의 초월적 권력을 정당화하는 개념으로 간주한다. 반면 들뢰즈의 경우는 내재성의 평면과 초월성의 구도를 구별하는 데서 알 수 있듯이 포텐샤와 포테스타스 사이에 일정한 비대칭성을 부여하지만, 네그리의 경우처럼 이 구별에 일관된 정치적 함의를 부여하지는 않는다. 따라서 현재의 문단을 들뢰즈 자신의 관점과 동일한 것으로 이해해서는 안 된다.

제시하고 있습니다. 책의 구성에서도 알 수 있듯이 『스피노자와 표현 문제』의 독창성은 실체나 속성 같은 "산출하는 자연"만이 아니라 양태를 뜻하는 "산출된 자연"도 중시한다는 점에서 찾을 수 있습니다.

스피노자 철학에서 개체

스피노자의 양태이론에 대한 들뢰즈의 해석을 파악하려면 우선 스피노자 철학에서 개체의 문제를 살펴봐야 합니다. 그런데 스피노자 철학에서 개체 또는 독특한 실재는 두 가지 차원에서 제시됩니다.

1) 2부 「자연학 소론」에서의 개체

『윤리학』에서 개체에 대한 정의는, 다른 정의들과 달리 각 부의 맨 앞에 나오지 않고 「자연학 소론」의 중간에 등장합니다.[15] 여기에서 스피노자는 개체를 다음과 같이 정의합니다.

같은 크기를 지니고 있거나 크기가 서로 다른 일정한 수의 물체들

---

[15] 「자연학 소론」은 2부 정리 13과 정리 14 사이에 나오는 자연철학에 관한 개요를 가리키는데, 이 개요는 당대의 과학혁명에 관한 스피노자의 견해를 엿볼 수 있는 귀중한 자료다. 스피노자 자신은 해당 대목에 대하여 이런 명칭을 붙인 적이 없지만, 스피노자 연구자들은 대개 「자연학 소론」이라는 명칭을 사용한다.

이 다른 물체들에 의해 압력을 받아 서로 의지할 때, 또는 그것들이 같은 속도나 서로 다른 속도로 운동하고 있을 경우에는 일정하게 규정된 어떤 관계에 따라 자신들의 운동을 서로 전달할 때, 우리는 이 물체들이 서로 연합되어 있으며, 이것들 모두가 단 하나의 물체 또는 개체를 합성하고 있다고 말한다. 그리고 이 개체는 물체들 사이의 이러한 연합에 의해 다른 모든 개체들과 구별된다.

이 정의는 우선 우리가 흔히 생각하는 바와 달리 개체를 "나누어질 수 없는indivisible" 원자와 같은 어떤 것이 아니라, 합성체 또는 복합체로 제시하고 있습니다. 스피노자에게 개체는 다수의 물체들로 이루어진 복합체입니다.

아울러 이 정의는 물체를 운동과 속도에 따라 규정하고 있음을 알 수 있습니다. 사실 스피노자는 「자연학 소론」 보조정리 1에서 다음과 같이 말합니다. "물체들은 운동과 정지, 빠름과 느림의 관계ratione motus & quietis, celeritus & tarditatis에 따라 서로 구별되지, 실체의 관계에 따라 서로 구별되는 게 아니다." 이것은 스피노자의 존재론에서 따라 나오는 자연스러운 귀결입니다. 왜냐하면 스피노자에게 실체란, 아리스토텔레스에서 데카르트에 이르는, 그리고 그 이후 오늘날까지도 지속되는 통념과 달리 우주 안에 존재하는 이런저런 사물들을 가리키는 개념이 아니기 때문입니다. 스피노자의 실체는 절대적으로 무한한 존재자, 곧 무한하게 많은 무한한 속성들로 구성된 자연 전체, 우주 전체를 뜻합니다. 그리고 스피노자는 인간을 포함하여 자연 안에 존재하는 이런저런 사물들을 양태, 그것도 유한 양태라고 규정합니다. 따라서 실체가 아닌 물체들이 "실체의 관계에 따라" 구별될 수는 없습니다. 그리고 사유 속성에 속하는 양태들과 달리 연장 속성에 속하는 양태들, 곧 물체들은 운동과 정지, 빠름과 느림이라는 두 가지 관계에 따라 서로 구별됩니다.

따라서 개체는 다수의 물체들로 이루어진 복합체이며, 개체를 이루는 각각의 물체는 운동과 정지, 빠름과 느림에 의해서만 서로 구별되는 존재자들입니다. 그렇다면 이 다수의 물체들이 어떤 근거에서 **하나의 개체**를 구성한다고 말할 수 있을까요? 스피노자는 위의 정의에서 두 가지 근거를 제시합니다. 첫째, 하나의 물체는 "일정한 수의 물체들이 다른 물체들에 의해 압력을 받아 서로 의지할 때" 하나의 개체를 구성한다고 할 수 있습니다. 둘째, 다수의 물체들이 "같은 속도나 서로 다른 속도로 운동하고 있을 경우에는 일정하게 규정된 어떤 관계에 따라 자신들의 운동을 서로 전달할 때" 하나의 개체를 구성한다고 말할 수 있습니다. 곧 다수의 물체들이 서로 간에 운동과 정지의 일정한 관계 내지 비율을 유지할 때, 그 물체들은 하나의 개체를 구성한다고 할 수 있는 것입니다.

스피노자는 개체에 대한 정의 다음에 나오는 보조정리 5에서 이 점을 분명히 합니다.

만약 개체를 합성하는 부분들이 더 커지거나 작아지되, 부분들 모두 자신들이 이전에 지니고 있던 것과 동일한 운동과 정지의 관계를 보존하게 되는 비율에 따라 그렇게 된다면, 개체는 아무런 형상의 변화 없이 이전과 마찬가지로 본성을 유지하게 될 것이다.

곧 어떤 개체를 개체로 규정하는 것은 바로 "동일한 운동과 정지의 관계"이며, 이 관계가 유지되는 한, 그 개체를 구성하는 부분들이 커지든 작아지든, 또는 그 부분들 중 일부가 다른 것들로 대체되든, 그 개체는 동일한 개체로 유지될 수 있습니다. 그리고 스피노자는 개체를 개체로 규정하는 이 운동과 정지의 관계를 "형상"이라고 표현합니다. 이 동일한 운동과 정지의 관계가 유지되는 한에서 그 개체는 "아무런 형상의 변화 없이 이전과 마찬가지로 본성을 유지"하게 됩니다.

이처럼 다수의 물체들로 합성된 개체는 또한 다른 개체들과 연합하여 자신보다 상위의 개체를 구성할 수 있습니다. 이 경우에도 서로 연합한 이 개체들 사이에 운동과 정지의 일정한 관계가 유지된다면, 그것들은 동일한 개체에 속하는 부분들로서 존재할 것입니다. 그리고 다시 이 상위의 개체가 다른 개체들과 합성하여 더 상위의 또 다른 개체를 형성할 수 있습니다. 이렇게 계속 나아가다 보면, 보조정리 7의 주석에서 말하듯이 "자연 전체가 단 하나의 개체이며, 그 부분들, 곧 모든 물체들은 전체 개체의 변화 없이도 무한한 방식으로 변이한다"는 결론에 이르게 됩니다. 이처럼 단 하나의 개체로 간주된 자연 전체가 연장 속성에 속하는 매개적 무한양태, 즉 "우주 전체의 모습"입니다.

결론을 내리자면, 스피노자에게 개체는 더 이상 나뉠 수 없는 원자가 아닙니다. 오히려 개체는 다수의 물체들로 합성되어 있으며, 개체를 이루는 부분들인 다수의 물체들 각자는 또한 그 자체가 다수의 부분들로 합성된 또 다른 개체입니다. 그리고 하위의 개체를 형성하는 부분들 각자도 역시 그 자체가 다수의 부분들로 합성된 하나의 복합 물체로서의 개체입니다. 그렇다면 스피노자에게 개체는 무한하게 분할될 수 있다는 점을 알 수 있습니다.

더 나아가 스피노자의 개체는 본성상 관계론적인 개체입니다. 개체를 개체로 만드는 것, 곧 개체의 본질 내지 형상은 바로 그 개체를 구성하는 부분들 사이에서 성립하는 일정한 운동과 정지의 관계이기 때문입니다. 이러한 운동과 정지의 관계는 영원불변하는 것이 아닙니다. 그것은 일정한 규칙에 따라 형성되지만, 일정한 조건 속에서는 해체될 수 있습니다. 곧 개체를 구성하는 부분들 사이에서 일정한 운동과 정지의 관계가 더 이상 유지되지 않으면 개체는 파괴되며, 개체를 구성하는 부분들은 각자가 독립적인 개체가 되어 분산되거나 다른 개체들과 합성하여 또 다른 개체를 형성하게 됩니다.

인간의 신체도 역시 스피노자적인 의미에서의 개체, 곧 상이한 본성을 지닌 매우 많은 개체들로 이루어진 복합적인 물체입니다. 그리고 다른 물체들과 마찬가지로 인간 신체는 외부 물체들에 의해 끊임없이 변용되며, 역으로 외부 물체들을 끊임없이 변용하면서 실존합니다. 인간 신체를 포함한 물체들에게서 실존한다는 것은 끊임없이 변용되고 변용한다는 것과 다르지 않습니다. 그리고 이러한 변용되기와 변용하기는 개체가 자신의 실존 및 행위 역량을 얻게 되는 원천이 됩니다. 실제로 스피노자는 4부 정리 29의 증명에서 이렇게 말합니다. "각각의 독특한 실재, 결과적으로 (2부 정리 10의 따름정리에 의해) 인간이 실존하고 작업하는 역량은 다른 독특한 실재에 의해서만 규정됩니다(1부 정리 28에 의해)."

스피노자가 『윤리학』 3부 이하에서 전개하는 정서론은 어떻게 독특한 실재로서 인간의 자기 보존 역량이 다른 존재자들과의 끊임없는 **변용되기**와 **변용하기** 관계를 통해 증대하고 감소하는가에 관한 논의입니다.

2) 코나투스로서의 개체

다른 한편에서 스피노자는 개체를 코나투스 개념에 입각하여 제시합니다. 스피노자 인간학의 중심에는 코나투스와 욕망이라는 개념이 놓여 있습니다. 코나투스conatus는 라틴어로 "노력"이나 "경향" 또는 "분투" 등을 가리키는 말이며, 영어로는 effort나 endeavor라고 주로 번역합니다. 그런데 코나투스라는 이 용어는 스피노자가 처음 사용한 것이 아니라 이미 고대 스토아학파에서부터 널리 쓰이던 용어였고 중세 스콜라철학에서도 자주 사용되었습니다. 그리고 데카르트와 홉스 같은, 스피노자와 동시대의 다른 철학자들 역시 코나투스라는 용어를 심심찮게 사용하고 있습니다. 하지만 코나투스라는 개념을 자기 철학의 근간으로 삼은 철학자는 스피노자가 유일하다고 할 수 있습니다. 이 개념은 물리학 또는 자연철학에서부터 인간학, 심리학, 윤리학, 정치학에 이르기까지 스피노자 철학의 근간을 이루고 있습니다. 오늘날 많은 독자들 역시 스피노자 하면 코나투스 개념을 떠올리곤 합니다.

『윤리학』 3부 정리 6과 7은 코나투스가 모든 "독특한 실재", 다른 말로 하면 모든 유한한 사물의 본질을 이룬다고 정의합니다.

각각의 실재는, 자신이 할 수 있는 한에서, 자신의 존재 안에서 존속하려고 노력한다. (3부 정리 6)

각각의 모든 실재가 자신의 존재 안에서 존속하려고 추구하는 노력conatus은 실재의 현행적 본질 자체와 다른 어떤 것이 아니다. (3부 정리 7)

스피노자가 말하는 코나투스는, 어떤 측면에서 보면 생명체가 자신의 생명을 유지하기 위해 애쓰는 본능적인 노력과 비슷합니다. 모든 생명체는 살아남기 위해 애쓰며, 이것은 인간처럼 의식을 지닌 동물만이 아니라, 의식을 갖지 않는 생명체의 경우도 마찬가지입니다. 그런데 스피노자는 코나투스를 본질로 하는 것은 단지 생명체만이 아니라, "각각의 모든 실재"라고 말합니다. 다시 말해 자신의 존재 안에서 존속하려고 하는 노력, 곧 **자신의 존재를 보존하려는 노력으로서의 코나투스**는 생명체에게만 고유한 것이 아니라, **무생명체들까지도**

공유하고 있는 특성입니다.

어떻게 무생명체가 자신의 존재를 보존하려고 **노력할** 수 있느냐 하는 의문이 들 수 있습니다. 라틴어의 코나투스나 우리말의 '노력'이라는 말 모두 의식적이거나 지향적인 행동이라는 의미를 함축하는데, 이처럼 의식적이거나 지향적인 행동은 생명체에게 고유한 것이기 때문에 더욱 그런 의문이 들게 됩니다. 사실 이것은 스피노자의 코나투스 개념을 우리말의 '노력'이라고 번역할 때 생기는 난점 가운데 하나다. 왜냐하면 스피노자가 뜻하는 바 "자신의 존재를 보존하려는 노력"이라는 것은, 의식적이거나 지향적인 활동이 아니기 때문입니다. 그것은 우리가 의식적으로 추구하기 이전에 본능적으로, 그 본성 자체에서 필연적으로 이루어지는 활동입니다.

예컨대 스피노자의 관점에서 보면 바위가 파괴되지 않고 바위로서의 형태를 유지하고 있는 것은 일종의 코나투스의 활동의 표현입니다. 또한 이 건물이 무너지지 않고 건물로서의 구조를 그대로 유지하는 것도 코나투스 덕분입니다. 이 물통이나 이 책상 역시 자기 나름대로의 코나투스를 발휘하고 있는 셈입니다. 또한 스피노자는 코나투스를, 우리가 보통 개체라고 부르는 것에게 고유한 것으로 한정하지도 않습니다. 국가와 같은 집합적인 실재도 코나투스를 갖고 있으며, 지구 전체도 자기 나름대로의 코나투스를 계속 발휘하고 있습니다. 따라서 스피노자가 말하는 코나투스를 좁은 의미의 의식적인 노력이나 지향적인 추구 행위로 한정하지 않는 것이 중요합니다.

그리고 스피노자가 말하는 코나투스는 역량이라는 점을 유념해야 합니다. 이점은 앞에서 인용한 3부 정리 6과 정리 7의 증명에서 잘 나타납니다. 우선 스피노자는 정리 6의 증명에서 이렇게 말합니다.

왜냐하면 독특한 실재들은, 신의 속성들이 일정하게 규정된 방식으로 표현되는(1부 정리 25의 따름정리에 의해) 양태들, 곧 (1부 정리 34에 의해) 신이 존재하고 활동하는 신의 역량을 일정하게 규정된 방식으로 표현하는 실재들이기 때문이다.

여기에서 스피노자는 1부 정리 25의 따름정리를 논거로 하여 독특한 실재들을, "신의 속성들이 일정하게 규정된 방식으로 표현되는" 양태들로 규정합니다. 독특한 실재들이 신의 본질을 이루는 신의 속성들을 "표현한다"는 것은 신 또는 실체의 본질을 나누어 갖는다는 것이고, 이는 다시 신이 지닌 원인으로서의 무한한 역량을 나누어 가짐을 의미합니다.

그리고 이런 존재론적 논거에 입각해서 스피노자는 1부 정리 36에서 각각의 모든 실재는 결과를 산출할 수 있는 원인으로서의 역량을 지니고 있다고 주장한 바 있습니다. 3부 정리 7의 증명에서는 바로 1부 정리 36을 근거로 사용하여, 코나투스를 역량과 같은 것으로 제시합니다. 스피노자는 이렇게 말합니다. "각각의 모든 실재가 자신의 존재 안에서 존속하려고 하는 역량 또는 노력은 실재의 주어진 본질 또는 현행적 본질과 다른 어떤 것이 아니다." "포텐시아 시베 코나투스potentia sive conatus", "역량 또는 노력." 곧 각각의 독특한 실재가 무한한 신의 역량에 근거하여 갖고 있는 원인으로서의 역량이 바로 코나투스라는 독특한 실재들의 본질로 표현되는 것입니다. 외부 원인에 의해 파괴되지 않는 한, 각각의 독특한 실재가 지닌 이러한 코나투스는 무한정하게 계속되는 것입니다. 이런 의미에서 스피노자의 코나투스 개념은 관성 원리의 형이상학적 표현이라고 이해할 수 있습니다.

두 개의 개체화

양태에 관한 들뢰즈의 해석의 핵심은 스피노자 철학에는 두 가지 개체화가 존재한다는 제안입니다. 들뢰즈는 스피노자 철학에서 두 가지 상이한 개체화의 형태를 발견하는데, 질적인 개체화와 양적인 개체화가 바로 그것입니다. 들뢰즈는 이 두 가지 개체화는 서로 연관되어 있기는 하지만 서로 뒤섞여 이해되어서는 안 된다고 강조합니다.

들뢰즈 해석의 출발점은 속성이 양화되는 두 가지 방식을 구분하는 것입니다.

따라서 마치 각각의 속성이, 그 자체로 무한한, 하지만 어떤 조건 아래서 각자 그 나름의 방식으로 분할 가능한 두 개의 양으로 변용되는 것처럼 일이 진행된다. 하나는 내포적/강도적 부분들로 또

는 정도들로 분할되는 내포량/강도량quantité intensive이고, 다른 하나
는 외연적 부분들로 분할되는 외연량quantité extensive이다.[16]

들뢰즈에 따르면 전자는 각각의 독특한 실재들이 지니고 있는 "독
특한 본질essence singulier"입니다. 그런데 후자의 경우는 사정이 좀 더
복잡합니다. 왜냐하면 전자가 독특한 실재들의 본질과 관련된다면,
후자는 독특한 실재들의 실존과 관련되는데, 스피노자에서 실존은
한 가지 요소 또는 한 가지 측면이 아니라 두 가지 측면이 결합된 결
과처럼 보이기 때문입니다.

먼저 외연적일 뿐만 아니라 "외생적인extrinséque" 측면이 존재하는
데, 이는 우리가 앞서 살펴본 것처럼 가장 단순한 물체들입니다. "실
존한다는 것은 매우 많은 수의 부분들을 현행적으로 가지는 것이다.
이러한 합성 부분들은 양태의 본질에 외재적이며 서로에 대해 외재
적이다. 이것들은 외연적 부분들이다."[17] 그런데 이 외연적 부분들을
합성하는 것은 다름 아닌 가장 단순한 물체들, 곧 외연적일 뿐만 아니
라 외생적인 부분들입니다. "연장 속성은 무한히 많은 단순 물체들로
현행적으로 분할되는 양태적 외연량을 가진다. 이 단순 물체들은 운
동과 정지에 의해서만 서로 구분되고 서로 관계 맺는 외생적 부분들

---

16 G. Deleuze, *Spinoza et le problème de l'expression*, p.174; 질 들뢰즈, 『스피노자
    와 표현 문제』, 229쪽.
17 *Ibid*, p.183; 같은 책, 242쪽.

이다."[18]

그런데 문제는 "어떻게 단순 물체들의 이 상태를 본질들의 지위와 화해시킬 것인가?"라는 점입니다. 왜냐하면 외연적이고 외생적인 부분들은 항상 외부로부터, 외재적으로 규정되는 데 반해, 강도로서, 역량의 정도로서의 내생적인 부분들, 곧 독특한 본질들은 내재적으로 규정되기 때문입니다. 들뢰즈는 여기에 대해 다음과 같은 답변을 제시합니다.

본질은 강도의 정도다. 그런데 외연적 부분들과 강도의 정도들(강도적 부분들)은 결코 항 대 항으로 대응하지 않는다. 아무리 작을지라도 모든 강도의 정도에는 서로 외생적 관계만을 갖고 또 가져야 하는 무한히 많은 외연적 부분들이 대응한다. … 우리는 어떻게 무한하게 많은 외연적 부분들이 한 양태의 실존을 합성하는가라는 질문에 답변하기 위한 요소들을 가지고 있다. 예컨대 한 양태가 연장 안에 실존하는 것은 그 양태의 본질에 대응하는 무한하게 많은 단순 물체들이 그 양태에게 현행적으로 속할 때다. 하지만 어떻게 이 단순 물체들은 그 양태의 본질에 대응하는가? 또는 그것에 속하는가? 『소론』 이래 스피노자의 답변은 한결같다. 곧 **운동과 정지의 어떤 관계 아래서**라는 게 그 답변이다. 어떤 양태는 무한히 많은 외연적 부분들이 어떤 관계 아래 들어갈 때 "실존하게 되

18　*Ibid*, p.188; 같은 책, 247쪽.

고", 실존으로 이행한다. 이 양태는 이 관계가 실행되는 한에서 계속 실존하게 된다. 따라서 외연적 부분들은 정도화된 관계들 아래서 역량의 상이한 정도에 대응함으로써 가변적인 집합들로 모이게 된다.[19]

따라서 들뢰즈에 따르면 스피노자의 실존 이론, 개체화 이론은 세 가지 요소를 지닙니다. "강도 또는 역량의 정도인 **독특한 본질**; 항상 무한하게 많은 외연적 부분들로 합성되는 **특수한 실존**; 영원히 양태의 본질에 대응하는, 하지만 또한 그 아래에서 무한하게 많은 부분들이 일시적으로 이 본질에 관계하게 되는, **개별적 형태**, 곧 [양태의 본질에] 특징적인 또는 표현적인 관계."[20]

이것이 들뢰즈의 해석의 대략적인 골자인데, 스피노자의 개체화 이론에 대한 들뢰즈의 해석은 다른 부분의 경우도 그렇지만, 매우 독창적입니다. 우선 들뢰즈는 앞에서 말했듯이 가장 단순한 물체들을 개체의 실존을 합성하는 무한히 많은 부분들로 해석하고 있다는 점에서 독창적입니다. 이는 가장 단순한 물체들을 원자로 가정하지 않으면서도, 단순한 물체들이 복합 물체들을 합성하는 방식을 사고할 수 있게 해 주기 때문입니다. 더 나아가 들뢰즈는 양태의 본질을, 양태를 구성하는 관계와 독립하여 자신의 독자적인 실존을 지닌 것으

---

19 *Ibid*., pp.189-190; 같은 책, 249-250쪽.
20 *Ibid*., p.191; 같은 책, 251쪽.

294

로 해석한다는 점에서도 독창적입니다. **"양태의 본질은 그에 대응하는 양태의 실존과 혼동되지 않는 하나의 실존을 가지고 있다."**[21] 이렇게 양태의 실존과 양태의 본질의 실존을 구분함으로써, 스피노자에서 양태들의 본질들은 "논리적 가능성도, 수학적 구조도, 형이상학적 존재자들도 아닌 자연학적 실재들"이라는 점을 보여 주기 때문입니다.

하지만 이것이 과연 스피노자적인 이론인지는 의심의 여지가 있습니다. 우선 스피노자가 말하는 "가장 단순한 물체들corpora simplicissima"은, 스피노자 자신의 논의에 충실하자면, 실제로 복합 물체들을 합성하는 미립자들로 보기보다는 **운동과 정지의 외재적 관계에 따라 사고된 복합 물체들의 추상적 형태**로 봐야 합니다. 스피노자는 어디에서도 들뢰즈가 말하는 식의 이행을 염두에 두고 있지 않기 때문입니다.

더 나아가 양태의 본질이 별도의 실존을 지닌다는 사고 역시 과연 스피노자적인 관점인지 의문의 여지가 있습니다. 사실 독자적인 실존을 지니는 본질이라는 생각은 들뢰즈가 처음 제시한 것은 아닙니다. 이는 이미 20세기 초에 가브리엘 후안Gabriel Huan이라는 주석가가 직접적 무한 양태를 "본질들의 존재론적 지반"으로, 그리고 매개적 무한 양태는 "실존들의 존재론적 지반"이라고 주장하면서 제시한

21　*Ibid*., p.174; 같은 책, 230쪽.

해석이며,[22] 마르샬 게루도 후안의 해석을 따라 직접적 무한 양태와 매개적 무한 양태를 영원과 지속의 두 가지 차원을 제시해 주는 것으로 분류하고 있습니다.[23]

그런데 이런 식의 해석은 스피노자가 전혀 제기하지 않은 질문을 제기하고 여기에 대해 답변하려고 노력하게 됩니다. 그것은 왜 영원하게 존재하는 본질이 시공간적인 차원으로, 또는 지속의 차원으로 들어오게 되는가? **왜 영원한 본질이 시공간적인 차원 속에서 실존하게 되는가**라는 질문입니다. 이런 점에서 본다면 들뢰즈가 "스피노자의 고유한 문제"라는 명목으로 "무한에서 유한으로의 이행"[24]이라는 문제를 제기하고, 이미 그 이전에도 **왜 신은 생산하는가?**"라는 "생산의 충족이유"[25]의 문제를 스피노자 철학에서 긴급하게 제기되는 문제로 제시한 것은 우연이 아닙니다. 창조론을 전제해야 비로소 제기될 수 있고, 또 그에 답변하는 게 의미를 지니는 이런 질문들을 들뢰즈 같이 20세기 스피노자 연구를 쇄신한 철학자가 스피노자의 고유한 문제로 제시한다는 것은 아이러니한 일이 아닐 수 없습니다.

어쨌든 그 결과로 들뢰즈는 매우 독창적이기는 하지만 스피노자 자신의 관점과 얼마간 거리가 있는 해석을 제시하는데, 이러한 해석

---

22 G. Huan, *Le Dieu de Spinoza*, Félix Alcan, 1914, pp.130 이하 참조.

23 M. Gueroult, *Spinoza* II, Aubier, 1974, pp.334 이하 참조.

24 G. Deleuze, *Spinoza et le problème de l'expression*, p.181; 질 들뢰즈, 『스피노자와 표현 문제』, 239쪽.

25 *Ibid*., p.88; 같은 책, 114쪽.

의 큰 문제점 중 하나는 **본질과 관계를 분리한다**는 점입니다. 이렇게 본질과 관계를 분리하는 것은『윤리학』1부 정리 18에 나오는 내재적 인과성과 이행적 인과성의 분리를 또 다른 차원에서 반복하는 것이기 때문입니다. 다시 말해 들뢰즈처럼 본질과 관계를 분리한 다음, 전자는 양태의 실존과는 무관하게 독자적인 실존(영원성 속에 존재하는 실존)을 지니며, 이는 무한하게 많은 외연적인 부분들이 어떤 일정한 관계로 들어가는 것과 무관하다고 주장하는 것은, 본질에 고유한 인과계열과 실존에 고유한 인과계열, 따라서 본질에 고유한 개체화의 논리와 실존에 고유한 개체화의 논리가 따로 존재한다고 보기 때문입니다. "본질들은 자신들의 원인 덕분에 필연적으로 실존한다. 그 본질들을 갖는 양태들은, 부분들로 하여금 그들의 본질에 대응하는 관계들 아래로 들어가도록 규정하는 원인들 덕분에 필연적으로 실존으로 이행한다."[26] 그러나 이렇게 되면 어떻게 해서 "양태의 본질은 하나의 관계 속에서 영원하게 표현된다"고 말할 수 있는지, 어떻게 본질들과 관계들은 서로 대응한다고 또는 상응한다고 말할 수 있는지 알 길이 없습니다.

들뢰즈나 게루식의 해석을 피하기 위해서는 운동과 정지의 관계라는 개념 또는 이것과 등가적인 형태 개념의 의미를 정확히 파악해야 합니다. 「자연학 소론」의 보조정리 4에서는 그 이전까지 등장하지 않았던 새로운 개념인 **형태**forma라는 개념이 나옵니다.

---

[26] *Ibid*., p.194; 같은 책, 256쪽.

만약 다수의 물체들로 합성된 한 물체 또는 개체에서 어떤 물체들이 분리되고, 동시에 동일한 본성과 동일한 수의 다른 물체들이 그 물체들의 자리를 차지한다면, 개체는 형태의 변화 없이 이전처럼 자신의 본성을 유지할 것이다.

스피노자가 사용하는 포르마/형태 개념은 스콜라 철학에서 사용되었고 뒤에 라이프니츠가 복권시킬 형상 개념과 용어상으로는 동일하지만, 스피노자의 경우 이 개념을 순수하게 물체의 차원에서 규정한다는 점에서 차이가 있습니다. 그는 여기서 형태의 보존을 본성의 유지와 동일시합니다. 또는 적어도 형태의 보존을 본성을 유지하기 위한 필요조건으로 제시하고 있습니다. 그런데 이러한 형태의 보존은 하나의 개체를 구성하는 부분들에 아무런 변화도 일어나지 않는 가운데 **정태적으로** 이루어지는 것은 아닙니다. 왜냐하면 형태의 보존은 "어떤 물체들이 분리되고" 동시에 "다른 물체들이 그 물체들의 자리를 차지"하는 것, 곧 이 개체를 구성하는 부분들을 다른 개체들 또는 외부 환경과 교환하는 것을 전제하기 때문입니다. 따라서 형태의 보존은 개체를 구성하는 부분들의 지속적인 변화에도 불구하고 이루어지는 동역학적인 과정입니다.[27]

이는 스피노자에게 형태의 보존, 따라서 개체의 본성의 유지는 개

---

27 스피노자는 보조정리 4의 증명에서 이를 좀더 정확히 지적하고 있다. "물체들 사이의 연합은 (가설에 따라) 물체들의 지속적인 변화에도 불구하고(tametsi corporum continua fiat mutatio) 유지될 것이다."

체를 구성하는 물체들의 개별적인 동일성이나 특성에 의존하지 않음을 의미하는데, 개체를 구성하는 물체들의 지속적인 교환에도 불구하고 개체의 본성 내지 개체의 형태는 동일하게 유지될 수 있기 때문입니다. 바로 이런 관점에서 스피노자는 개체를 합성하는 부분들의 증대나 감소가 이루어진다고 하더라도(보조정리 5), 부분들의 운동의 방향이 변화한다고 하더라도(보조정리 6), 이전과 동일한 운동과 정지의 관계를 보존한다면, 개체는 형태의 변화 없이 자신의 동일성을 유지하게 될 것이라고 말하고 있습니다.

하지만 형태 개념의 좀 더 중요한 함의는 보조정리 7의 주석 다음에 나오는 6개의 요청들에서 찾아볼 수 있습니다. 그 이전까지 형태는 부분들의 지속적인 변화에도 불구하고 개체가 자신의 동일성을 유지할 수 있는 근거로 제시되었다면, 이 요청들에서는 변화에도 **불구하고**가 아니라, 바로 지속적인 **변화를 통해서** 형태가 유지된다는 것을 보여 줍니다. 스피노자는 우선 요청 1에서 "인간 신체는 매우 많은 수의 (상이한 본성을 지닌) 개체들로 합성되어 있으며, 이 개체들 각자는 매우 복합적이다"라는 점을 지적합니다. 그다음 요청 3에서는 "인간 신체를 합성하는 개체들, 따라서 인간 신체 그 자체는 매우 많은 방식으로 외부 물체들에 의해 변용된다afficitur, affected"고 말하고 있습니다. 이는 "인간 신체는 자신을 보존하기 위해 매우 많은 수의 다른 물체들을 필요로"(요청 4) 하기 때문입니다. 곧 이러한 다른 물체들은 "말하자면 인간 신체를 지속적으로 재생시킨다." 어떤 개체 또는 독특한 실재가 자신을 보존하기 위해서는, 다시 말해 자신의 형태를 유지하기 위해서는 항상 다른 물체들을 자기 내부로 받아들이고, 또 자신을 구성하고 있는 부분들을 계속 바깥으로 내보내야 합니다. 이러한 부분들의 교환은 개체가 개체로서 **재생되기 위한** 필수 조건입니다.

그리고 바로 이러한 부분들의 교환을 통해서 개체는 자신의 역량을 얻게 됩니다. 요청 6에서 말하고 있는 것이 바로 이 점입니다.

요청 6. 인간 신체는 외부 물체들을 매우 많은 방식으로 움직일 수 있으며, 이것들을 매우 많은 방식으로 배치할 수 있다.

인간 신체는 어떻게 해서 외부 물체들을 매우 많은 방식으로 움직일 **수 있고** 매우 많은 방식으로 배치할 **수 있는** 힘을 지니게 될까요? 이는 그 개체가 지속과 무관한 영원성 속에서, 다시 말해 개체의 실존과 독립하여 실존하고 있는 그 개체의 영원한 본질을 통해서 지니게 되는 것이 아닙니다. 개체가 지닌 이러한 역량, 개체의 본질을 구성하는 이 역량은 이 개체가 **외부와의 교환을 통해서**, 외부 물체들에 의해 **매우 많은 방식으로 변용되는 것을 통해서** 형성되는 것입니다.[28] 따

---

[28] 여기서 4부 정리 29의 증명을 환기해 볼 수 있다. "어떤 독특한 실재, 따라서(2부 정리 10의 따름정리에 따라) **인간이 실존하고 작업하는 역량은 다른 독특한 실재에 의해서만 규정되는데**(1부 정리 28에 따라), 이 다른 독특한 실재의 본성은(2부 정리 6에 따라) 인간의 본성이 인식되게 해 주는 것과 동일한 속성에 의해 파악되어야 한다."(강조는 인용자) 또한 4부 정리 59의 주석에 나오는 다음 문장도 시사하는 바가 있다. "내리치는 행동은 … 인간 신체의 구조를 통해 인식되는 하나의 힘이다."

라서 개체가 지니고 있는 본질, 곧 개체가 지니고 있는 역량은 개체를 구성하고 있는 관계, 그 형태와 독립적인 것이 아니라 바로 그 형태를 통해서 형성되며, 더 나아가 증가하거나 감소하는 것입니다. 그렇다면 본질과 관계 또는 형태를 분리해서 사고하는 것은 단지 개체화의 실제 양상을 이해하기 어렵게 만들 뿐만 아니라, 역량의 형성 및 증대와 감소가 이루어지는 방식을 충실하게 인식하기 어렵게 만든다는 점에서도 문제가 있습니다.[29]

5. 아펙투스와 "정동 이론"

이것은 결국 정서 또는 아펙투스의 문제와 연결되는데 들뢰즈와 스피노자라는 주제에서 또 하나 빼놓을 수 없는 쟁점이 아펙투스의 문제입니다. 또한 아펙투스의 문제는 최근 "정동이론"이라는 형태로 문화이론의 주요 흐름으로 전개되고 있습니다. 하지만 정동이론이 스피노자 철학, 특히 그의 아펙투스 이론을 자신의 이론적 준거 중 하나로 제시하고 있음에도 과연 그것이 스피노자 자신의 이론과 부합하는지는 의문의 여지가 많습니다.[30]

---

[29] 사실 이는 스피노자의 정서론, 특히 수동에서 능동으로의 이행에 대한 들뢰즈의 설명에서도 나타나는 문제점이다.

[30] "정동 이론" 특히 브라이언 마수미를 중심으로 한 "정동 이론"에 관한 비판적 검토는 다

스피노자의 아펙투스에 대한 들뢰즈의 해명

들뢰즈는 스피노자가 제시하는 아펙투스에 대한 정의에 관해 상당히 충실한 설명을 제시하고 있습니다. 『스피노자와 표현 문제』 14장에서 들뢰즈는 그의 스피노자 해석의 고유한 개념적 틀인 표현의 삼원성 구도에 따라 "양태의 본질", "양태의 변용 능력", "매우 많은 방식으로 변용됨"이라는 세 요소로 스피노자의 변용affectio; affection 개념을 재구성하면서 여기에 입각하여 스피노자의 아펙투스 개념을 제시합니다.

신은 자신의 본질과 절대적으로 무한한 역량potentia의 동일성에 따라 정의된 바 있다. 신 자신은 포테스타스potestas, 곧 무한하게 많은 방식으로 변용되는 능력pouvoir d'être affecté; capacity to be affected을 갖고 있었다.[31] 신이 자기원인과 동일한 의미에서 만물의 원인이기 때문에, 이 능력은 영원하고 필연적으로 채워진다. 양태의 경우, 실존하는 양태는 역량의 한 정도와 동일한 본질을 지닌다. 양태 자신은 매우 많은 방식으로 변용될 수 있는 적성aptitude, 변용될 수 있는 능력pouvoir을 지닌다. 그가 실존하는 한에서 이 능력은 가변적인 방식으로 채워지지만, 항상 그리고 필연적으로 외부 양태의 작

른 논문에서 더 논의할 예정이다.
[31] '정동' 연구자들은 이 대목을 아마도 "정동되는 능력"이라고 번역할 것이다.

용 아래에서 채워진다.[32]

밀도 있게 1부의 존재론을 신의 역량의 3원성 구도 아래 요약하면서 다시 이를 양태적 수준에서의 삼원성으로 전이하고 있는 이 대목의 함의를 이 글에서 충실하게 설명하는 것은 불가능합니다. 그래도 간략하게 몇 마디 논평을 덧붙인다면, 우선 들뢰즈는 양태의 본질을 "역량의 한 정도dun degré de puissance"로 정의하는데, 이는 인간을 포함한 양태들이 신의 절대적으로 무한한 역량, 곧 원인으로서의 역량의 한 부분 내지 한 정도를 나눠 갖고 있으며(『윤리학』 1부 정리 36), 이것이 양태, 특히 독특한 실재로서의 유한 양태의 본질인 코나투스의 핵심을 이룬다는 점(『윤리학』 3부 정리 6과 7)을 지시하는 것입니다.

그다음 **유한한** 양태는 이러한 본질로서의 원인의 역량과 짝을 이루는 "적성" 내지 "능력"을 갖고 있는데, 이것은 외부 원인들의 작용에 의해 변용될 수 있는 적성 내지 능력입니다.[33] 외부가 없고 타자가 없는 절대적으로 무한한 존재자이며 따라서 자기원인인 실체=신과 달리, 유한 양태는 타자들의 작용에 의해 끊임없이 변용됩니다. 사실 유한 양태가 실존한다는 것은 끊임없이 그리고 아주 많은 방식으로 변용되고 변용한다는 것과 다르지 않습니다(『윤리학』 2부 「자연학 소론」의 요

---

32 G. Deleuze, *Spinoza et le problème de l'expression*, p.198; 『스피노자와 표현 문제』, 261-262쪽.

33 흥미롭게도 들뢰즈는 이것을 스피노자 형이상학의 주요 개념인 포텐샤와 포테스타스(그리고 압티투도(aptitudo))에 상응하는 것으로 해석하고 있는데, 이것이 스피노자 자신의 용법과 일치하는 것은 아니라는 점을 지나치는 김에 지적해 두겠다.

청 3-4). 이러한 변용되기가 부정적인 것만은 아닙니다. 왜냐하면 인간을 비롯한 유한한 존재자가 생존하기 위해서는 외부 사물들의 지속적인 변용을 통해 공기와 물, 영양분 및 기타 생존에 필요한 것들을 얻어야 하기 때문입니다. 유한 양태들은 지속적으로 변용되는 것을 통해 생존 능력을 획득합니다. 더 나아가 유한 양태들 사이의 역량의 차이는 이러한 변용되기의 능력에 의해 부분적으로 규정됩니다. 곧 더 많은 사물들에 의해 더 많은 방식으로 변용될 수 있는 능력을 지닌 양태들이 더 우월한 역량을 갖게됩니다. 스피노자가『윤리학』2부 정리 13의 주석에서 말하고 있는 점이 바로 이것입니다. "나는 일반적인 방식으로, 한 물체가 동시에 여러 방식으로 작용하거나 수용할 수 있는 그 적성aptus이 다른 물체들보다 우월할수록, 그 물체의 정신은 동시에 여러 가지 것들을 지각할 수 있는 그 적성이 다른 정신들보다 우월하다고 말하겠다."

따라서 유한 양태 내지 독특한 실재가 "자신의 존재 안에서 존속하려고 추구하는 노력"을 의미하는 코나투스를 자신의 본질로 지니고 있는 한에서, 그리고 스피노자가 "각각의 모든 실재의 역량, 또는 … 코나투스"(『윤리학』3부 정리 7의 증명)라고 말하는 데서 알 수 있듯이 코나투스의 성패는 역량에 달려 있기 때문에 유한 양태는 존재 역량 및 행위 역량을 증대하려고 합니다. 그리고 유한 양태 내지 독특한 실재는 다른 양태들과의 변용되고 변용하는 관계 속에서만 실존하기 때문에(1부 정리 28과 그 증명 및 주석), 유한 양태의 코나투스는 타자들과의 관계를 어떻게 구성하고 조직하느냐 여부에 달려 있습니다.

여기에서 스피노자의 아펙투스 개념이 도출됩니다. 스피노자는
『윤리학』 3부의 맨 앞부분과 끝 부분 두 차례에 걸쳐 아펙투스를 정의
한 바 있습니다.

나는 정서를, 신체의 행위 역량을 증대시키거나 감소시키고 촉진
하거나 억제하는 신체의 변용들affectiones; affections이자 동시에 이러
한 변용들의 관념들affectionum ideas; ideas of the affections인 것으로 이해
한다. (3부 정의 3)

정서에 대한 일반적 정의

마음의 정념animi Pathema이라고 불리는 정서는 혼동된 관념confusa
idea; confused idea으로, 정신은 이것을 통해 자신의 신체나 그 신체의
부분들 중 하나의 실존의 힘이 이전보다 더 크거나 작다고 긍정하
며, 이것의 현존은 정신이 저것보다는 이것을 사고하도록 규정한
다. (3부 「부록」)

이 두 가지 정의는 아펙투스 또는 정서에 대한 주목할 만한 차이
를 보여 주지만, 여기에서는 상론하지 않겠습니다.[34] 들뢰즈는 이 두
개의 정의에 대해 체계적으로 설명하기보다는, 양태의 삼원성 구도

---

[34] 두 개의 정서 사이의 차이점에 관한 논의로는 진태원, 『스피노자 철학에 대한 관계론적
해석』, 서울대학교 철학과 박사학위 논문, 2006 가운데 7장 및 C. Jaquet, *L'unité du
corps et de l'esprit*, PUF, 2004를 각각 참조.

에 따라 이 정의의 요소들을 자유롭게 재구성하고 있습니다. 들뢰즈는 우선 아펙치오affectio의 세 가지 종류를 구별하는데,『윤리학』1부에 나타나는 아펙치오affectio(변용)는 양태 자체의 다른 이름입니다. 그다음 두 번째는『윤리학』2부에 등장하는 아펙치오인데, 이것은 한 물체와 다른 물체 간의 상호 작용 일체를 표현하는 명칭입니다. 그리고 변용에는 다시 변용되기affici; affected와 변용하기afficere; affecting가 구별됩니다. 세 번째 아펙치오는 한 물체가 어떤 물체를 변용할 때 변용되는 물체에 남은 변용의 이미지 또는 흔적입니다(따라서 스피노자에게 '이미지imago'는 물질적 또는 신체적인 것입니다.『윤리학』2부 정리 17 및 그 주석). 예컨대 접시가 바닥에 떨어져 쨍그랑 하는 소리를 내가 듣는 것은 스피노자식 용어법대로 하면, 쨍그랑 하는 소리가 나의 청각기관을 변용하여 청각 이미지가 생기는 것을 의미하며, 이것이 바로 세 번째 변용에 해당합니다.

그다음 들뢰즈는 "변용의 관념idée d'affection"의 두 가지 측면을 구별합니다. 하나는 외부 물체가 나의 신체를 변용함으로써 나의 신체에 변용 이미지 또는 흔적이 생기고 그와 동시에 나의 정신에서 이 변용 이미지를 지각하는 관념입니다(『윤리학』2부 정리 17 및 그 주석).[35] 이런 변용의 관념은 "부적합한 관념 또는 상상"[36]입니다. 하지만 변용의

---

[35] 이 텍스트는 스피노자의 변용 이론, 따라서 아펙투스를 이해하는 데 핵심적인, 매우 밀도가 있는 텍스트다.

[36] G. Deleuze, *Spinoza et le problème de l'expression*, p.199;『스피노자와 표현 문제』, 263쪽.

관념이 모두 이처럼 외부 물체의 변용에 의해 생겨난 이미지에 대한 부적합한 관념인 것은 아닙니다. 그와는 다른 종류의 변용의 관념도 있는데, 들뢰즈는 이러한 관념이 우리에게 주어진 변용의 관념이며, 이것이 바로 아펙투스 또는 감정이라고 말합니다. "우리는 여전히 또 다른 종류의 변용을 갖고 있다. 우리에게 주어진 변용의 관념에서 필연적으로 '정서' 또는 감정이 따라 나온다des 'affects' ou sentiments (affectus)."[37] 이것이 3부 정의 3에 나오는 스피노자의 아펙투스 개념에 대한 들뢰즈의 기본적인 설명입니다.

들뢰즈는 3부 「부록」에 나오는 두 번째 정의를 스피노자의 아펙투스에 대한 "주지주의적intellectualiste" 해석을 피하기 위한 준거로 활용합니다. 여기서 들뢰즈가 염두에 둔 주지주의적 해석이란, "변용이 일반적으로 직접적으로 신체에 대해 말해지는 반면에, 감정sentiment, affectus은 정신과 관계있다고 생각"[38]하는 것을 가리키면서, 또한 여기서 한 걸음 더 나아가 정신이 신체의 두 상태를 비교함으로써 아펙투스 내지 정서가 생겨난다고 또는 수동 정서에서 능동 정서로의 이행이 이루어진다고 이해하는 사고방식입니다.[39] 사실 스피노자는 3부 「부록」에서 "정서에 대한 일반적 정의"를 제시하면서 붙인 "해명"에서 이렇게 말합니다.

---

37   *Ibid*., p.199;『스피노자와 표현 문제』, 264쪽.
38   질 들뢰즈,『스피노자의 철학』, 77쪽.
39   이것은 현대 스피노자주의에서도 적지 않게 볼 수 있는 해석이다. 국내에 번역된 스티븐 내들러의 『윤리학』 해설서는 이러한 주지주의적 해석을 전형적으로 보여 준다. 스티븐 내들러,『에티카를 읽는다』, 이혁주 옮김, 그린비, 2013.

하지만 내가 **실존의 힘이 이전보다 더 크거나 작다**고 말할 때, 내가 말하려는 것은 정신이 신체의 현재 상태를 그 과거의 상태와 비교한다는 점이 아니라 정서의 형태를 구성하는 관념이 신체에 대하여, 이전보다 실제로 더 크거나 더 작은 실재성을 함축하는 어떤 것을 긍정한다는 점이라는 데 주목해야 한다. 그리고 정신의 본질이 (2부 정리 11 및 13에 의해) 그 신체의 현행적인 실존을 긍정하는 데 있고, 우리가 완전성을 실재의 본질 자체로 이해하기 때문에, 정신이 그 신체나 그 신체의 부분들 중 하나에 대해 이전보다 더 크거나 작은 실재성을 함축하는 어떤 것을 긍정하게 될 때, 정신은 더 커다란 완전성이나 더 작은 완전성으로 이행하게 된다는 점이 따라 나온다.(강조는 스피노자)

이것은 정신과 신체의 관계를 데카르트와 달리 상이한 두 개의 실체의 "연합union"으로 이해하지 않고, 하나의 동일한 실재(또는 코나투스)의 두 측면 내지 두 가지 표현으로 이해하는 스피노자의 심신 동일성 테제에 입각하면 자연스러운 논리입니다. 정신은 "신체의 관념"이고 신체는 "정신의 대상"이기 때문에(2부 정리 13, 2부 정리 21의 증명), 정신의 역량과 신체의 역량은 동일한 하나의 역량의 두 가지 표현이며, 따라서 신체가 능동적일 때 정신도 능동적이고 신체가 수동적일 때 정신도 수동적인(그 역도 마찬가지다) 것이지(3부 정리 2의 주석), 정신이 신체 바깥에서 신체의 상태를 비교함으로써 신체의 두 상태 중 하나를 선택하는 것이 아닌 것입니다. 따라서 "주지주의적" 해석에 맞선 들뢰즈의 스피노자 해석은 충분히 일리가 있는 셈입니다.

윤리적인 것으로서 아펙투스 이론

둘째, 들뢰즈는 스피노자의 아펙투스 이론의 핵심이 "윤리적"인 쟁점이라고 지적합니다.

따라서 실존하는 유한 양태에 관하여 제기되는 거대한 질문은 이런 것이다. 유한 양태는 능동적 변용들에 도달할 수 있는가? 그리고 어떻게 거기에 도달할 수 있는가? 이 질문은 고유한 의미에서 '윤리적' 질문이다. 하지만 유한 양태가 능동적 변용들을 생산하기에 이른다고 가정해도, 그것이 실존하는 한에서는 모든 정념/수동passion을 제거할 수는 없으며, 단지 정념들이 그것의 더 작은 부분을 차지하게 만들 수 있을 뿐이다.[40]

이 질문은 14장 이후에서 마지막에 이르기까지 들뢰즈의『스피노자와 표현 문제』를 이끌어가는 핵심 질문이며, 사실『윤리학』3부에서 5부에 이르는 핵심 질문이기도 합니다. 요컨대 어떻게 수동성에서

---

[40] G. Deleuze, *Spinoza et le problème de l'expression*, p.199;『스피노자와 표현 문제』, 263쪽.

능동성으로 나아갈 수 있는가? 인간과 같은 유한 양태에게 능동화, 능동적으로 되기는 어떻게 가능한가?『윤리학』에서 윤리적 능동화의 문제는 **인지적 측면과 정서적 측면의 결합**을 통해 해명됩니다. 곧 한 편으로 그것은 상상, 이성, 직관적 지식이라는 세 가지 유형의 인식(『윤리학』 2부 정리 40의 주석 2) 가운데 부적합한 인식인 1종의 인식(상상)에서 적합한 인식(2종의 인식인 이성과 3종의 인식인 직관적 지식)으로의 이행의 문제이면서(특히『윤리학』 5부에서 집약적으로 논의되는), 다른 한편으로 역량의 감소 및 억제를 나타내는 수동적인 슬픔과, 역량의 증대 및 촉진을 나타내는 수동적인 기쁨을 구별하고 후자를 조직하는 문제이며(3부 정리 11의 주석), 또한 수동적인 기쁨에서 능동적인 기쁨으로 이행하는 문제이기도 합니다. 들뢰즈는『스피노자와 표현 문제』에서 이를 다음과 같이 간략하게 요약합니다.

> 스피노자가 기술하는 조작 전체는 네 가지 계기를 보여 준다. (1) 우리의 행위 역량을 증대시키는 수동적 기쁨. 이로부터는 아직은 부적합한 관념에 따라 욕망들 또는 수동/정념들/수동들이 따라 나온다. (2) 이러한 기쁜 정념들에 유리한 어떤 공통 통념(적합한 관념)의 형성 (3) 이러한 공통 통념으로부터 따라 나오고 우리의 행위 역량에 의해 설명되는 능동적 기쁨 (4) 이러한 능동적 기쁨은 수동적 기쁨에 덧붙여지지만, 수동적 기쁨에서 생겨나는 정념들/수동들로서의 욕망들을, 이성에 속하며 진정한 능동들인 욕망들로 **대체한다**.[41]

이 대목에서 일차적으로 주목할 만한 것은 수동적인 기쁨에서 능동적인 기쁨으로 이행하는 데서 공통 통념notio communis; common notion의 역할이 중시된다는 점입니다. [42] 사실 들뢰즈는『스피노자의 철학』재판에 수록된「스피노자의 진전」이라는 논문에서 공통 통념 개념의 발견이『지성교정론』과『윤리학』의 차이의 핵심이라고 강조하고 있으며,『스피노자와 표현 문제』에서도 공통 통념의 수학적 측면(『윤리학』2부 정리 38에 나오는 '보편적 공통 통념')과 생물학적 측면(『윤리학』2부 정리 39에 나오는 '고유한 공통 통념')의 차이를 독창적으로 설명함으로써 스피노자의 공통 통념 이론을 설명하는 데 크게 기여한 바 있습니다. 이런 측면에서『스피노자와 표현 문제』에서 서술된 들뢰즈의 아펙트 이론은 (이런저런 반론의 여지는 있지만)『윤리학』에서 제시된 스피노자의 아펙투스 이론에 대한 충실하면서도 독창적인 설명이라고 말할 수 있습니다.

아펙투스에서 아펙트로: 들뢰즈의 단절

그런데『천개의 고원』에 이르게 되면, 스피노자 아펙투스 이론의

---

41 G. Deleuze, *Spinoza et le problème de l'expression*, p.264;『스피노자와 표현 문제』, 350-351쪽.

42 스피노자의 공통 통념 이론에 대해서는, 진태원,「스피노자의 공통 통념 개념 I」,『근대철학』1권 1호, 2007 참조.

핵심이라고 할 수 있는 이 두 가지 측면이 모두 자취를 감춥니다. 대신 이제 들뢰즈와 과타리에게 아펙트는 전적으로 **신체적인** 것으로 제시됩니다. 이를 잘 보여 주는 것이 「어느 스피노자주의의 회상」입니다.

> 변용태affects는 생성devenirs이다. 스피노자는 신체가 무엇을 할 수 있는지 묻는다. 신체의 **위도**라고 불리는 것은 역량의 특정한 정도에 따라, 또는 차라리 이 정도의 한계들에 따라 신체가 취할 수 있는 변용태들이다. **경도가 한 관계 아래에서 외연적 부분들로 이루어져 있듯이, 위도는 한 능력 아래에서 내포적(=강도적) 부분들로 이루어져 있다.** 우리가 신체를 그 기관 및 기능에 따라 정의하는 것을 피했던 것과 꼭 마찬가지로 우리는 신체를 종이나 유의 특징에 따라 정의하는 것을 피하겠다. 대신 신체의 변용태들을 고려하고자 한다. 이러한 연구는 '행동학éthologie'이라고 불리며, 바로 이런 의미에서 스피노자는 진정한 윤리학veritable Éthique을 썼던 것이다. 경주마와 짐말의 차이는 짐말과 소의 차이보다 크다.[43]

여기에서 affect는 **신체의 측면에서만** 이해되며, "신체가 무엇을 할 수 있는가"라는 질문, 스피노자가 원래 이 문장("실로 아직까지 누구

---

[43] G. Deleuze, F. Guattari, *Mille plateux*, Minuit, 1980, p.314;『천 개의 고원』, 김재인 옮김, 새물결, 1999, 486-487쪽. 번역은 다소 수정.

도 신체가 무엇을 할 수 있는지 규정하지 못했다Etenim, quid corpus possit, nemo hucusque determinavit")을 사용했던『윤리학』3부 정리 2의 주석의 논의 맥락에서 벗어나 스피노자 철학 전체를 집약하는 상징으로 격상된 이 질문에 입각하여 **신체의 역량의 측면에서만** 이해됩니다. 이러한 맥락에서 보면『천 개의 고원』역자가 affect를 '변용태'라는 역어로 옮기는 것도 이해할 만한 일입니다. 스피노자가 affectus를 "역량의 증대나 감소, 또는 촉진이나 저해"의 맥락에서 정의하는 것을 감안하면, 들뢰즈와 과타리의 용법이 전혀 부당한 것은 아니지만, 스피노자가 affectus를 "신체의 행위 역량을 증대시키거나 감소시키고 촉진하거나 억제하는 신체의 변용들이자 **동시에**et simul **이러한 변용들의 관념들**"로 정의했던 것을 감안하면, 이러한 용법은 매우 제한적인 것입니다. 스피노자 식으로 말하자면, 이렇게 해서 관념의 계기 내지 인식의 계기, 더욱이 정서(기쁨, 슬픔, 사랑, 미움, 희망, 두려움 등과 같은)의 계기가 들뢰즈와 과타리(더 나아가 마수미)의 신체적인 affect 개념에서는 제외됩니다.

더욱이 들뢰즈(·과타리)는 스피노자주의적인 행동학의 관점에서 보면 경주마와 짐말의 차이는 짐말과 소의 차이보다 더 크다고 주장합니다. 그런데 이는 스피노자의 텍스트와 어긋나는 것입니다.『윤리학』4부「서문」[44]이나 3부 정리 57의 주석[45]을 읽어 보면, 스피노자는

---

[44] "왜냐하면 내가 어떤 사람이 더 작은 완전성에서 더 커다란 완전성으로 이행한다(transire)고 말하거나 그 반대를 말할 때, 우선 주목해야 할 점은 내가 말하려고 하는 것은 그의 본성이나 형상이 다른 것으로 변형된다는(mutatur) 것이 아니기 때문이다. 왜냐하면 가령 말은 사람으로 변형될 때 파괴되는 것처럼 벌레로 변형될(mutetur) 때에도 파괴될 것이기 때문이다. 오히려 우리는 그의 본성을 통해 이해되는 한에서의 그의 역량이 증대

본성natura 또는 형상forma의 한계 내에서 역량의 증대와 감소, 역량의 **이행**transitio; transition에 대해 말하고 있으며, 하나의 본성 내지 형상(가령 벌레, 말, 인간)과 다른 본성 내지 형상 사이에는 이행 불가능성이 존재한다고, 이러한 이행은 **변형**mutatio; transformation, 곧 파괴 내지 죽음을 의미한다고 보고 있음을 알 수 있습니다. 요컨대 본성 내지 형상 내에서의 역량의 증대나 감소를 나타내는 개념이 이행이라면, 한 본성에서 다른 본성으로의 바뀌는 것은 이행이 아니라 변형이며, 이것은 곧 그 본성을 지닌 생명체의 파괴를 뜻합니다. 반면 들뢰즈·과타리는 행동학 또는 진정한 스피노자주의 윤리학이라는 이름 아래 이행과 변형의 차이를 제거합니다.

사실 이러한 변모 내지 단절은 이미 1978년 논문인 「스피노자와 우리」에서 일어나고 있습니다. 여기에서 들뢰즈는 처음으로 '행동학'의 관점에서 스피노자 철학, 특히 그의 아펙투스 이론을 재해석할 것을 제안하면서 아펙트를 빠름과 느림의 관계, 변용하고 변용되는 능력이라는 측면에서 재정의합니다. "극대치와 극소치를 갖는 affects의 능력, 이것은 스피노자에게는 잘 알려진 개념이다."[46] 그런데 이렇

되거나 감소된다고 인식한다."

45 "동물들의 정서는 인간들의 정서와 어긋나는데, 이는 동물의 본성이 인간의 본성과 다른 한에서 그렇다. 말과 인간이 모두 자손을 낳으려는 성욕에 사로잡혀 있는 것은 사실이다. 하지만 하나는 말의 성욕이며 다른 것은 인간의 성욕이다. 마찬가지로 벌레와 물고기, 새의 성욕과 욕구는 필연적으로 각각의 경우마다 달라야 한다. 따라서 각각의 개체가 자신의 본성에 맞게 살아가고 거기에 즐거움을 느낀다고 해도, 각자가 그에 맞춰 살아가는 이러한 본성 및 이러한 즐거움은 이 동일한 개체의 관념 또는 영혼(anima)과 다르지 않다."

46 질 들뢰즈, 『스피노자의 철학』, 184쪽.

게 이해된 아펙트는 사실 『윤리학』 3부 정의 3이나 3부 「부록」에서 제시된 것과 달리, 오직 신체의 측면에서만 이해된 아펙트입니다. 사실 들뢰즈는 아펙트의 두 측면인 "빠름과 느림의 관계", "변용하고 변용될 수 있는 능력"에 대해 말하면서 그 주어를 "신체"라고 지정합니다. "스피노자는 어떤 한 신체를 동시에 두 가지 방식으로 정의합니다. 한편으로 … 한 신체, 한 신체의 개체성을 규정하는 것은 분자들 사이의 운동과 정지의 관계들, 빠름과 느림의 관계들이다. 다른 한편으로 신체는 다른 신체들을 변용하고 다른 신체들에 의해 변용된다."[47] 그러나 스피노자의 용어법대로 하면 빠름과 느림의 관계, 그리고 변용하고 변용되는 능력에 의해 규정되는 것은 **아펙투스**가 아니라 **신체의 아펙치오**, 곧 변용입니다. 하지만 특이하게도 들뢰즈는 스피노자가 『윤리학』 3부 정의 3에서 제시한 아펙투스에 대한 정의, 곧 "<u>신체의 변용들</u>①이자 **동시에**et simul **이러한 변용들의 관념들**②"에서 ①만을 남겨둔 채 ②는 제거하고 있습니다. 그리고 이것은 앞에서 본 바와 같이 『천 개의 고원』에서도 그대로 반복되고 있습니다.

이렇게 스피노자의 아펙투스를 재해석하고 재전유하는 것은 들뢰즈 및 마수미와 같은 아펙트 이론가들의 자유로운 재량에 속하는 일입니다. 하지만 이러한 재전유를 통해 무언가 빠져나가는 것은 없을까요? ②는 있어도 그만 없어도 그만인 것일까요?

---

47 같은 책, 182쪽.

사유의 자연학과 능동-수동

신유물론 및 이른바 '정동이론'에서는, 물질의 행위성agency을 강조하면서 동시에 인간학적 차원에서는 이를 신체의 행위성이나 또는 아펙트의 신체성 내지 물체성으로 확장하는 경향이 있습니다. 이런 관점에 따르면 유물론적이라는 것은, **정신의 행위성이 아니라** 신체의 행위성을 주장하는 것이며, 아펙트를 신체적인 것 내지 물체적인 것으로 이해하는 것입니다. 그리고 정신에 대한 신체의 우위, 담론적인 것에 대한 아펙트의 우위를 주장하는 것이 유물론적인 것입니다. 하지만 이것이 과연 진정한 유물론의 길인지, 그리고 그럴 경우 유물론은 인식론적인 측면에서만이 아니라 규범적 측면에서도 이전의 유물론이나 관념론 철학들에 비해 더 진보한 입장을 보여 주는 것인지, 또한 인류세가 제기하는 쟁점들에 대해 더 효과적인 인식과 대응을 제시할 수 있는지 의문이 제기될 수 있습니다.

신유물론과 달리 스피노자는 단지 물체들 내지 신체들만 실재로 긍정하고 따라서 물체들/신체들의 행위성에 집중하는 것이 아니라, 관념들 역시 실재라는 점을 긍정하며, 따라서 관념들에게도 물체들 못지않은(사실은 **동등한**) 행위성을 부여합니다. 이는 물체들이 연장 속성에 속하는 양태들이며 관념들은 사유 속성에 속하는 양태들이라는 점에 존재론적으로 기초를 두고 있습니다. 스피노자는 이렇게 말합니다. "관념들의 형상적 존재esse formalem idearum는 사유의 양태다(자명한 것처럼). 곧 (1부 정리 25의 따름정리에 의해) 사유하는 실재인 한에서의 신의 본성을 일정하게 규정된 방식으로 표현하며, ⑬ 따라서 (1부 정리 10에 의해) 다른 어떤 신의 속성의 개념도 함축하지 않는다."(2부 정리 5의 증명) "형상적 존재"라는 스콜라철학의 용어가 지닌 의미는 차치해 두고 여기서는 일단 ⑬에 주목해 봅시다. 여기서 관념들이 사유 속성의 양태라는 점에 대한 논거로 제시되는 1부 정리 25의 따름정리는, 우리가 앞에서 살펴본 것처럼 유한 양태들의 능동성 및 코나투스 개념을 이해하는 데에서 중요한 위치를 차지하는 명제인데, 그 이유는 그것이 (1부 정리 34와 더불어)『윤리학』1부 마지막 정리인 정리 36("주어진 그 본성으로부터 어떤 결과가 따라 나오지 않는 것은 아무것도 실존하지 않는다.")의 논거를 이루면서, 또한 3부 정리 6에서 코나투스 개념이 도입될 때 존재론적인 근거를 제시해 주는 것이기 때문입니다. 1부 정리 25의 따름정리는 "특수한 실재들은 신의 속성의 변용들과 다르지 않다. 곧 신의 속성이 일정하게 규정된 방식으로 표현되는 양태들과 다르지 않다"고 말하는데, 여기서 핵심은 속성, 곧 신의 본질을 "일정하게 규정된 방식으로 표현"한다는 구절입니다. 모든 특수한 실재들, 또는 (스피노자가 좀 더 자주, 그리고 전형적으로 사용하는 용어대로 하면) 모든 독특한 실재들은 신의 본질을 일정하게 규정된 방식으로, 곧 무한하지 않고 유한한 방식으로 표현함으로써 원인으로서의 역량 내지 행위성을 획득하기 때문입니다. 그리고 2부 정리 5의 증명은 이것이 물체들 같은 연장 속성의 양태들만이 아니라 사유 속성의 양태들인 관념들에게도 동일하게 적용된다는 것을 보여 줍니다.

따라서 관념들은, 한낱 표상에 불과한 것이 아니라, 또는 스피노자가 적절하게 표현하듯이 "도판 위의 침묵하는 그림"(2부 정리 49의 주석)에 불과한 것이 아니라, 다른 관념들을 산출하고, 따라서 다른 관념들과 인과관계를 맺을 수 있는 독자적인 실재입니다. 더 나아가 스피노자는 정신을 관념으로 규정합니다. "인간 정신의 현행적 존재(actuale mentis humanae esse, actual being of the human mind)를 구성하는 일차적인 것은 현행적으로 실존하는 독특한 실재의 관념과 다른 것이 아니다."(2부 정리 11) 사실 라이프니츠가 스피노자 철학에 관해 가장 분개한 점 중 하나가 이것인데, 그는 1702년에 쓴 「보편 정신 학설에 관한 고찰」에서 이렇게 비판합니다. "정신이 관념이라고 말하는 것은 완전히 불합리한 것이다. 관념들은 숫자나 도형처럼 완전히 추상적인 것이며, 행위할 수 없는 것들이다. 관념들은 추상적이고 보편적이다."[48]

라이프니츠의 생각은 우리의 일반적인 견해와 부합하는 측면이 있습니다. 우리는 사실 대개 정신은 관념들이 담겨 있는 기체基體, substratum 내지 용기容器 같은 것이라고 생각하지, 관념과 동일시하지 않습니다. 또한 마찬가지로 우리는 관념은 "추상적인 것이며, 행위할 수 없는 것"이라고 생각하지, 스피노자처럼 인과적 행위성을 지닌 실재라고 생각하지 않습니다. 따라서 스피노자가 관념을 물체와 마찬가지로 독특한 실재라고 규정하면서 정신을 관념으로 규정하는 것은

---

48 G. W. Leibniz, "Considérations sur la doctrine d'un esprit universel", ed. C. I. Gerhardt, *Die philosophischen Schriften*, vol. 6, Weidmann, 1885, p.395.

아주 일관된 입장이라고 할 수 있습니다. 물론 정신은 다른 독특한 실재들과 마찬가지로 복합적인 관념, 또는 더 정확히 말하면 관념들의 연쇄입니다. 『지성교정론』에서는 사용되었지만 『윤리학』에는 등장하지 않는 "정신적 자동장치automa spirituale"라는 개념은 스피노자가 정신을 어떻게 이해하는지 잘 보여 주는 개념입니다.[49]

이런 측면에서 본다면 인식한다는 것은 지속적으로 관념들의 연쇄가 전개된다는 뜻입니다. 물론 인식에는 외부 물체가 인간의 신체를 변용함과 동시에 정신에서 자동적으로 이루어지는 아주 단순한 감각적 지각에서부터(2부 정리 16-정리 18) 비교와 차이, 동일성을 식별해내는 복합적 지각 작용(2부 정리 29의 따름정리와 주석), 그리고 추론과 직관에 이르기까지 상이한 수준의 인지 활동이 존재합니다. 스피노자가 상상, 이성, 직관적 인식이라는 세 가지 개념으로 인식의 세 가지 유형을 구별할 때(2부 정리 40의 주석 2) 염두에 둔 것이 이러한 상이한 수준의 지적 활동입니다. 스피노자는 인간의 인식 활동을 염두에 두면서 이러한 구별을 제시하지만, 원핵세포와 같은 가장 단순한 생명체에게도 지각 작용은 존재합니다. 그것이 주변의 환경 및 다른 원핵세포들과 상호작용을 하면서 생명 활동을 수행할 때, 그리고 린 마굴리스가 연속 세포 내 공생 이론serial endosymbiosis theory을 통해 보여 주듯이 그것이 원핵세포에 머물지 않고 다른 원핵세포들과 결합

---

49 베네딕투스 데 스피노자, 『지성교정론』, 김은주 옮김, 도서출판 길, 2020, 85절.

하여 진핵세포를 형성하면서 공생발생 또는 공생진화를 이룩할 때,[50] 여기에는 모종의 인지 작용이 이루어진 것으로 이해할 수 있습니다. 더 나아가 스피노자가『윤리학』2부 정리 13의 주석에서 "왜냐하면 지금까지 우리가 보여 준 것은 완전히 일반적인 것이어서 다른 개체들—이것들도 상이한 정도이긴 하지만 모두 animata되어 있다—보다 인간에게 더 많이 속하는 것은 아니기 때문이다"라고 말할 때 animata라는 아주 번역하기 어려운 용어를 사용해서 표현하려고 한 바와 같이, 아마도 비유기적 물체들 역시 모종의 인지 작용을 수행하고 있다고 말할 수 있을 것입니다.

사유의 자연학 없는 물체의 자연학으로 충분한 것일까요? 형이상학적 측면에서 보면 그렇지 않습니다. 사유 속성 없이 연장 속성만 지닌 실체를 사고하는 것이 불가능할뿐더러, 그럴 경우 실체의 역량이 축소될 수밖에 없는 것과 마찬가지로, 물체의 자연학만으로는 양태들의 존재론적 행위성을 충분히 설명할 수 없기 때문입니다. 더 나아가 규범적인 측면에서도 그렇지 않습니다. **사유의 자연학이 없이는 능동적인 역량 또는 능동적 행위성을 설명할 수 없는데**, 이는 역량의 증대 및 역량의 능동화는 아펙트의 신체적 차원만이 아니라 관념적 차원을 동시에 요구하기 때문입니다. 신체적 또는 물체적 차원에서만 파악된 아펙트는 **강렬한 행위성**을 표현할 수 있을지 몰라도, 그것은 **능동적 행위성**이라고 할 수 없으며, 따라서 인류세의 문제가 제기

---

50 린 마굴리스,『공생자행성』, 사이언스북스, 2008.

하는 실천적인 대응 방안을 모색하는 데 적절하게 기여할 수 없습니다. 사실 대개의 신유물론 이론가들은 행위성agency과 능동성activity, 심지어 행위성과 자율성autonomy을 혼동하는 경향이 있는데, 이는 제가 보기에는 그들이 스피노자에 준거하면서도 능동성을 설명해 줄 수 있는 사유의 자연학을 간과하기 때문에 생겨나는 결과입니다.

6. 결론을 대신하여

들뢰즈에게 스피노자 철학은 단지 철학사 연구의 측면에서만이 아니라 본인 자신의 독자적인 철학의 측면에서도 본질적인 중요성을 지니고 있습니다. 다른 한편 현대 스피노자 연구에서, 더 나아가 현대 인문사회과학의 여러 분야에서 들뢰즈의 스피노자 해석은 또한 본질적인 중요성을 지니고 있다고 할 수 있습니다. 아마도 현대 스피노자 연구 및 현대 인문사회과학 분야에서 들뢰즈의 스피노자 해석과 비견될 만한 영향력과 중요성을 지닌 것은 알튀세르의 스피노자 마르크스주의 정도를 꼽을 수 있을 것입니다.[51]

---

[51] 이 두 가지 "이단적인" 스피노자론이 현대 스피노자 연구 및 현대 인문사회과학을 어떻게 변용시켰으며, 양자 사이에는 어떤 관계가 존재하는가를 살펴보는 일은 현대 스피노자 연구에서 매우 중요한 이론적 과제 중 하나다. 알튀세르의 스피노자 마르크스주의에 관해서는, 진태원, 「해제:『자본을 읽자』를 어떻게 읽을 것인가?」, 루이 알튀세르 외,『자본을 읽자』, 배세진 외 옮김, 그린비, 2025 참조.

하지만 들뢰즈 스피노자론의 특성과 의의 또는 이런저런 난점들을 다루는 논의는 생각만큼 많지 않습니다. 그 이유는 무엇보다 들뢰즈 스피노자론의 요체가 담겨 있는 『스피노자와 표현 문제』가 상당히 난해한 저작이며, 스피노자 철학에 관해 이미 많은 것을 알고 있는 독자들만이 접근할 수 있는 책이라는 점 때문입니다. 그런 만큼, 신유물론에 관한 논의가 됐든 "정동이론"에 관한 논의가 됐든 간에, 그동안 국내외에서 이루어진 들뢰즈의 스피노자주의에 관한 논의들은 대개 『천 개의 고원』의 몇몇 대목이나 브라이언 마수미 같은 연구자들이 제시한 몇 개의 기본적인 명제들을 재생하는 수준을 넘어서지 못하고 있습니다. 특히 국내의 논의 수준의 한계는 너무나 뚜렷해서 그것들에 관해 굳이 반박하거나 거론할 필요조차 없어 보입니다.

따라서 앞으로 들뢰즈의 스피노자론에 기반을 둔 좀 더 독창적이고 설득력 있는 논의들이 제시되기 위해서는 이제, 쉽지 않은 작업이기는 하지만, 들뢰즈 스스로 수행한 바 있는 스피노자 해석을 면밀히 검토하고 비판적으로 재독해하는 작업이 필수적으로 전제되어야 할 것입니다. 이 장에서 저는 그것을 위한 몇 가지 쟁점들의 개요를 제시해 보려고 했는데, 이 쟁점들을 더 구체적이면서 포괄적으로 펼치고 세공하는 일은 저 자신만의 과제일 뿐만 아니라 들뢰즈 연구, 더 나아가 한국 인문사회과학 연구가 수행해야 할 중요한 과제의 일부가 될 것입니다.

1강 들뢰즈의 칸트 사용법

Deleuze, G., "Cours vincennes: Synthèse et temps 14/03/1978", *Les cours de Gilles Deleuze*, www.webdeleuze.com.

__________, *Nietzsche et la philosophie*, Paris: P.U.F., 1962;『니체와 철학』, 이경신 옮김, 민음사, 2001.

__________, *La philosophie critique de Kant*, Paris: P.U.F., 1963;『칸트의 비판철학』, 서동욱 옮김, 민음사, 2006.

__________, *Présentation de Sacher-Masoch, Le froid et le cruel*, Paris: Minuit, 1967;『매저키즘』, 이강훈 옮김, 인간사랑, 2007.

__________, *Différence et Répétition*, Paris: P.U.F., 1968;『차이와 반복』, 김상환 옮김, 민음사, 2004.

__________, *Logique du sens*, Paris: Minuit, 1969;『의미의 논리』, 이정우 옮김, 한길사, 1999.

__________, "On four poetic formulas which might summarize the Kantian philosophy", *Kant's critical philosophy*, London: The Athlone Press, 1984;「칸트 철학을 간추린 네 개의 시구」,『칸트의 비판철학』, 서동욱 옮김, 민음사, 2006.

__________, *Pourparlers: 19721990*, Paris: Minuit, 1990;『대담』, 신지영 옮김, 갈무리, 2023.

__________, *Critique et clinique*, Paris: Minuit, 1993;『비평과 진단』, 김현수 옮김, 인간사랑, 2000.

__________, "L'idée de genèse dans l'esthétique de Kant", *L'île déserte et autres textes: Textes et entretiens 1953-1974*, édition préparée par D. Lapoujade, Paris: Minuit, 2002;「칸트 미학에서의 발생의 이념」,『들뢰즈가 만든 철학사』, 박정태 옮김, 이학사, 2007.

Deleuze, G., Guattari, F., *Kafka: Pour une littérature mineure*, Paris: Minuit, 1975;『카프카: 소수적인 문학을 위하여』, 이진경 옮김, 동문선, 2001.

__________, *Qu'estce que la philosophie?*, Paris: Minuit, 1991;『철학이란 무엇인가』, 이정임, 윤정임 옮김, 현대미학사, 1995.

__________, *L'Anti-Œdipe: Capitalisme et schizophrénie*, Paris: Minuit, 1972;『안티 오이디푸스』, 김재인 옮김, 민음사, 2014.

Deleuze, G., Parnet, C., *L'abécédaire de Gilles Deleuze*, 1996; 〈질 들뢰즈의 A to Z〉, 대윤미디어, 2014.

Kant, I., *Kants gesammelte Schriften*, hrsg. v. der Königlich Preußischen Akademie der Wissenschaften, Berlin: Walter de Gruyter, 1900ff.

강선형,『들뢰즈와 칸트: 들뢰즈 철학의 형성에서 칸트 삼비판서의 역할』, 서강대학교 대학원, 서강대학교 박사학위논문, 2019.

______,『들뢰즈와 칸트: 차이와 이념의 철학』, 에디스코, 2024.

______,「들뢰즈와 아감벤의 법 개념」,『철학연구』제68집, 고려대학교 철학연구소, 2023.

김재인,「들뢰즈의 칸트 해석에서 시간이라는 문제」,『철학사상』제53권, 서울대학교 철학사상연구소, 2014.

서동욱,『차이와 타자』, 문학과지성사, 2000.

______,『들뢰즈의 철학』, 민음사, 2002.

______, 「칸트와 들뢰즈—선험적 종합에서 경험적 종합으로」,『포스트모던 칸트』, 문학과지성사, 2006.

______,『타자철학: 현대사상과 함께 타자를 생각하기』, 반비, 2022.

카프카, 프란츠,『소송』, 홍성광 옮김, 펭귄클래식 코리아, 2009.

__________,「유형지에서」,『변신』, 홍성광 옮김, 열린책들, 2007.

__________,「만리장성의 축조」,『변신』, 이주동 옮김, 솔, 2017.

칸트, 임마누엘,『순수이성비판』, 백종현 옮김, 아카넷, 2006.

__________,『실천이성비판』, 백종현 옮김, 아카넷, 2009.

__________,『판단력비판』, 백종현 옮김, 아카넷, 2009.

__________,「도덕형이상학 정초」,『도덕형이상학 정초/실천이성비판』, 김석수, 김종국 옮김, 한길사, 2019.

2강 니체와 들뢰즈

Blasche, S., "Hegelianismen im Umfeld von Nietzsches 'Geburt der Traödie'", *Nietzsche Studien*, Bd. 15, Berlin: Walter de Gruyter, 1988.

Deluze, G., *Nietzsche und die Philosophie*, übers. B. Schwibs, Hamburg: Europäische Verlagsanstalt, 1991.

__________, *Differenz und Wiederholung*, übers. J. Vogel, München: Wilhelm Fink, 1992.

Hegel, G. W. F., *Werke in zwanzig Bänden*, Frankurt am Main: Suhrkamp, 1986.

Nietzsche, F., *Sämtliche Werke*, Kritische Studienausgabe in 15 Bänden, hrsg. v. G. Colli u. a., München: Deutscher Taschenbuch Verlag, 1999.

Stegmaier, W., "Hegel, Nietzsche und Heraklit, Zur Methodenreflexion des

Hegel-Nietzsche-Problems", *Nietzsche und Hegel*, hrsg. v. M. Djurić u.a., Würzburg: Königshausen & Neumann, 1992.

＿＿＿＿＿＿, "Geist. Hegel, Nietzsche und die Gegenwart", *Nietzsche Studien*, Bd. 26, Berlin: Walter de Gruyter. 1997.

김상환, 「헤겔과 구조주의」, 『헤겔연구』 23권, 한국헤겔학회, 2008.

정낙림, 「차라투스트라의 '세 가지 변화'에 대한 몇 가지 해석—진화론적, 역사철학적, 변증법적 해석의 문제점」, 『철학연구』 제106집, 대한철학회, 2008.

＿＿＿, 「반헤겔주의자로서 니체—들뢰즈의 니체해석」, 『니체연구』 제36집, 한국니체학회, 2019.

＿＿＿, 「놀이와 철학—들뢰즈의 니체해석2」, 『니체연구』 제38집, 한국니체학회, 2020.

들뢰즈, 질, 『질 들뢰즈 대담 1972-1990』, 김종호 옮김, 솔, 1993.

＿＿＿＿, 『니체와 철학』, 이경신 옮김, 민음사, 1999.

＿＿＿＿, 『차이와 반복』, 김상환 옮김, 민음사, 2004.

오설리번, 사이먼, 『현대미술 들뢰즈·가타리와 마주치다』, 안구 외 옮김, 그린비, 2019.

푸코, 미셸, 『담론의 질서』, 이정우 옮김, 새길, 1993.

3강 사르트르와 들뢰즈에서 자아의 문제

Deleuze, G., *Logique du sens*, Paris: Minuit, 1969; 『의미의 논리』, 이정우 옮김, 한길사, 2009.

＿＿＿＿＿, *Le Bergsonisme*, Paris: PUF, 1998; 『베르그손주의』, 김재인 옮김, 문학과지성사, 2008.

__________, *Différence et Répétition*, Paris: PUF, 2000;『차이와 반복』, 김상환 옮김, 민음사, 2012.

__________, "Il a été mon maître", *L'île déserte et autres textes*, Paris: Minuit, 2002.

__________, *Spinoza et le problème de l'expression*, Paris: Minuit, 2014;『스피노자와 표현의 문제』, 이진경, 권순모 옮김, 인간사랑, 2004.

Deleuze, G., Parnet, C., *Dialogues*, Paris: Flammarion, 1996.

Fox, N. f., *The New Sartre: Explorations in Post-modernism*, London: Continuum, 2003.

Hegel, G. W. F., *The Science of Logic*, trans. G. Di Giovanni, New York: Cambridge University Press, 2010.

Heidegger, M., *Sein und Zeit*, Tübingen: Niemeyer, 1993; *Being and Time*, trans. J. Macquarrie, D. Robinson, New York: HarperSanFrancisco, 1962;『존재와 시간』, 이기상 옮김, 까치글방, 1999.

Howells, C., *The Cambridge Companion to Sartre*, Cambridge: Cambridge University Press, 2006.

Sartre, J. P., *La transcendance de l'Ego; Esquisse d'une description phénoménologique*, Paris: Vrin, 1992;『자아의 초월성』, 현대유럽철학연구회 옮김, 민음사, 2017.

__________, *L'être et le néant*, Paris: Gallimard, 1965;『존재와 무』, 정소성 옮김, 동서문화사, 2012.

마슈레, 피에르,『헤겔 또는 스피노자』, 진태원 옮김, 그린비, 2010.

이솔,「사르트르와 유아론(solipsisme)의 문제」,『철학논총』제84집, 새한철학회, 2016.

하이데거, 마르틴,『철학에의 기여』, 이선일 옮김, 새물결, 2015.

__________________, 「형이상학이란 무엇인가」, 『이정표 1』, 신상희 옮김, 한길사, 2013.

4강 들뢰즈와 과타리의 '자본주의와 분열증 연구'

Deleuze, G., *Abécédére de Gilles Deleuze*, with Claire Parnet, filmed by Pierre-André Boutang, 1988.

__________, *Pourparler*, Paris: Minuit, 1990.

김재인, 『들뢰즈의 비인간주의 존재론』, 서울대학교 대학원, 서울대학교 박사학위논문, 2013.

______, 「무의식을 생산하라: 들뢰즈의 정치철학」, 한국프랑스철학회 엮음, 『철학, 혁명을 말하다: 68혁명 50주년』, 이학사, 2018.

______, 「매끈한 공간 대 홈 패인 공간: 전쟁기계, 또는 공간을 어떻게 구성할 것인가?—들뢰즈의 공간의 정치철학」, 『모빌리티 사유의 전개』, 앨피, 2019.

______, 『들뢰즈 입문: 파인 홈을 비껴가기』, 필로소픽, 2026.

______, 『디스킬 제너레이션』, 오리지널스, 2026.

들뢰즈, 질, 과타리, 펠릭스, 『천 개의 고원』, 김재인 옮김, 새물결, 2001.

__________________, 『안티 오이디푸스』, 김재인 옮김, 민음사, 2014.

라이크먼, 존, 『들뢰즈, 연결의 철학』, 김재인 옮김, 그린비, 2023.

소바냐르그, 안, 『들뢰즈, 초월론적 경험론』, 성기현 옮김, 그린비, 2016.

우노 구니이치, 『들뢰즈, 유동의 철학』, 박철은 옮김, 그린비, 2022.

푸코, 미셸, 「비-파시스트적 삶의 입문서」, 『안티 오이디푸스』, 1977.

프로이트, 지그문트, 『정신분석 강의』, 임홍빈, 홍혜경 옮김, 열린책들, 2004.

Badiou, A., *L'être et l'événement*, Paris: Seuil, 1988.

__________, *Manifeste pour la philosophie*, Paris: Seuil, 1989.

__________, *Deleuze—La clameur de l'Etre*, Paris: Hachette, 1997;『들뢰즈—존재의 함성』, 박정태 옮김, 이학사, 2001.

__________, *Court traité d'ontologie transitoire*, Paris: Seuil, 1998;『일시적 존재론』, 박정태 옮김, 이학사, 2018.

Deleuze, G., *Le Bergsonisme*, Paris: PUF, 1966.

__________, *Différence et répétition*, Paris: PUF, 1968.

__________, *Logique du sens*, Paris: Minuit, 1969.

__________, *Francis Bacon—Logique de la sensation*, Paris: Édition de la différence, 1981. (réédition, Paris: Seuil, 2002.)

__________, "Renverser le platonisme(Les simulacres)", *Revue de métaphysique et de morale*, Paris: octobre-décembre 1966.

__________, "L'immanence: une vie⋯", *Philosophie* (numéro 47), Paris: Minuit, 1995.

__________, "Réponse à une question sur le sujet", *Deux régimes de fous-Textes et entretiens 1975-1995*, Paris: Minuit, 2003.

Wittgenstein, L., *TRACTATUS LOGICO-PHILOSOPHICUS*, proposition 7, reprinted in 1981.

들뢰즈, 질,『들뢰즈가 만든 철학사』, 박정태 옮김, 이학사, 2007.
아리스토텔레스,『형이상학』, 김진성 옮김, 이제이북스, 2007.

Aristoteles, *Metaphysics*.

Avanessian, A., *Metaphysik zur Zeit*, Leipzig: Merve Verlag, 2018.

Barad, K., *Meeting the Universe Halfway: Quantum Physics and the Entanglement of Matter and Meaning*, Durham/London: Duke University Press, 2007.

Bennett, T., Patrick J. (eds.), *Material Powers: Cultural Studies, History and the Material Turn*, New York: Routledge, 2010.

Boundas, C. V., *'virtual/virtuality'*, ed. A. Parr, *Deleuze Dictionary*, Edinburgh: Edinburgh University Press, 2003.

Braidotti, R., *Patterns of Dissonance: A Study of Women and Contemporary Philosophy*, Cambridge: Polity Press, 1991.

__________, *Nomadic Subjects: Embodiment and Sexual Difference in Contemporary Feminist Theory*, New York: Columbia University Press, 1994.

__________, 'Teratologies', *Deleuze and Feminist theory*, eds. I. Buchanan, C. Colebrook, Edinburgh: Edinburgh University Press, 2000.

Colebrook, C., "Materality", *The Routledge Companion to Feminist Philosophy*, eds. A. Garry et al. London/New York: Routledge, 2017.

Coole, D., Frost, S. (eds.), *New Materialisms: Ontology, Agency, and Politics*, Durham/North Carolina: Duke University Press, 2010.

DeLanda, M., "The Geology of Morals: A Neo-Materialist Interpretation." http://www.t0.or.at/delanda/geology.htm (accessed June 16, 2020).

Deleuze, G., *Proust et signes*, Paris: PUF, 1964.

__________, *Spinoza et le problème de l'expression*, Paris: Minuit, 1969.

Deleuze, G., Guattari, F., *A Thousand Plateaus: Capitalism and Schizophre-

nia, trans. B. Massumi, Minnesota: University of Minnesota Press. 1987.

Deleuze, G., *Negotiation 1972~1990*, trans. M. Joughin, New York: Columbia University Press, 1995.

Dolphijn, R., Tuin, I. (eds.), *New Materialism: Interviews and Cartographies*, Ann Arbor, Michigan: Open Humanities, 2012.

Dosse, F., *Gilles Deleuze & Félix Guattari: Intersecting Lives*, trans. D. Glassman, New York: Columbia University Press, 2010.

Ellenzweig, S., Zammito, J. H. (eds.), *The New Politics of Materialism: History, Philosophy, Science*, New York: Routledge, 2017.

Fox, N. J., Alldred, P., *Sociology and the New Materialism*, London: Sage, 2017.

Grusin, R. (ed.), *The Nonhuman Turn*, Minneapolis: University of Minnesota Press, 2015.

Gamble, C. N., Hanan, J. S., Nail, T., "What is New Materialism", *Angelaki Journal of the Theoretical Humanities* Volume 24, London: Routledge, 2019.

Gane, N., "When We Have Never Been Human, What Is to Be Done? Interview with Donna Haraway", *Theory, Culture and Society* 23, 2006.

Goodeve, N., Haraway, D., *How Like a Leaf: An Interview with Thyrza Nichols Goodeve*, New York: Routledge, 2000.

Guattari, F., *Psychoanalysis and Transversality: Texts and Interviews 1955-1971*, trans. A. Hodges, South Pasadena, California: Semiotext(e), 2015.

Haraway, D., *The Companion Species Manifesto: Dogs, People, and Significant Otherness*, Chicago: Prickly Paradigm Press, 2003.

__________, *When Species Meet*, Minneapolis: University of Minnesota Press, 2008.

__________, *Staying with the Trouble: Making Kin in the Chthulucene*, Durham/London: Duke University Press, 2016.

Harman, G., *Immaterialism: Objects and Social Theory*, Cambridge: Polity, 2016.

Kirby, V., "Matter out of Place: 'New Materialism' in Review", *What if Culture was Nature all Along?*, Edinburgh: Edinburgh University Press, 2017.

Kissmann, U. T., Loon, J. (eds.), *Discussing New Materialism: Methodological Implications for the Study of Materialities*, Wiesbaden: Springer VS, 2019.

Nail, T., *Being and Motion*, New York: Oxford University Press, 2018.

__________, *Lucretius I: An Ontology of Motion*, Edinburgh: Edinburgh University Press, 2018.

__________, *Lucretius II: An Ethics of Motion*, Edinburgh: Edinburgh University Press, 2020.

__________, *Marx in Motion: A New Materialist Marxism*, New York: Oxford University Press, 2020, recent publication.

Pearson K. A., "Deleuze and New Materialism: Naturalim, Norms and Ethics", *The New Politics of Materialism: History, Philosophy, Science*, eds. S. Ellenzweig, J. H. Zammito, London: Routledge, 2017.

Ronald, B., "The Companion Cyborg: Technics and Domestication", *Deleuze and the Non/Human*, eds. J. Roffe, H. Stark, Hampshire: Palgrave Macmillan, 2015.

Sartre, J. P., *La Transcendance de l'ego: Esquisse d'une description phénoménologique*, Paris: Vrin, 1965.

Schneider, J., *Donna Haraway: Live Theory*, New York: Continuum, 2005.

Stacey, A., Susan, J. H. (eds.), *Material Feminisms*, Bloomington: Indiana University Press, 2008.

Villani, A., *La guêpe et l'orchidée: Essai sur Gilles Deleuze*, Paris: Belin, 1999.

Witzgall, S., Stakemeier, K. (eds.), *Power of Material/Politics of Materiality*, Zürich/Berlin: diaphanes, 2014.

데란다, 마누엘, 『강도의 과학과 잠재성의 철학』, 김영범, 이정우 옮김, 그린비, 2009.

__________, 『새로운 사회철학—배치이론과 사회적 복잡성』, 김영범 옮김, 그린비, 2019.

들뢰즈, 질, 『베르그송주의』, 김재인 옮김, 문학과지성사, 1996.

________, 『의미의 논리』, 이정우 옮김, 한길사, 1999.

________, 『스피노자의 철학』, 박기순 옮김, 민음사, 2001.

________, 『스피노자와 표현의 문제』, 권순모, 이진경 옮김, 인간사랑, 2003.

________, 『차이와 반복』, 김상환 옮김, 민음사, 2004.

________, 『프루스트와 기호들』, 서동욱, 이충민 옮김, 민음사, 2004.

https://www.scienceall.com/위상공간topological-space/

7강 들뢰즈와 스피노자 표현, 양태, 아펙투스

Deleuze, G., *Nietzsche et la philosophie*, Paris: PUF, 1962;『니체와 철학』, 이경신 옮김, 민음사, 2001.

__________, *Différence et répétition*, Paris: PUF, 1968;『차이와 반복』, 김상환 옮김, 민음사, 2004.

__________, *Spinoza et le problème de l'expression*, Paris: Minuit, 1969;『스피노자와 표현 문제』, 현영종, 권순모 옮김, 그린비, 2019.

__________, *Spinoza: philosophie pratique*, Paris: Minuit, 1981;『스피노자의 철학』, 박기순 옮김, 민음사, 1999.

Deleuze, G., Guattari, F., *Mille plateux*, Paris: Minuit, 1980;『천 개의 고원』, 김재인 옮김, 새물결, 1999.

Gueroult, M., *Spinoza* II, Paris: Aubier, 1974.

Huan, G., *Le Dieu de Spinoza*, Paris: Félix Alcan, 1914.

Jaquet, C., *L'unité du corps et de l'esprit*, Paris: PUF, 2004.

Leibniz, G. W., "Considérations sur la doctrine d'un esprit universel", ed. C. I. Gerhardt, *Die philosophischen Schriften*, vol. 6, Weidmann, 1885.

Matheron, A., "Physique et ontologie chez Spinoza"(1991), in *Études sur Spinoza et les philosophies de l'âge classique*, Lyon: ENS Éditions, 2011.

Ramond, C., "Le noeud gordien. Pouvoir, puissance et possibilité dans les philosophies de l'âge classique", in *Spinoza et la pensée moderne. Constituions de l'Objectivité*, Paris: L'Harmattan, 1998.

Sévérac, P., *Le devenir actif chez Spinoza*, Paris: Honoré Champion, 2005.

Spinoza, B., *Opera*, vol. I~IV, hrsg. v. C. Gebhardt, Heidelberg: Carl Winter, 1925.

__________, *Oeuvres*, vol. IV: *L'Éthique*, trans. P.-F. Moereau, Paris: PUF, 2020.

__________, *Oeuvres*, vol. I: *Premieres écrits*, Paris: PUF, 2009;『지성교정론』, 김은주 옮김, 도서출판 길, 2020.

내들러, 스티븐,『에티카를 읽는다』, 이혁주 옮김, 그린비, 2013.

마굴리스, 린,『공생자행성』, 이한음 옮김, 사이언스북스, 2007.

마슈레, 피에르,『헤겔 또는 스피노자』, 진태원 옮김, 그린비, 2010.

진태원,『스피노자 철학에 대한 관계론적 해석』, 서울대학교 대학원, 서울대학교 박사학위논문, 2006.

______, 「범신론의 주박에서 벗어나기: 프랑스에서 스피노자 연구 동향」, 『근대철학』 2권 2호, 2007.

______, 「해제: 『자본을 읽자』를 어떻게 읽을 것인가?」, 루이 알튀세르 외, 『자본을 읽자』, 배세진 외 옮김, 그린비, 2025.

푸코, 미셸, 『칸트의 인간학에 관하여』, 김광철 옮김, 문학과지성사, 2012.

하트, 마이클, 『들뢰즈 사상의 진화』, 김상운, 양창렬 옮김, 갈무리, 2004.

강선형

전남대학교 철학연구교육센터 연구원.

한국예술종합학교 영상원 영화과를 졸업하고, 서강대학교 철학과에서『들뢰즈 철학에서 시간의 종합과 영화』로 석사 학위를,『들뢰즈와 칸트: 들뢰즈 철학의 형성에서 칸트 삼비판서의 역할』로 박사 학위를 받았다. 제40회 한국영화평론가협회상 신인 평론상으로 등단하여 영화평론가로 활동하고 있다.

저서로『들뢰즈와 칸트: 차이와 이념의 철학』,『자크 데리다』,『철학 극장: 철학과 영화의 마주침』 등이 있고 공저로『비평가 들뢰즈』,『여성철학자의 철학 이야기』가 있다. 역서로 자크 데리다의『사유한다는 것은 아니라고 말하는 것이다』(근간)가 있고 장폴 사르트르의『자아의 초월성』을 공역했다. 주요 논문으로는「들뢰즈와 바디우의 영화론에서 '거짓'이 만들어내는 역량(puissance) 문제」,「칸트와 들뢰즈에서 자아의 동일성 문제」,「영화의 사운드와 자유간접적 역량」,「아메드, 니체, 들뢰즈에서 행복과 우연성의 문제」,「들뢰즈와 아감벤의 법 개념」,「들뢰즈의 음악사: 고전주의, 낭만주의, 현대 음악」 등이 있다.

정낙림

대한철학회 회장. 경북대학교 철학과 교수.

경북대학교 철학과와 동 대학원에서 석사 과정을 마치고 박사 과정을 수료한 뒤 독일 부퍼탈대학교에서 귄터 볼파르트 교수의 지도로 박사 학위를 받았다. 박사 학위 논문은 니체의 예술 및 문화 철학의 핵심 개념이라고 할 수 있는 '비극적 사유'와 '디오니소스적 사유'의 형성 과정과 그것이 니체 철학에 차지하는 역할을 보여 주는 연구다. 한국니체학회와 대동철학회 회장을 역임했다.

예술과 문화 철학에 대한 다수의 저서와 논문을 발표했다. 그중 대표적인 단독 저서로 *Der tragisch-dionysische Gedanke. Eine Interpretation der Philosophie Nietzsches*, 『니체와 현대예술』, 『놀이하는 인간의 철학』, 『감각의 부활』 등이 있고, 『니체의 미학과 예술철학』, 『미래학교를 위한 놀이와 교육』 등의 다수 공저가 있다. 저서 중 『놀이하는 인간의 철학』은 2018년 대한민국학술원 우수학술도서로 『감각의 부활』은 2025년 세종도서로 선정되었다. 대표적인 논문은 「'디오니소스 다시 한번 더'—니체의 디오니소스-자그레우스 신화의 수용과 철학적 의미」, 「헤라클레이토스 단편 B52에 대한 한 연구—놀이 철학의 관점에서」, 「니체의 예술생리학과 현대예술—플럭서스 운동을 중심으로」 등이 있다. 2025년 경북대학교 원암학술상을 수상했고, 2012년 대한철학회 우수 논문상을 수상했다.

이솔

충남대학교 철학과 교수.

서강대학교 철학과와 동 대학원을 졸업했다. 장폴 사르트르와 질 들뢰즈의 이미지 이론을 비교 분석한 논문으로 철학 박사 학위를 받았다. 주요 논문으로 「사르트르와 들뢰즈에게서의 상상의 의미—흄의 이미지 이론에 관한 해석을 중심으로」, 「사르트르와 들뢰즈에서 잠재성의 문제—아리스토텔레스의 뒤나미스(dynamis)를 경유하여」, 「플라톤주의에 대항하여—사르트르의 의식의 활동성 혹은 들뢰즈의 운동-이미지」, 「사르트르 상상력 이론에서 예술작품의 문제」, 「사르트르 철학에서 감정의 문제: 감정의 초월성」, 「들뢰즈의 회화론—추상에서 형상(Figure)으로」 등이 있다. 장폴 사르트르의 『자아의 초월성』을 공역했고, 공저로는 『사르트르의 미학』, 『비평가 들뢰즈』등이 있다. 단독 저서로는『이미지란 무엇인가』,『장폴 사르트르』가 있다.

김재인

철학자. 경희대학교 비교문화연구소 HK연구교수. 디지털소사이어티 문화위원장. (전)포스텍 융합문명연구원《웹진X》편집위원장.

서울대학교 미학과를 졸업했고 동 대학원 철학과에서 박사 학위를 받았다. 서울대학교 철학사상연구소 연구원과 고등과학원 초학제연구프로그램 연구원을 역임했고, 서울대학교, 경희대학교, 한국예술종합학교 등에서 강의했다.

저서가 한국출판문화상 본심, 경향신문 올해의 작가, 문화일보 올해의 책, 세종도서(2회), 디지털소사이어티 우수콘텐츠(2회) 등에 선정되었고, 교육부 우수성과 부총리 겸 교육부장관상(2회)을 수상했다.

저서로『디스킬 제너레이션』,『들뢰즈 입문』,『공동 뇌 프로젝트』,『인간은 아직 좌절하지 마』,『AI 빅뱅』,『뉴노멀의 철학』,『생각의 싸움』,『인공지능의 시대, 인간을 다시 묻다』등이 있다. 역서로『들뢰즈, 연결의 철학』,『베르그손주의』,『안티 오이디푸스』,『천 개의 고원』등이 있다.

박정태

홍익대학교 교수.

서울대학교 철학과를 졸업하고 프랑스 랭스대학에서 석사 학위(사르트르 전공)를 받았으며, 파리10대학 D.E.A.(베르그손 전공)를 거쳐, 파리8대학에서 바디우의 지도 아래 들뢰즈에 관한 논문으로 박사 학위를 받았다. 현재 홍익대학교 교수로 철학, 미학 관련 강의를 하고 있다. 저서로『철학자 들뢰즈, 화가 베이컨을 말하다』, 공저로『마음과 철학』,『포스트모던의 테제들』,『데카르트에서 들뢰즈까지』가 있고, 역서로 들뢰즈—존재의 함성』, 『들뢰즈가 만든 철학사』, 『지식인을 위한 변명』, 『실존주의는 휴머니즘이다』, 『세기』, 『일시적 존재론』이 있다.

박준영

수유너머 파랑 연구원. 현대철학 연구자. 서울과학기술대학교, 성신여자대학교에서 강의하고 있다.

동국대학교에서 불교 철학을, 서강대학교 대학원에서는 석박사 모두 프랑스 철학을 연구했다. 주로 들뢰즈와 리쾨르의 철학을 종합하는 연구를 수행했다. 최근에는 신유물론에 관심을 두고 번역과 연구를 하고 있다. 육후이의 기술 철학, 그리고 불교 철학과 현대 서양 철학의 관계도 연구 대상이다. 저서로 『신유물론, 물질의 존재론과 정치학』, 『신유물론: 몸과 물질의 행위성』, 『육후이』, 『철학, 개념』 등이 있고, 역서로 『신유물론』, 『신유물론 패러다임』 등이 있다. 「육후이 기술철학의 신유물론적 함의」, 「들뢰즈에게서 '철학'과 '철학자'」, 「신유물론의 이론적 지형」 등의 논문을 썼다. 현재 는 '들뢰즈와 신유물론'과 관련된 책을 쓰는 중이다.

진태원

성공회대학교 민주자료관 연구교수. 『황해문화』 편집주간.

저서로 『을의 민주주의』, 『애도의 애도를 위하여』, 『스피노자 윤리학 수업』, 『알튀세르 효과』(편저) 등이 있다. 역서로 자크 데리다의 『마르크스의 유령들』, 에티엔 발리바르의 『스피노자와 정치』, 피에르 마슈레의 『헤겔 또는 스피노자』 등이 있다.